青少年校园足球发展战略研究

金钢铁　著

北京体育大学出版社

策划编辑 潘 帅 谷方良
责任编辑 吴光远
审稿编辑 梁 林
责任校对 李志诚
版式设计 小 小

图书在版编目（CIP）数据

青少年校园足球发展战略研究 / 金钢铁著 .—北京：
北京体育大学出版社，2017.10
ISBN 978-7-5644-2761-0

Ⅰ . ①青… Ⅱ . ①金… Ⅲ . ①青少年－足球运动－发展战略－研究－中国 Ⅳ . ① G843

中国版本图书馆 CIP 数据核字（2017）第 259773 号

青少年校园足球发展战略研究 **金钢铁 著**

出 版：北京体育大学出版社
地 址：北京市海淀区信息路 48 号
邮 编：100084
邮 购 部：北京体育大学出版社读者服务部 010-62989432
发 行 部：010-62989320
网 址：http：//cbs.bsu.edu.cn
印 刷：北京京华虎彩印刷有限公司
开 本：710 × 1000 毫米 1/16
成品尺寸：170 × 240 毫米
印 张：12.75
字 数：231 千字

2018 年 1 月第 1 版第 1 次印刷
定价：45.00 元

前　言

足球运动被誉为“世界第一运动”。在我国，足球运动拥有大批的参与者，而且足球教学也是体育教学的重要内容。但是，一直以来，我国的足球运动水平有限，在国际赛场上更是频频失利。为了促进我国足球运动水平的提高，我国在 2015 年由国务院办公厅印发了《中国足球改革总体方案》，旨在振兴我国的足球运动事业。《中国足球改革总体方案》具有多方面的重要作用，不仅为足球运动的发展指明了方向，还使足球运动吸引了更多人的关注。

作为夯实足球人才根基、提高青少年足球发展水平和成就中国足球梦想的基础工程，加快发展校园足球是贯彻党的教育方针、促进青少年身心健康的重要举措。近年来，校园足球发展取得了积极进展，孕育并推动着校园足球理论的发展。本书将校园足球的发展置于我国社会可持续发展的大背景中进行研究，动因来源于我国校园足球的历史回顾与实践危机。科学构建校园足球可持续发展系统并进行评价，不仅有助于明确校园足球的发展目标、思路、重点和对策等，推动形成校园足球协调和可持续发展的合力，提高发展质量，而且为校园足球走全面深入持续发展之路提供了理论依据和实践指导。

青少年校园足球发展和青少年足球后备人才培养是一项复杂和艰巨的基础工程，需要长期坚持、久久为功，并非能一蹴而就。研究其可持续发展问题，对我个人而言，难度较大，虽倾尽全力来完成研究任务，但由于个人能力和水平有限，本次研究只是“一家之言”，疏漏和不足之处难免存在，敬请广大读者批评指正。在本书的研究过程中，借鉴和吸收了一些国内外专家学者的研究成果，在此致以诚挚谢意。

由于时间仓促和编者水平有限，书中难免存在一些不足之处，敬请广大专家和读者批评指正。

目　录

第一章　绪　论

第一节　研究的背景与意义

一、研究背景

（一）校园足球是培养足球后备人才的有效途径，需要持续开展

足球运动作为世界第一大体育运动，在我国长期受到广泛的关注和喜爱。党中央十分关心足球运动的发展，习近平总书记更是多次在不同场合表达了对足球运动的喜爱，提出“中国世界杯出线、举办世界杯比赛及获得世界杯冠军是我的三个愿望”。2015 年 2 月，中央全面深化改革领导小组第十次会议审议通过的《中国足球改革发展总体方案》（国办发 [2015]11 号），在国家层面明确了足球发展战略，从全面建设体育强国、促进体育产业健康发展、增强国家软实力和满足人民群众精神文化生活需要等多个方面提出了改革思路。这其中全国青少年校园足球活动（以下简称“校园足球”）作为“扩大足球人口规模、夯实足球人才根基、提高学生综合素质、促进青少年健康成长的基础性工程”，具有举足轻重的地位。纵观国外足球发达国家，其足球后备人才培养无不高度重视青少年足球运动的普及和提高，而通过学校来普及和推广足球运动，培养全面发展的足球后备人才，是一条切实可行的途径。但足球运动的复杂性以及人才培养的长期性和低成材率，则需要校园足球科学发展，持续进行。

（二）校园足球是推进阳光体育运动开展的有效载体，需要长期坚持

青少年学生的体质与健康是我国建设人力资源强国和实施人才强国战略的重要基础。但从 1985 年以来我国进行的 6 次全国学生体质与健康调研结果来看，形势严峻。第 6 次（2010）全国学生体质与健康调研报告显示，我国“中小学生身体素质下滑趋势开始得到遏制”，但是学生体质与健康状况仍然存在以下 4 个方面的主要问题：一是“大学生身体素质继续呈现缓慢下降，但降幅有所减缓”；二是“视力不良检出率继续升高且出现低龄化倾向”；三是“肥胖和超重检出率继续增加”；

四是“龋齿患病率出现反弹”。

为切实改善学生体质健康水平，树立“健康第一”的指导思想，2006 年 12 月 20 日，教育部、国家体育总局和共青团中央共同下发了《关于开展全国亿万学生阳光体育运动的决定》（教体艺 [2006] 6 号），从 2007 年开始，在全国各级各类学校中广泛、深入地开展阳光体育运动。但在阳光体育运动具体实施过程中，也遇到了多方面的困境，如活动形式单调，学生兴趣不高，场地、经费、师资不足等。2009 年 6 月，为贯彻《中共中央国务院关于加强青少年体育增强青少年体质的意见》（中发 [2007] 7 号）和推进阳光体育运动的开展，国家体育总局和教育部联合开展了校园足球运动，本次校园足球的开展，作为深化阳光体育运动的“配套工程”，是推进阳光体育运动深入开展的手段和形式。截止 2014 年年底，全国已有 49 个国家级布局城市，3 个试点县，11 个省的 82 个省级布局城市，注册人数 191 766 人，近 6 326 多所大中小学的 270 万名学生参与其中。然而要想通过足球运动改善学生体质健康水平，并不是一朝一夕之事，需要广泛普及，长期坚持。

（三）校园足球实现可持续发展需要科学决策和严格执行，综合评价是前提

校园足球是在我国足球后备人才严重匮乏和青少年体质与健康状况连续 20 多年下滑的背景下开展起来的，且作为“阳光体育运动”的有效载体和补充，其指导思想是“以增强学生体质，培养青少年拼搏进取、团结协作的体育精神为宗旨，通过广泛开展校园足球，建立和完善小学、初中、高中和大学四级足球联赛，在青少年学生中普及足球知识和技能，形成校园足球文化，从而培养全面发展、特长突出的青少年足球后备人才”。从活动的指导思想可以看出，校园足球的开展最终想要达到两个主要目标：一是增强学生体质，二是培养全面发展的足球后备人才。校园足球的开展背景和发展目标决定了它将是一个复杂的系统工程，需要多方协作、长期坚持，并非能一蹴而就。中华人民共和国成立以来，我国曾多次号召在校青少年广泛开展足球运动，但均未取得显著成效，其中重要原因就是不尊重足球人才培养规律，青少年训练计划缺乏严格执行。因此，新一轮校园足球的开展，要加强顶层设计，科学决策，并严格执行；而要做到科学决策，综合评价则是前提，是科学决策的一项基础工作，可以说，没有评价就没有决策。

二、研究意义

（一）理论意义

校园足球作为我国增强青少年学生体质和培养足球后备人才的希望所在，一经推出，得到了社会各界的广泛关注，校园足球的理论研究也不断发展，但相关的理论研究工作或是突出校园足球的发展现状和对策，或是注重对校园足球的管理体制和运行机制的研究和分析，或是从某一方面研究校园足球的价值和发展模式，带有比较明显的局限性。全面、系统地认识校园足球的综合功能和影响，并对校园足球可持续发展系统的框架构建的研究工作还很鲜见，有关校园足球可持续发展评价指标体系的建立和实证研究也近乎空白。显然，校园足球相关研究还有待进一步完善。本书运用系统科学理论将校园足球的发展视为一个完整系统，并将可持续发展的理念运用其中，构建一套较为科学、全面的校园足球可持续发展评价指标体系，这对于推动校园足球发展具有重要的理论意义。

（二）现实意义

“足球运动改革和发展是一项长期复杂的系统工程”，需要各级政府、社会、学校和家庭等各方通力合作共同完成，而且各地区在校园足球发展的过程中，需要科学评价其发展能力和水平，分析所具备的优势和存在的不足。因此本书所构建的校园足球可持续发展评价指标体系，不仅能够监测、调控和正确引导校园足球未来发展方向，也为下一步制定相关政策和措施提供科学依据。

第二节 国内外相关研究综述

一、关于足球后备人才培养的研究

（一）足球发达国家后备人才培养的模式与途径

足球发达国家后备人才培养的主要模式和途径可以归纳为 3 类：一是以足球职业俱乐部后备梯队为主体的培养模式；二是以学校足球为主体的培养模式；三是职业俱乐部后备梯队和学校足球相互结合的培养模式。现将以上 3 种足球后备人才培养模式的基本做法总结归纳如下。

第一，以职业俱乐部后备梯队为主体的培养模式。这类培养模式代表性国家有荷兰、意大利、西班牙、巴西等。就拿荷兰来说，人口 1 600 余万的国家注册足球俱乐部达 7 635 个，注册运动员 96 万余人。职业足球俱乐部都有自己的青少年训练系统，很多还建立了青年足球发展中心，国内各年龄段比赛体系完善。各俱乐部有自己专业的球探从国内外的青年联赛中挑选优秀人才，选拔时更看中的是球员对足球运动的理解力和创造力而不是技术和身体素质。荷兰阿贾克斯俱乐部作为全球著名的“足球星工场”，多年来培养出数名享誉国际足坛的巨星，它成功的秘诀在于通过严格激烈的竞争机制将俱乐部认为不适合发展的球员淘汰出局，并很快补充“新鲜血液”，在日常通过科学的训练和高水平的比赛来提高球员的竞技水平，通过不断地向优秀球队输送年轻球员来达到盈利目的。这些以职业足球俱乐部培养后备人才为主的国家其共同点是国内足球职业联赛竞技水平很高，各层次足球俱乐部的数量非常多，后备梯队建设较完善。

第二，以学校足球为主体的培养模式。这类培养模式代表性国家有韩国和日本。韩国是亚洲最早实行足球职业化的国家，1983 年经过 3 年的精心准备正式推出了足球职业联赛。韩国外交的亲德政策使其球队技战术特点和比赛风格继承了德国足球严密的组织纪律性和顽强拼搏的团队精神等优良传统。韩国从 1986 年以来已连续 8 次进入世界杯足球赛决赛圈，2002 年成功闯入 4 强，更是创造了亚洲球队世界杯足球赛最佳战绩。韩国足球之所以能长期保持较高水平，与其较完善的学校足球高水平运动员培养体系是分不开的。韩国建有从小学至大学完备的 4 级足球联盟，每个联盟都有各自的训练和竞赛体系，这一体系已持续了 40 余年。其学校足球的总体发展目标也日益与国际接轨，提出“发展学校足球文化，培养品德与技能兼备的高素质国际型足球人才”。日本足球水平的迅速崛起近年来有目共睹，其职业化联赛的推出仅比我国提前 1 年时间，但却取得了骄人成绩。日本已故前足球协会会长长沼健曾指出：“日本足球的目标是保持亚洲第一地位，追赶世界最高水平。为了实现这个目标，就必须全力地、持之以恒地培养青少年足球运动员。”一语道破了其成功之道。日本青少年运动员的培养以学校为中心，各类学校足球联赛开展得如火如荼，已形成了以大学为龙头，中学、小学共同构成的学校足球竞赛体系，比赛的吸引力和受关注度非常高。

第三，职业俱乐部后备梯队和学校足球相互结合的培养模式。这类培养模式代表性国家有德国、英国等。德国足球后备人才培养的主要路径是学校足球、职业俱乐部梯队以及“天才球员发展计划”。德国足球 20 世纪 90 年代初期水平一度下滑，引起了外界的担忧，足协很快意识到了问题的严重性并加以改革，制定了有利于青少年运动员的培养计划。该计划就是将俱乐部和学校有机结合起来，接收职业俱乐部的青少年运动员到学校去就读，这些青少年上午在学校上课学习，下午到各自所属的俱乐部进行足球训练。这样做的目的就是为青少年创造一个更优越的个人发展环境，使希望认真学习并愿意参加足球训练的青少年集中，做到提高学习成绩和足球水平两不误。德国足球甲级俱乐部沙尔克 04 是这方面的典范，从 1996 年开始，该俱乐部通过与相关部门合作，和 28 所中小学开展了“盖尔森基兴足球培养计划”。该计划由 3 方面相互配合完成：第一方面就是选派 33 名俱乐部教练员和 32 名足球顾问进入中小学开展每周 1 次的培训；第二方面就是邀请中小学具有足球天赋的青少年到俱乐部接受每次 3~4 周的训练；第三方面就是充分利用假期组织青少年足球活动，让学生充分体验足球的乐趣。德国足协的“天才球员发展计划”从 1998 年开始通过 2 方面来改善天才球员的发展系统：一方面就是充分利用职业足球俱乐部雄厚的资金优势加大对后备梯队培养的投入力度，足协要求球队必须建立自己的竞训中心并有相应的人员配备和基础设施；另一方面在全国范围内筛选和培养 11~16 岁的天才球员。英国作为现代足球运动的发源地，早前各俱乐部在后备力量培养方面的方法各不相同，从而导致培养的青年球员素质和技术水平参差不齐，青训工作收效甚微。从 1983 年开始推出了一项新的青训计划，改变以往各家俱乐部标准不一的训练计划，推出了一套适合各俱乐部共同开展的新的青训计划，保证人才培养的系统性和连贯性。在学校足球开展方面，截止到 2010 年，共有 32000 所学校开展足球运动，高达 98% 的中小学男生都踢足球，通常由学校来承办各类青少年足球比赛。

（二）我国青少年足球运动发展研究

青少年足球后备人才是足球运动发展和提高的“塔基”，没有相当数量的后备力量，足球发展将成为纸上谈兵。国内学者针对我国足球竞技水平长期得不到有效提高做了大量研究，其中针对青少年足球运动发展的研究占据了相当的数量。我国自 1992 年开始足球管理体制改革，1994 年正式启动职业化联赛至今已有 20 多年时间,20 多年间青少年足球人才数量不升反降。据有关方面统计，职业足球联赛初期，在中国足协注册的青少年运动员数量最多，达到 65 万人，20 世纪末期略有下降，为 61 万人，到了 2005 年，仅有 18 万人，到 2006 年，仅剩 5 万多人，2010 年更是有国内网站爆出在中国足协注册的青少年足球运动员仅剩 7 000 人。造成这一现状的原因客观理性地说应该是多方面的，但主要原因可以归结为职业足球改革后青少年足球后备人才培养体制在其培养过程中出现的偏差。原来依靠体委系统的“基层学校—业余体校—省市专业队”三级网络训练管理体制开始全面走向以俱乐部为主体的培养体制，这本身就是与上面提到的第一种足球后备人才培养模式接轨，并无差错，但问题是在这种培养体制发展过程中出现的种种差错或限制其发展的因素。

综合众多学者的研究结果，本书将阻碍我国青少年足球后备人才培养的因素分为 3 类：训练因素、管理体制因素和社会因素。以下分别对这 3 类因素加以论述。

第一类制约因素，即训练因素，可以归结为以下 3 个方面：（1）训练理念落后。“训练理念是指导训练实践的指南，若没有正确、先进的训练理念，其训练实践便是一种低级、重复的活动。”张庆春（2007）认为：“我国足球落后主要是由于后备人才培养的落后，而后备人才培养的落后主要是由于训练理念落后，因而在我们的青少年日常足球训练中，单个技术动作的重复练习，无对抗、无球、无明确训练目的的练习经常有之，这些都违背了现代足球的运动规律。”一个球队的成绩取决于队员的“体能、竞争性技术、足球智商、心理因素、团队精神及配合”等五个方面的全面发展，要想提高成绩，就需要以先进的训练理念结合这五个方面长期努力。（2）青少年足球训练大纲执行不力。训练大纲是按照青少年身心发育特点和足球成才规律所编写的根本性规划，对各个年龄段的训练内容和应达到的标准都有严格规定。而在青少年后备力量培养过程中，受功利主义影响，相当一批教练员置训练大纲于不顾，拔苗助长，导致青少年队员基本功不扎实，缺乏对足球运动的全面理解和认识，有的队伍甚至年龄造假，以大打小，严重破坏了青少年比赛所应有的本意。（3）教练员执教水平和数量欠缺。在青少年足球训练中，球员是训练的主体，教练员则起着重要的主导作用，很大程度上决定着训练的效果。多年来，我们的青少年球队日常训练也很积极刻苦，耗费了大量的时间和精力，但是球员的水平和比赛成绩却并不理想，很显然，教练员的执教能力和水平是一个不可回避的基本问题。另外，教练员队伍的数量特别是足球普及层面的教练员数量不足。原足球运动管理中心主任韦迪在 2011 年举办的全国首届足球教练员大会开幕式的讲话中曾列举了一串数字：我国持证教练总人数为 1.05 万人，日本这一人数为 6.3 万人，持有 D 级或 C 级证书的教练员只有 8 421 人，而日本有 5.8 万人。

第二类制约因素为管理体制因素。将其总结为以下 4 个方面：（1）青少年足球后备力量培养模式单一。如上文中所提到的我国从足球职业化改革以来，后备人才培养全面走向了以职业俱乐部为主的培养模式，另外还有为数不多的在中国足协注册的足球学校担当此任，反而忽视了教育系统在青少年足球普及和推广中的重要作用。在这种培养模式实施过程中，运动员“三集中”（集中生活、训练和文化课学习）的管理模式成为主流，导致青少年过早远离家庭教育和社会教育，学校教育也得不到很好的落实，阻碍了青少年的全面发展。（2）青少年足球竞赛体系不完善。当前我国青少年足球竞赛体系包括竞技系列和普及系列两部分。竞技系列由 3 个年龄段（U-21、U-19 和 U-17）的队伍在每年集训期分别进行联赛选拔赛，各年龄段分别选拔出前 32 名队伍参加相应年龄段的分阶段赛会制的联赛，U-21 的队伍每年正式比赛 30~34 场，U-19 和 U-17 的队伍这一数字在 23~27 场。普及系列由 5 个年龄段（U-18、U-15、U-13、U-11 和 U-9）的队伍利用周末和假期进行。目前的竞赛、训练体系“仍未摆脱注重比赛的结果、注重比赛成绩的循环中，严重的急功近利思想，导致青少年足球训练早期专业化、成人化，基础薄弱，技术落后”。（3）资金、场地不足。孙一等（2008）提到，中国足协每年用于青少年培养的专项资金仅有 400 万元人民币，而日本 2007 年的投入是 1 800 万元人民币，且今后 5 年还要追加资金 9 450 万元人民币，韩国则从每年足协财政预算的 10% 专用于青少年足球人才的培养上，2006 年的培养经费达到了 4 000 万元人民币。从中我们可以看到，我国用于青少年足球人才培养方面的经费严重不足。另一个制约足球运动普及推广的客观因素就是足球场地匮乏，韦迪在 2011 年接受记者采访时曾指出：“缺乏场地，是客观上制约青少年足球发展的关键问题。”（4）青少年足球培养缺乏长远规划。足球后备人才的培养具有“周期长、成材率低”的特点，且是一项庞大的系统工程，因此，根据足球运动的规律和成材规律建立长远科学的培养规划是十分必要的。这一方面，邻国日本的“足球百年计划”值得学习。1993 年，日本足协根据本国足球运动的实际水平推出了该计划，他们坚持大力开展校园足球，狠抓俱乐部青少年梯队建设，为提高日本足球水平打下了坚实的基础。当然仅有科学的发展规划还不够，还需要对规划进行认真的贯彻落实，同时要制定相应的法律和法规来规范发展过程中出现的各种不良行为。

第三类制约因素为社会因素。将其总结为以下 4 个方面：（1）我国足球运动脆弱的“生态环境”。朴哲松等（2005）曾指出：“足球运动是围绕足球这个体育项目而发展起来的集娱乐、文化于一体的运动，与其所处的自然和社会环境息息相关。”国际足联一项对 80 多个国家的调查显示，扎实的足球传统和良好的足球环境是足球运动蓬勃发展的最重要因素，可见足球环境的重要性。“假球、黑哨”这类腐败现象虽已得到有效治理，但球场暴力、扰乱治安的球迷滋事现象、职业联赛中球员的比赛态度和敬业精神不佳等不良现象仍然时有发生，这些现象都无形中对青少年足球运动的发展产生了消极负面的影响。（2）媒体的不良宣传。中国足球的发展需要媒体广泛开展宣传，也需要得到媒体的批评和监督，但是近年来个别媒体对中国足球正面宣传不够，而对一些足球事件过度渲染甚至是恶意炒作，在社会中产生严重的不良影响，致使很多家长认为“孩子踢足球没什么前途”。张宏家等（2011）在对影响青少年足球兴趣的校园环境因素所做的调查研究结果显示，关于足球报道等足球信息是影响学生足球兴趣的最重要因素之一。（3）足球运动员出路狭窄。在现有青少年足球后备人才培养体制和“421”家庭结构的双重作用下，足球运动员今后的出路是每一个父母考虑的重要因素。颜中杰（2009）对中超俱乐部梯队运动员出路的调查显示，出路大致只有 4 种：15% 进人中超一线队；20% 转入其他级别的球队；15% 进入高校；剩下 50% 的球员走向社会，除少数球员进人中超一线队外，其他球员出路均不理想。（4）应试教育的桎梏。虽然我国已提倡素质教育多年，但传统的求学观念、以学历为主的就业制度和以高考为主的人才选拔制度未能改变，应试教育依然大行其道。在应试教育的压力下，教师、家长和孩子将注意力集中在文化课学习上，而非考试的教育内容和学科则遭到冷落。出现学生体质连年下降和缺少青少年足球后备人才的情况也就不足为奇了。

通过对国外足球发达国家后备人才培养模式的回顾和我国在青少年足球后备人才培养方面的制约因素的归纳总结，可以看出，足球后备人才培养涉及青少年、家庭、学校、社会等各个方面，是一项长期而系统的工程。因此，首先要对足球后备人才培养制定出符合本国国情且长期而系统的规划并认真贯彻落实；其次要在培养过程中遵循青少年的身心成长规律，注重青少年的全面发展；最后就是要不断加大软硬件的投入力度，创造良好的培养环境。

二、关于校园足球的研究

自 2009 年校园足球正式在全国范围开展以来，经过 5 年的发展，活动不断走向深入，取得了较大的成效，但诸多问题也随之暴露出来。在查阅校园足球相关文献资料时发现，关于校园足球的研究主要集中在 2 个方面：一方面是关于校园足球的概念与价值问题，另外一方面则是校园足球开展过程中出现的实践操作类问题。因此，本书将对以上 2 类问题的研究进行分析。

（一）校园足球的概念与价值研究

校园足球相关研究自开展以来，“校园足球”已经作为一个专有名词出现在有关研究报道中，对其概念的界定目前还没有一个广泛被认可的定义，但是对校园足球的认识已从最初比较片面的理解逐渐发展到较全方位的认识。例如，最初姜身飞将校园足球作为足球后备人才培养体系来看待，认为：“校园足球是为了加强阳光体育运动，贯彻《中共中央国务院关于增强青少年体质的意见》的思想，教育部、国家体育总局联合起来开展的，更大力度地推广足球运动在学生之间、学校之间的普及率以及对我国青少年足球后备人才的发现与培养，普及足球知识和技能，形成以学校为依托，体教结合的青少年足球后备人才培养体系，把足球带来的快乐带到校园。”曾桂生等（2011）认为广义的校园足球是“泛指校园范围内一切与足球有关的活动”，狭义的校园足球是指“不同学校、不同级别之间的足球赛事，以及代表学校或者地区参加的不同等级的各项赛事”。以上对校园足球的认识和定义都比较片面，没能很好地把握校园足球开展的实质，正如董众鸣等（2011）所指：“那种简单地认为校园足球活动就是组一支球队，参加校级联赛，是对开展校园足球活动的严重误读。”随着研究的进一步深入，有研究者提出了较全面的校园足球定义，例如，李纪霞（2012）将其定义为：“校园足球是一项由体育总局与教育部合作，以布局城市定点学校为依托，以在校青少年学生为参与主体，以足球联赛为杠杆，通过形式多样的足球活动，达到增强青少年体质、普及和推广足球运动、发现和培养足球人才的实践活动。”张长城等（2013）将校园足球的概念界定为：“为了增强学生体质，培养学生团结、拼搏的体育精神，促进学生的全面发展，以及我国足球后备人才培养和我国足球事业的可持续发展，在大中小学组织开展的足球教学、课余训练、足球竞赛及其他各项教育活动。”侯学华等（2013）则定义为：“在广大学生中全面开展的以增进学生身心健康、培养德智体全面发展的合格人才为目标的足球相关活动的总称。”

随着校园足球的广泛开展，该项活动也被研究者赋予了多种价值。侯学华（2011）在其研究中将校园足球蕴含的价值划分为六个方面，即“强身健体价值、阳光体育价值、足球知识和技能普及价值、足球人才培养价值、素质教育价值和文化建设价值”。在其后的研究中又将这六个方面的价值作为一级指标，细化确定了31 项二级指标，运用评分法将 31 项指标分为 4 个等级，第一、二等级定为校园足球的核心价值，分别是“以学生为中心的核心价值体系”和“以足球为中心的核心价值体系”。在校园足球开展的过程中，第一核心价值体系处于首要地位，第二核心价值体系处于次要地位。郑萌（2012）从教育的目的和社会责任的角度辨析了推广学校足球的意义和价值，他指出，在校园中推广足球运动具有实现教育目的——“培养符合社会需要的人”——不可替代的教育价值，同时足球还具有特殊的社会公益价值，即“区域品牌营销作用”和“从一个侧面反映社会主义市场经济改革现状与成就，检验党的领导能力”，因此教育和体育 2 个系统要加强沟通合作，深入发展学校足球。

依据国家体育总局、教育部《关于开展全国青少年校园足球活动的通知》（体群字 [2009] 54 号，以下简称《通知》）和《国家体育总局、教育部关于加强全国青少年校园足球工作的意见》（以下简称《意见》）等文件精神，结合前期查阅的相关研究，笔者认为，要深入领会开展校园足球的相关背景和意义，结合当前我国社会经济发展的现状来全面认识校园足球，在校园足球发展的初期，赋予校园足球过多的功能和价值反而使其发展备受羁绊。校园足球对青少年体质健康促进的功能和培养足球后备人才的功能应是其最核心的价值取向，而且这两大功能是相互统一的整体，要想实现健康、可持续的发展，在发展的顺序上应有先后。现阶段校园足球最核心的任务应是通过足球运动在青少年中长期广泛地开展，让社会、学校和家长都能看到在没有耽误青少年学业的情况下青少年体质健康水平通过足球运动有所改善，从而消除各方顾虑，吸引和带动更多的青少年参与其中，无形中推动了足球运动的普及程度，当足球运动得到广泛普及时，提高则成为必然选择。

（二）校园足球的发展对策研究

针对当前校园足球的开展现状，对其发展对策的研究在当前一直是研究者关注的焦点，文章数量也较多，为方便本书研究，将当前校园足球开展过程中的各种问题以及对应的发展策略归纳为以下 5 个方面。

一是校园足球资金和场地方面的问题及对策。（1）资金问题及对策。《通知》中就活动经费做出明确规定，国家体育总局每年从体育彩票公益金中拨出专款 4000 万元，各地原则上按不少于 1:1 的比例匹配相应的资金；另外，可通过多种途径募集资金。但在实际开展过程中，资金来源主要依靠政府拨款，仅有部分校园足球布局城市如北京、上海、成都、青岛等地进行了一定的经费配套。在日常训练中，器材和设备、教练员的补助以及比赛的各种费用等各环节都需要资金，显然 4 000 万元用于全国范围内推广校园足球有些勉强。针对这一状况，从 2013 年起，国家体育总局每年对校园足球的拨款增至 5 600 万元，但分摊至全国几千所试点学校依然是杯水车薪，因此引进社会资金将是大势所趋。研究者对这一问题也提出了相应的对策。陈华等（2012）指出，在政府特别是体育部门继续加大资金投入的同时，让社会力量参与到校园足球中来是一个可行有效的办法，目前一些知名企业和职业足球俱乐部如梅赛德斯—奔驰、上海申花、山东鲁能等俱乐部已为一些定点学校提供了经费和训练比赛装备。同时在资金使用方面要加强监管，确保专款专用。（2）场地问题及对策。校园足球的活动场地严重不足是阻碍其开展的一个较难解决的问题。李卫东等（2011）在对全国校园足球开展情况的调查中提到，目前定点学校开展足球活动的场地以人工草皮场地和土场地居多，个别办学资金较充裕的定点学校有天然草坪场地，足球课教学场地使用紧张且多是在土场地或水泥地，容易引发运动损伤。其他研究者在对部分省市校园足球的调研中也不同程度地遇到了类似的问题，经济较发达的省份中小学足球场地条件普遍好于经济欠发达地区，但是这些足球场地同时还需要为其他体育课程、课外体育等活动提供服务，场地使用紧张是普遍现象，在北京、上海、深圳等一些寸土寸金的大城市，校园里能有一块标准足球场地更是难得一见。针对这一现象，上海市校园足球定点学校与周边高校开展了有益的合作，这些中小学在不影响高校正常教学、训练和竞赛的情况下，充分借助高校在场地、设施和器材等方面的优势开展足球活动，尤其是在周末和寒暑假期间。天津市在足球场地设施基础资源及其利用方面，让“校园足球精英赛”、夏令营等常规赛事活动走进市内大型足球场，不仅为青少年提供了优越的比赛条件，还能使青少年切身感受高水平的足球文化氛围。还有目前在一些城市推出的笼式足球场地和充气式足球场地，在建造成本、占地面积和使用上都具有较大优势，值得大力推广。

二是校园足球普及与提高方面的问题及对策。(1)校园足球普及的问题与对策。校园足球普及的问题有 2 个：第一就是当前全国参与校园足球的学校数量较少，质量参差不齐。全国共有 6 326 所学校开展校园足球，而同期我国普通高等学校、中等教育学校和初等教育学校共有 31 万余所。也就是说，仅有约 2% 的学校在开展校园足球。再就是一些定点学校布局不合理，不具备开展足球活动的师资、场地等条件。第二就是学校内部足球活动开展严重不足，在校学生每周不少于 2 小时足球活动时间和全校不少于 50% 的学生参加足球活动很难保证。部分试点学校仅是组建一支球队参加校际比赛，广大学生的校内足球活动没能形成“班班有队”“周周有赛”的局面。针对校园足球不够普及的情况，研究者们认为，在定点学校布局上，要改变行政指定的做法，对现有定点学校开展评估和调整，今后实行学校自主申报，然后经审批命名的制度，提高参与学校质量。另外，将校园足球纳入“阳光体育”运动之中，通过举办丰富多彩的校内足球活动和竞赛，充分调动学生的参与积极性，有条件的学校还可组织建设校园足球校本课程，不仅能形成学校体育教学特色，促进教师的专业发展，更能培养全面发展、个性突出的学生。还可将校园足球普及和提高分级推进，提出将其分为“A、B、C、D”从高至低 4 个层级：A 级为提高层次，对应的是省级训练和竞赛活动；B 级和 C 级为普及层级，分别对应的是市县区和校内的训练和竞赛活动；D 级则是指校内足球教学、课余活动等。(2)校园足球提高的问题与对策。校园足球如何提高水平的关键因素就是教练员的执教水平，据国家体育总局联合教育部 2010 年 11 月—2011 年 3 月期间对全国校园足球开展情况的调查结果显示，校园足球教练员均为学校体育教师，近 60% 的教练员为非足球专业或其他专业毕业生，约 55% 的教练员没有教练员等级证书，在持有教练员等级证书的教练中近 90% 的人是 C 级或 D 级教练。也就是说，现有的校园足球教练员层次和执教水平普遍偏低，做足球运动的普及工作尚可，但要想真正提高球队的竞技水平则很难胜任。如何解决这一难题，研究者们提出可以采取“送教上门”“优秀教练员带教”“精英教练进校园”等形式，但是更应该建立规范的教练员培训体系，加大培训力度，提高培训质量。

三是校园足球竞赛体系方面的问题及对策。校园足球竞赛是检验训练成效、各地区和校际间沟通交流学习的良好平台，但在具体运行过程中也出现了各种问题。比如绝大部分的定点学校达不到“学校必须组织校内班级间和年级间比赛”的要求，仅有学校足球代表队参加校际间的比赛，能开展校内比赛的多是一些足球传统学校或足球基础较好的学校。在校际间的联赛过程中还有部分定点学校中途退赛、主办方修改赛程和定点学校之间水平差距较大等情况。校内足球联赛的问题上文已提到过，在此不再赘述。对于校际间的联赛问题，研究者们也提出了很多解决措施。张辉等（2012）借鉴国外足球发达国家学校足球联赛的开展模式，构建了具有中国特色的校园足球竞赛体系（图 1-1），将校际间的比赛按照不同水平分组，各组选拔若干优胜队伍参加更高级别的比赛。李卫东（2012）针对校园足球竞赛体系进行了专门研究，认为建立分区竞赛制度有利于增加比赛场次，为青少年提供更多的锻炼机会，将全国校园足球布局城市按照区域划分为“东南区、西南区、西北区和东北区”，各分区赛前几名队伍参加全国比赛。

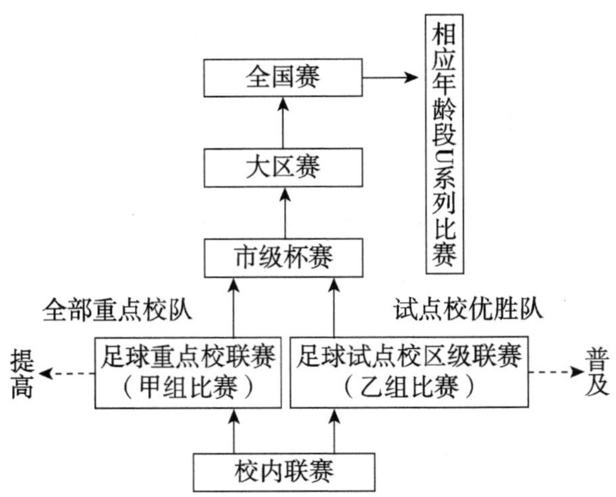

图 1-1　我国布局城市校园足球竞赛体系模式图

四是校园足球相关政策法规方面的问题及对策。校园足球政策法规方面的问题主要体现在 2 个方面：第一就是对现有政策执行不力。林金标（2012）在对 44 个省市的 100 所校园足球定点学校的调查结果显示，68% 的学校对《全国青少年校园足球活动实施方案》中提出的鼓励性措施没有落实，26% 的学校仅落实了一部分，只有 6% 的学校落实了这些措施。郭立涛等（2013）在对我国青少年体育发展政策的研究中提到：校园足球的开展政策牵涉到教育和体育两个部门，而这种“多头管理容易导致管理不畅、权责不明的情况发生，最终导致政策执行不力。很多关于校园足球的研究都认为管理体制不畅是制约校园足球发展的一个重要原因”。第二就是缺乏保障性政策。董众鸣等（2011）指出，当前校园足球的保障体系存在问题，尤其是涉及定点学校、教练员、学生的监督、考核、评估和奖励等方面的制度严重缺乏。而对参训学生能否有升学或其他方面的保障措施更是学校、家长和孩子们关心的重要问题。辽宁省曾于 2003 年在全省 28 所学校开展了校园足球试点工程，当时效果很好，培养了很多优秀青少年足球苗子，但是这些孩子却不能继续发展，就是因为体育部门不能解决孩子们的升学问题。针对以上问题，研究者们的解决策略包括：要重新审视现有校园足球政策和内容，要以《中共中央、国务院关于加强青少年体育增强青少年体质的意见》和《国家中长期教育改革和发展规划纲要（2010—2020 年）》等文件为指导，确保相关政策和措施的制定符合国家的基本方针政策。应进一步制定校园足球保障性政策，切实保证现有政策的持续性和可操作性，科学合理地分步骤推进校园足球的开展。考虑到校园足球开展的主体还是在学校，由教育部门牵头制定相关政策能够更好地保证政策的执行力度；在政策内容的制定方面，要考虑对足球特长生的加分政策、对定点学校的校长就校园足球开展情况进行绩效考核、对教师的外出参加培训和校内训练给予职称晋升和工作量方面的补贴等。

五是校园足球文化氛围方面的问题及对策。中共中央政治局委员刘延东同志曾指出：“足球是一种运动，也是一种文化，只有形成良性的足球文化，足球才能健康发展。”校园足球文化包含了与校园足球相关的物质文化、制度文化、精神文化和行为文化。这其中物质文化包括了经费、场地设施和师资力量，构成了校园足球文化的基础；制度文化主要体现在与校园足球发展相关的政策法规和组织管理，这是校园足球发展的保障；精神文化主要体现在校园足球为学校、指导教师和学生提供了宣传学校形象、展示自我价值和锻炼身心的良好舞台等方面，这是校园足球发展的方向；行为文化主要体现在足球活动和竞赛过程中的价值取向和行为方式，是校园足球发展的核心。当前这四类校园足球文化在现实中都有不同程度的缺失，要想提高校园足球的物质文化氛围，上文已有所涉及，就不在此重复，重点来看研究者对如何提高校园足球精神文化氛围提出的对策。谭广鑫等（2012）提出以“共享运动”的理念来促进青少年足球的发展，强调体育的公益性质，以该理念构建体育与教学相结合的足球后备人才培养模式，动员社会各界力量参与青少年足球运动，构建学校—社会—家庭相连的人才培养网络，新闻媒体要多关注大众足球的发展，让全社会充分享受和领悟足球运动的快乐。侯学华等（2013）提到要培养学生的体育兴趣和爱好，养成良好的体育锻炼习惯是构建良好校园足球文化的有效手段。其他研究者如常保荣等（2010）、代方梅等（2013）提出了让校园足球回归生活和休闲化发展的策略是避免功利主义，大力推动足球普及工作。

三、关于体育领域可持续发展的研究

可持续发展的理念来源于对环境和生态的研究，那么体育领域是否存在可持续发展的问题？对这一问题，王景连（1997）、谢琼恒（1999）、谭华（2000）等绝大多数学者都早已给予了肯定的回答。这些研究者普遍认为，可持续发展理论不仅为体育的发展提供了理论依据，而且也有助于提高人们对体育在经济和社会发展中的地位和作用的认识。当然也有反对的声音，比如李力研（2001）则认为：“可持续发展在体育中并不凸出，发展不发展体育与能源、环境的耗尽并无直接关系，体育不可能主宰人类的‘持续’与否。”但笔者认为这一反对的声音并没有完全认识可持续发展的内涵，只是比较片面地把体育与生态环境的发展相联系。

（一）国内体育领域可持续发展研究

可持续发展是当今世界各领域共同追求的发展目标，体育领域自然概莫能外。在我国，学术界对体育领域可持续发展问题的研究起步较晚，但是随着我国经济社会的转型和改革，原有的“赶超型”的体育发展方式遭遇严重挑战，很难适应建设体育强国的需要。钟秉枢（2011）认为，21 世纪进入第二个 10 年，中国体育的可持续发展到了一个新的历史起点。学术界对转变我国体育发展方式，走可持续发展之路的研究也逐渐增多。本书结合研究需要，将我国体育领域的可持续发展研究划分为竞技体育和群众体育两个领域，下面将分别对这 2 个领域在可持续发展的内涵、可持续发展的影响因素、可持续发展的策略以及可持续发展的评价等四个方面加以分析。

1. 竞技体育、群众体育可持续发展的内涵

我国竞技体育的发展水平用参加奥运会所获金牌数和奖牌数足以说明问题，从 1932 年初次踏进奥运赛场，半个多世纪与奖牌无缘，到 21 世纪初始步人金牌榜第一集团，竞技体育强国已是不争的事实。多年来，在一个人口众多的发展中国家依靠“举国体制”，打破了欧美国家对奥运金牌榜的垄断地位，改变了世界竞技体育

格局，这一成就国人赞叹，世界称奇。如何保持这一发展势头，实现我国竞技体育可持续发展，引起了众多研究者的广泛关注，同时，也对竞技体育可持续发展的含义提出了很多见解，下面分别对有代表性的观点加以论述。

虞重干等（2000）提出，竞技体育可持续发展是指“在发展当代竞技体育的同时，还应考虑不影响今后我国竞技体育的持续发展和把我国的竞技体育可持续发展纳入我国可持续发展的整体战略”。也即事关体育发展的经济、社会、资源和环境等指标因素在今后的竞技体育发展中也要考虑其中。魏冰等（2002）认为，竞技体育是我国体育事业的发展龙头，它的发展不仅依赖于体育事业的发展，而且依赖于社会、政治、经济等社会大环境可持续发展的支持，反过来，作为一种文化现象的体育又会对社会的可持续发展产生影响。杨桦等（2004）提出，竞技体育的可持续发展是指“竞技体育能充分满足社会的合理需求，是竞技体育系统内部各子系统之间及其与外部社会经济环境之间相协调发展基础上的发展模式”。我国的竞技体育要想实现可持续发展，关键是对竞技体育资源的有效调控和竞技体育系统内外部的协调发展。熊文等（2005）认为，以人为本、注重人的发展是竞技体育可持续发展的本质，在竞技体育发展过程中，要做到关心人的物质利益和精神状态，还要重视和尊重人，在运动员的培养过程中注重全面发展；而社会公正则是竞技体育可持续发展的核心。

随着我国体育事业的不断发展，群众体育和竞技体育的关系也从最初的“普及与提高”关系发展到“相对独立”的关系再到后奥运时代的“协调发展”关系，由此可见 3 点：一是我国群众体育的发展落后于竞技体育的发展，二是体育强国建设需要群众体育做坚实的基础，这 2 点也从查阅的相关文献中得到了证实。在查阅有关群众体育的文献资料中，仅有沈芝萍等（2002）和邓万先（2010）在其文章明确提出了群众体育可持续发展的内涵，均认为所谓群众体育可持续发展，是在充分利用和不损害资源的基础上，以人为中心，增强人民体质和身心健康，满足人们健身、娱乐、休闲等多种需要的一种发展方式，它强调增进身心健康和满足人的多种需要的自愿原则。社会的进步是推动群众体育可持续发展的动力，而群众主体意识的觉醒是加强其可持续发展的先导。

通过上述对竞技体育和群众体育可持续发展含义的回顾可以看出，研究者合理地将可持续发展的概念运用于我国竞技体育和群众体育之中，将竞技体育和群众体育可持续发展视为我国社会发展的有机组成部分，其发展则需要依靠社会的可持续发展。

2. 竞技体育、群众体育可持续发展的影响因素

对影响我国竞技体育可持续发展的因素，研究者们进行了不同的总结。虞重干等（2000）认为，影响我国竞技体育可持续发展的因素有3点：第一就是我国竞技体育训练体制的“金字塔”形状比例失衡，投入大，产出小，“成材率”极低，造成人才的严重浪费。第二就是受我国人口生育政策和竞技体育高投入、低产出的影响，竞技体育后备力量进一步短缺。第三就是长期以来教练员队伍“近亲繁殖”现象。魏冰等（2002）认为，影响我国竞技体育可持续发展的基本问题有社会对竞技体育的认可度、竞技体育的效益和运动员成材率低、滥用兴奋剂、青少年运动员的学训矛盾、运动员退役安置问题等。而这些问题产生的根本原因可归结为运动员选拔、竞赛制度和对教练员的奖励和评价等我国竞技体育的管理体制和运行机制问题。韩坤（2008）指出，我国竞技体育崛起后实现可持续发展面临的主要问题有竞技体育举国体制不完善，竞技体育项目结构和布局不合理，竞技体育社会化改革进程缓慢，后备人才选拔和培养面临巨大挑战，竞技体育和群众体育发展不协调。鲍明晓等（2014）认为，制约我国竞技体育可持续发展的因素包括“项目发展的偏态结构；项目绩效的马太效应；优势项目的含金量不足，有金牌少明星；普及与提高的传导机制阻滞；社会办和市场办的空间难以打开；后备人才持续短缺；运动员文化教育和退役安置更加困难；金牌至上的庸俗业绩观的不断抬头”。

对影响竞技体育可持续发展的因素研究中，研究者们清醒地认识到，在新形势下，我国的竞技体育发展问题比以往更显特殊意义，原有的一些发展理念和运作模式遭遇严重阻碍，难以顺应社会的发展和人民的生活需要。

影响我国群众体育可持续发展的因素，研究者们也提出了很多观点。张瑞林等（2005）对影响我国群众体育可持续发展的管理体制和内在机制进行调查研究显示，专家座谈和72%的被调查者认为，群众体育与竞技体育相同的管理体制在当前全面建设小康社会的社会背景下，已日益凸显出僵化和不灵活，成为阻碍群众体育快速发展的主要障碍。另一重要障碍就是群众体育发展的内在机制问题，群众体育缺乏合理机制，内在活力不足。邓万先（2010）认为，我国群众体育可持续发展离不开非奥运项目的发展，这些项目是我国群众体育事业的重要组成部分，非奥运项目不仅发展了群众体育锻炼的形式，让群众体育的锻炼内容丰富多彩，而且拓宽了群众体育发展的思路，反之，群众体育的快速发展同时也带动了非奥运项目的发展。刘小俊（2010）认为，制约我国群众体育发展的主要因素包括：竞技体育优先发展的战略使群众体育处于体育事业中的弱势地位，城乡之间的二元结构导致体育公共设施和公共服务供给不统一，各地区经济社会水平发展的巨大差异，学校体育

工作没能得到加强。于军（2013）认为，当前制约我国群众体育发展的因素包括：我国体育的体制致使群众体育发展落后于竞技体育发展，我国城乡、东西部受经济条件限制群众体育发展不平衡，科技投入较少，传统体育文化受到西方体育文化的冲击而倍显冷落，群众体育组织化程度较低且缺乏系统性。

我国群众体育多年来落后于竞技体育的发展，研究者们从群众体育的管理体制、运行机制以及经济社会发展等多个角度找出了影响因素，这对于今后相关部门制定发展策略、提供公共体育服务奠定了良好的基础，但是要综合考虑我国经济社会发展的不平衡性。

3. 竞技体育、群众体育可持续发展的策略

对如何转变我国竞技体育发展方式，实现可持续发展，魏冰等（2002）提出，我国竞技体育可持续发展的对策有竞技体育发展过程中要切实树立可持续发展的指导思想，改革当前的后备人才选拔制度和青少年运动竞赛制度，构建科学合理的后备人才培养的评价体系和奖励制度。俞继英等（2004）从竞技体育人才资源的角度提出了竞技体育可持续发展的策略，认为要保持竞技体育可持续发展，关键在于保证竞技体育人才资源开发的可持续性。而人才资源的开发，第一需要充分领会“体教结合”的内涵，培养具备体育特长且全面发展的人才；第二需要国家和市场两者相结合，共同开发和完善竞技体育人才市场；第三需要对不同的人才、项目、地域等实行整体开发；第四对人才资源开发要形成投资与回报的合理机制，实施有偿开发；第五需要与国际接轨。韩坤（2008）认为，要实现我国竞技体育可持续发展，需要制定竞技体育长远发展战略规划，对举国体制要进一步坚持和完善，深化竞技体育体制改革和积极推行“走出去”战略。鲍明晓（2014）提出第一要改革我国现行体育行政管理体制，国家体育总局实行管办分离；第二是体育单项协会要实体化；第三是对全运会进行改革；第四是形成多元化的后备人才培养体制。

竞技体育可持续发展的策略问题，研究者们提出了很多有针对性的发展措施和策略，并将人的全面发展问题视为竞技体育可持续发展的核心问题来对待，不再把金牌增长和成绩指标作为唯一目的，这将进一步促进我国竞技体育跃上一个新的台阶。

田雨普（2003）对加强我国群众体育发展提出的对策有：提高认识，加强领导，把群众体育作为体育工作的重点；依靠科教进步来提高群众体育的科学化水平；改革管理、服务和组织体系，建设中国特色的群众体育组织体系；满足群众需要，大力开发群众体育消费市场。杨桦等（2005）对我国自改革开放以来发展群众体育的历程做了回顾和思考，提出我国自改革开放以来群众体育经历了恢复发展、调整发展和改革发展3个阶段，经过多年的实践探索，取得了很大成绩，加快了群众体育社会化的进程，“在建立国家、社会、个人三者有机结合，单位、社区、家庭共同发展的全民健身事业新格局的实践中，正在形成具有中国特色的、与国家改革目标趋同的全民健身运行新模式”。发展群众体育的基础是坚持其基础地位，纳入社会发展规划；管理的方向是坚持政府领导，实行社会运作；工作方针是加强政策引导，促进全民参与；发展措施是完善配套制度，明确责任目标；发展的原则是遵循发展规律，注重分类指导；保障措施是强化依法治体，加强执法监督。余智等（2013）认为，群众体育的可持续发展需要注重群众体育参与主体的交往、娱乐等多元需求，保持与资源的统一性，不能仅依靠输入式治理解决群众体育的“贫困”，要充分激发群众的参与积极性和创造性，将参与式治理和输入式治理合理结合才能有效推动我国群众体育可持续发展。季浏（2014）提出，发展我国群众体育需构建“强政府、强社会”的管理模式，首先要明确群众体育发展和管理过程中政府的主导地位和各类体育社团组织的主体地位，双方应保持相互协调合作的关系；其次要将管理体系进一步延伸，构建以社区为基础的政府主导型群众体育组织管理体系；最后要大力发展体育社团组织，为“强社会”的管理模式打下基础。

研究者们普遍认为，随着全民健身计划的进一步实施和在竞技体育快速发展的带动下，群众体育也将保持持续、快速、健康发展的态势，人们参与体育活动的积极性会更高，群众体育的社会地位和作用将进一步凸显，国家也将进一步健全和完善公共体育服务体系。

4. 竞技体育、群众体育可持续发展的评价

虞重干（2001）、刘志民（2002）、夏崇德（2007）、邵桂华（2010）等对竞技体育可持续发展都进行了评价研究。虞重干等（2001）运用问卷调查法、数理统计法对我国4省442人进行了调查，采用R型因子分析对21个指标进行了研究，因子载荷排名前5位的分别命名为“科技道德教育、体制规划、经济竞技发展、外部投入和消除‘近亲繁殖’的教练员培养制度”，用这5类评价指标来评判我国竞技体育可持续发展能力。刘志民等（2002）运用文献资料法、问卷调查法、“多输入加权优序图”法等研究方法构建出我国竞技体育可持续发展评价指标体系，该体系包含体育经济、体育社会、体育环境和体育资源等4个一级指标和人均GDP、国家/社会投入等41项二级指标。夏崇德等（2007）运用调查研究、专家访谈等方法，构建了包含系统环境对竞技体育的支撑指标、竞技体育发展现状指标、竞技体育发展趋势指标和竞技体育与区域协调指标等4项一级指标、12项二级指标和64项三级指标组成的竞技体育可持续发展评价体系，提出采用多目标线性加权法综合评价竞技体育可持续发展水平的方法，并给出了判断可持续发展水平的评判标准。邵桂华等（2010）将竞技体育系统作为一个复杂系统，以系统动力学为工具，建立了我国竞技体育系统动力学模型，并对系统的演化行为进行计算机模拟仿真，从而分析我国竞技体育可持续发展水平。

对我国群众体育可持续发展的评价研究。余静等（2011）运用专家访谈法、层次分析法等方法，构建群众体育发展评价指标体系，准则层为社会环境系统、投入系统、产出系统等 3 个子系统，子准则层包括 9 项子准则，方案层包括 17 项指标。该研究以省级行政区划为单位构建的，因此对低一级行政单位来说评价的精度会下降，再就是该指标体系有一定的时间局限性。王智慧等（2012）从建设体育强国的背景下构建了群众体育的基本评价指标体系，该评价体系共包括 8 项二级指标，分别是体育场馆的数量、经常参加体育锻炼的人口数量、体育人口与国民总人口数量的比值、群众体育发展政策与法规、人均拥有体育场馆面积、体育消费与收入比值、国民体质健康水平和体育文化氛围。潘丽英（2010）对我国全面建设小康社会期间群众体育评估指标体系进行了构建，该指标体系准则层包括 5 部分，分别是社会组织管理、资源保障、活动参与、群众体育工作绩效和学校体育等 5 部分，指标层将准则层的 5 部分内容进一步细化为 18 项，方案层则由 44 项单个要素和评估指标构成。

对竞技体育和群众体育可持续发展能力的评价研究。研究者们结合可持续发展的理念和内涵制定了不同的评价指标体系，但是个别指标不易测量，缺乏可操作性，另外普遍缺乏实证研究。

（二）国外体育可持续发展研究

从 20 世纪 90 年代开始，国外已将可持续发展的理念应用于体育领域，主要是从生态学方向开展，重视体育与环境的和谐发展，将可持续发展作为行动的指导理念并贯穿于指导实践的规章制度中。国际奥委会也专门设立体育与环境发展委员会，在体育运动中始终致力于维护和宣传可持续发展的环境保护理念，曾于 2007 年被联合国授予“地球卫士奖”以表彰其在环境保护与体育运动可持续发展方面所做出的突出贡献。在学术研究方面，针对一些环境依赖性较强的运动项目和大型体育赛事从可持续发展的角度提出了相关政策和措施。可以看出，国外对体育可持续发展的研究开展较早，更加注重体育可持续发展与环境保护的协调。

四、文献综述小结

以上研究成果在对青少年足球后备人才培养模式、校园足球、体育领域可持续发展等多个领域进行了很多颇有价值的研究，这些将对本研究提供有益借鉴，但由于相关研究的目的和出发点不同，导致的研究结果缺乏普遍适用性。而校园足球的开展有其独特的内涵，它的发展是一项长期复杂的系统工程，需要各级政府、体育系统、教育系统和全社会有机结合，更需要将足球的发展与青少年身心健康成长融为一体，而不仅仅是培养竞技足球运动员。因此，对校园足球可持续发展系统进行评价的研究不同于对竞技体育、群众体育或竞技体育运动项目可持续发展的研究，更不能简单套用上述研究成果，应该以战略的眼光从整体上进行理论构架，抛弃功利性，从政治、经济、文化和社会发展的角度来构建校园足球可持续发展系统，对这一点，已有的研究还存在欠缺，而对校园足球可持续发展的能力和水平进行评价的研究目前还是空白。

第二章　青少年足球运动文化的发展研究

体育运动在发展过程中会形成相应的文化，对人们的社会生活产生重要的影响。足球运动在发展过程中，也会形成相应的足球文化，其不仅影响着人们的日常生活，也对足球运动本身的发展产生了重要的影响。基于此，本章对足球运动文化的发展进行研究。

第一节　足球运动文化的内涵

一、体育文化与足球文化

（一）体育文化的概念

随着社会的不断进步，体育文化也在不断地发展，体育文化的概念被相关学者做出了新的解释，即体育文化是人们在促进自身健康、提高人类生活质量的社会活动中创造并形成的一切物质财富与精神财富的总和，包括与之相适应的社会组织及规范体育活动的各种思想、制度、伦理观念与审美理念，还包括为实现目标而采取的各种措施以及相应的成果。

体育文化的形成可以一直追溯到原始社会时期，但“体育文化”的概念出现于近代，它是一种特殊的文化现象。“体育文化”最早翻译为身体文化，德国学者菲特于 1818 年著的《体育史》中就已使用“Physical culture”一词。《韦氏国际大辞典》中将身体文化解释为“有关身体系统的保养”。19 世纪末以后，身体文化的概念被人们理解得更加宽泛，有观点认为身体文化就是以促进健康与增强体力为目的的运动体系，而有的观点认为包括身体涂油剂、颜料、营养摄入、沐浴设施以及身体训练的运动器械在内的文化现象都属于体育文化。第二次世界大战以后，身体文化被苏联以及东欧各国作为体育广义上的概念来使用。直到 1974 年，国际体育名词术语委员会出版的《体育运动词汇》对体育文化进行了正式的定义：广义文化的一个组成部分，它综合各种利用身体文化锻炼来提高人的生物学和精神潜力的范畴、规律、制度和物质设施。在社会发展的过程中，体育文化的概念随着人们逐渐地深入认识而不断变化，而随着社会的继续发展，体育文化的概念也必将会与时俱进，不断得到创新。

中国存在有“人体文化”一词，与身体文化的概念相近。但是，人体文化并不局限于人体艺术的某些方面，它是一个拥有外观姿态、内部结构及多种因素和系统的完整体系，包括人体体质文化和人体动作文化两类。

Sport culture 的一种译法是运动文化。这个词在东欧国家使用较多，主要是指身体运动文化方面的性质，但内涵模糊不清。从字面上看，运动文化属于体育手段的范畴，但体育文化的概念更加的广泛，内容也较运动文化更为丰富。Sport culture 的另一种译法叫作“竞技运动文化”，这与体育文化也有一定的差别。一般理解，体育的概念包含竞技，那么竞技文化也应该属于体育文化的一部分，但有的学者观点恰恰相反。总之，各国理解 Sport culture 的概念多有差别。

通过对多个体育文化相关的概念进行认识和区分后，便有了更多的依据对体育文化进行界定。正是在这些与体育文化相关概念与事物的异同比较中，体育文化的内涵和外延才逐渐被确立。

体育是人类在发展过程中所创造出的一种身体文化，身体运动在人的物质生活得到满足后逐渐从体力劳动中分离，并摆脱了纯生物性和物质功利性。在身体运动被人们有目的并有选择性地进行促进身心发展的社会生活实践时，身体运动才真正具有了体育文化的意义。体育活动是人们以身体活动的形式对人类身体素质与精神进行改造的实践活动，西方 20 世纪 90 年代以来所流行的“Sporting culture”这一称谓与当前我国所说的“体育文化”更为接近。

（二）足球文化的概念

足球文化是一种较为特殊的文化现象，是文化的一种特殊形式。足球文化是进行足球的相关研究的重要方面，是长期开展足球运动的重要基础。足球文化是一种集合体，具有各种参与主体形成的形态特质。具体而言，足球文化存在于一定的形式和状态之中，是精神和物质的结合。

足球文化包括相应的形态、秩序和法则，也包含对于价值及功能的肯定。足球文化是一种多层次、较为丰富的文化形态，作为体育文化的重要组成部分，有学者将其概括为：足球文化是指参与主体通过足球这项运动和实践所创造的所有物质、制度和精神财富的总和。

学者童昭岗认为，文化有3个要素，即为物质、行为和心理。据此，可将体育文化也分为物质要素、行为要素以及心理要素。所谓物质要素即为一些场馆设施以及相应的体育产品；行为要素则为体育文化的相应制度和规范；体育文化的心理要素即为相应的精神文化，包括道德、价值观念等方面。足球文化可分为足球物质文化、足球制度文化和足球精神文化。

1. 足球物质文化

足球物质文化是指在足球运动过程中，参与主体在认识、改造和适应等活动中所取得的成果，具体表现为足球运动的器材设施及思想物化。唯物主义认为，物质是第一性的，而意识则是第二性的，物质决定意识，意识反作用于物质。对足球文化而言，物质文化是其基础，可以保障整个足球文化系统的健康和可持续发展。足球物质文化的表现形式主要体现在与足球运动所必须配备的基本的场地基础设施和相关足球运动器材，这些都具有鲜明的特点，即其是客观存在、有形的事物。

足球的物质文化除了包括各种场地和器材之外，还包括各种思想物化品，其是足球物质文化的高级部分。具体而言，其包括比赛的视频、球队的队歌以及以足球为题材的各种电影等。

2. 足球制度文化

所谓足球制度文化，可将其概括为：参与足球运动的主体经过不断地进行自我完善和改进运动实践方式以及相关制度的产物，这是管理和规范足球活动中参与主体的相互之间的社会关系的规章制度、组织机构的总称。

一般可将足球制度文化氛围3个层面的基本内容，即为参与主体的角色和组织形式、组织的服务结构以及相应的规章制度。参与主体的角色即为在进行相应的足球运动时，足球运动的参与主体在活动中的工作内容和职责。具体而言，在足球运动中，前锋、后卫、门将等都会有不同的职责分工，他们在相应的组织形式中开展足球活动。另外，为了促进足球运动的开展，相应的服务机构和组织也发挥着重要的作用。例如，地区性的足球协会（北京市足球协会）、国家级的足球协会（中国足球协会）、洲际性质的足球协会（亚洲足球协会）、国际足球联合会等都是归属在足球制度文化的组织结构层面。

3. 足球精神文化

足球运动的精神是其文化的核心方面，主要为足球参与主体的思想观念和思想体系，其是人们了解、分析和改造客观世界过程中所获得的最终成果。另外，足球运动的各种艺术和相应的行为准则也是足球精神文化的重要方面。

足球运动的精神文化是在开展足球运动的过程中逐渐形成、完善和发展的各种哲学、制度、知识和审美评价等，这些方面都是足球的相关思想和意识形态的集中反映。

（三）足球文化各组成部分之间的关系

足球文化包括物质文化、制度文化和精神文化 3 个方面，这 3 个方面共同构成了足球文化的整体，这三者之间相互联系、相互影响，缺一不可。

构成足球文化的各个系统之间是相互依存、相互联系的，而其各个部分在整个系统中的角色和作用是不同的，具有一定的层次性特点。物质文化是最外层的，精神文化居于核心部位，制度文化则在两者之间。

足球精神文化的表现方面主要是与足球相关的价值观、文化理念和思想体系，由于其是整个足球文化系统的核心要素，其起到主导性的作用，对于足球文化的未来发展方向具有决定性的影响；足球制度文化主要是体现在与足球活动相关的行为中，其连接着足球物质文化和足球精神文化；作为足球文化的外围，足球物质文化是足球精神文化的参与主体在足球运动实践物化的体现。

二、足球文化的本质功能

随着经济社会的不断发展，人们的思想和认识水平不断发展，对于足球运动的认识也不断深化发展。现代社会，足球运动的商业化发展趋势更加明显，人们在日常生活中对于足球赛事和足球运动投入了更多的关注，这在一定程度上带动和提高了足球文化的功能。

体育文化是足球文化的重要组成部分，对人们的日常生活产生了重要影响，这使其进一步形成了一定的社会文化环境，从而对人们的思想、行为方式等方面产生一定的制约，使得参与主体具有了某种特质。因此，有学者认为，足球文化承担的功能主要是对社会中人的教育和培养，这也是足球文化最本质的功能，这一最本质的功能同时也应该成为足球文化发展和建设的方向和导引。另外，足球运动的参与主体在实践活动中根据自身需要从而改进和创造了足球文化，因此足球文化的服务对象首先应该是参与主体的人，服务的最终目的是促进参与主体的人的自我发展和完善，这也构成了足球文化建设的另一方向。

需要注意的是，足球运动的职业道德、运动比赛中的价值观以及积极向上的团队精神等方面都是足球文化的重要体现方面。观众、球员等在欣赏和参与足球运动过程中，这些方面都会在不知不觉中对参与主体起到培养和教育价值观、情感以及改善体质等的作用，对于参与主体的自我完善和发展具有积极的意义。

但是，足球文化也有消极的一方面，存在着一些消极的文化因素，这对足球运动的发展不利，如人们经常看到的足球流氓、球场暴力、假球赌球等现象。另外，一些足球明星，在生活方面也有很多不检点之处，这也对球迷带来了不良的影响。在足球文化发展过程中，应主动抵制不良足球文化的发展，促进足球文化的健康、可持续发展。

三、足球文化的发展

整合创造足球精神，结合我国的实际情况，构建中国特色的足球精神文化。具体而言，应注意以下几方面的内容。

第一，要改变人们对于足球这项运动的认识偏差，正确意识到足球对于活动参与主体人的教育作用。

第二，要注重将足球活动更好地扎根于大众的生活之中，内化为人们健康生活和快乐生活的一部分，从内心产生对足球共同价值的认可，才会形成真正的全民参与的大众足球。

第三，要继承我们民族的优秀传统文化和精神，充分融合和创造出具有中国特色和风格的足球精神文化。

第二节　青少年竞技足球文化的发展

一、我国的竞技足球人才培养模式

（一）职业俱乐部模式

在足球竞技化发展过程中，足球职业俱乐部也逐渐兴起，其对足球运动的发展产生了重要的影响。足球俱乐部能够根据足球运动员的特点、市场发展的特点和足球运动训练等方面的规律对足球运动员进行培养和发展，促进其成为高水平的足球竞技人才，这种特殊的教育过程就是职业俱乐部后备梯队培养模式。在以前，我国职业足球俱乐部主要由国家出资培养，而现在则是由企业或个人出资培养。俱乐部是培养竞技足球人才的主体，在人才培养过程中，综合考虑了各种市场因素。

职业俱乐部后备人才培养模式具有其一定的优势，具体主要体现在以下几方面。

第一，职业足球俱乐部具有优良的训练场地和其他的实施条件，其聚集了我国优秀的教练员资源。

第二，职业足球俱乐部具有一定的资金保障，运动员具有充足的时间进行训练，进入一线队伍的机会更大。

第三，俱乐部足球人才的培养模式具有明确的人才培养目标，运动员具有较多的参赛机会，能够培养运动员的专项能力。同时，其拥有较为完善的后勤保障体系，具有完善的梯队建设制度。

总而言之，职业体育俱乐部采用企业化的人才培养模式，对于促进足球运动员的发展具有重要的意义。俱乐部足球后备人才的培养模式是一个特殊的教育过程，在这一过程中，职业俱乐部应促进青少年足球运动员的全面发展，针对其身心发展规律来进行教育，安排好文化教育学习。为了促进其足球专项技能的发展，应充分发挥俱乐部的特点，科学、合理地安排相应的训练。

（二）体育局系统各级青少年足球人才培养模式

各省市体育局举办并负责管理的各种足球人才培养模式，其由足球运动管理中心（中国足协）具体进行组织实施。体育局系统以各层次的运动比赛作为比赛的目标，对本地区的青少年足球学校、体校等的青少年足球运动员进行选拔和训练，并进行集中的管理。

为了促进我国足球后备人才的培养，实现我国足球运动水平的提高，我国在2009年的第11届全运会上增设了男、女乙组足球比赛，这在一定程度上调动了政府的积极性和能动性，使得地方政府部门对于足球运动的重视程度提高，很多省市开始制定相应的政策，出台相应的方案和措施，促进青少年足球人才的培养和发展。

（三）社会力量兴办的青少年足球培训模式

社会力量兴办的足球培训模式主要是指个人、社会团体和非职业俱乐部企业等出资兴办的各种青少年足球培训体系。社会力量兴办的青少年足球培训模式又被称为“民办”，其依托足球学校、普通中小学、公共体育场馆和营利性场馆等，利用课余时间或假期等进行青少年足球训练。需要注意的是，无论是足球学校，还是业余足球俱乐部，都必须在当地的教育、体育部门和行政管理部门等进行登记，其应在取得社会力量办学资质的基础上开展各种训练活动。

（四）学校足球模式

学校足球由政府和民间力量兴办，是在隶属于教育部门的“九年义务制”的中小学和高中学历教育的高级中学中开展的青少年学生足球运动。学校足球的开展对于足球后备人才的培养具有重要的意义。足球运动的发展是一个宏大的工程，为了完成总体工程目标，在整体系统下就有若干个子系统各自发挥各自的职能。其中，校园足球就是这众多子系统之一。这就使得校园足球的发展战略要服从我国足球运动整体发展战略，这就是校园足球发展战略的从属性。这种从属性决定了校园足球发展战略具有双重任务，第一项任务为实现校园足球自身的发展，第二项任务为实现我国足球整体发展战略对校园足球发展的要求。两者相辅相成，任何过多的偏重都会对各自任务的完成产生不利影响。青少年是足球运动的后备力量，当然他们也是校园足球的重要参与主体。因此，这就需要在制定校园足球运动发展战略时一定不能忽视对参与主体的研究，而青少年学生对足球运动的要求也就成了制定校园足球发展战略的依据之一。

现代体育教育改革中特别要求要以学生为主体，开拓出一种自主性的、自由性的，本着以人为本学习理念的教学主张。这种人本教育理念表明了只有当人愿意去学的时候，才能更好地对所学内容进行深入的理解，变“要我学”为“我要学”。

二、竞技足球未来的发展趋势

（一）“享受体育”理念的发展

发展到现在，竞技体育已发展到了一个很高的层面，它成为展现人类现代文明进步的一个窗口。因此，竞技体育文化应拓展“享受体育”的发展方向。促进“享受体育”的发展。“享受体育”具体表现在：运动员享受比赛过程；裁判员享受指导比赛的过程；观赏者享受比赛本身的内容等。

在竞技体育比赛中，有成功就有失败，但是不论成功还是失败，运动员都能获得不同的感受。在比赛中，运动员都有自己的人生经历和不同的感触，无论成功与否，运动员都在比赛过程中获得了极为宝贵的经历，享受到了自己所独有的快乐。教练员比赛前、比赛中和比赛后对运动员的指导和鼓励，对运动员也有深刻的影响，成为运动员的一种享受和体验。而教练员在指导运动员的同时，也能享受到竞技体育给自己带来的价值和愉悦的感受。因此，在竞技体育文化发展的过程中，要注意拓展“享受体育”的发展方向，这不仅能给体育运动参与者带来极大的价值，同时还能促进整个体育文明的发展与进步。

（二）“人文体育”理念的发展

“人文体育”理念伴随着现代社会的发展而出现，它是竞技体育在现代社会发展中非常重要的价值观，因此竞技体育文化在发展的过程中，还要坚持“人文体育”的发展理念。

在竞技体育中，“人文体育”理念主要表现在：“人的全面发展是一个提高生存机会的过程，从总体上说，健康、长寿、接受良好的教育和生活幸福美满是人类发展的基本标志。”人文体育理念在很大程度上顺应了现代社会的发展规律，对促进社会主义现代化建设和和谐社会建设提出了新的思路和方法。因此，在竞技体育发展的过程中，要坚持人文体育的发展理念，坚持“以人为本”，这样才能保证竞技体育文化的科学化发展。

竞技体育对大众有着巨大的影响，通过人文体育理念的贯彻，能使全体人民认识到参与体育运动的重要性，通过参与体育运动锻炼能增强自身的体质，提高免疫力，在平时的生活和工作中保持充沛的精力，提高生活质量和幸福的满意度。这是竞技体育价值的具体体现。另外，在竞技体育中，还要加强对运动员的人文关怀，在训练过程中不仅要培养和提高运动员的技术能力，同时还要培养其文化知识，促进综合素质的发展和提高，这样才能有利于运动员的更好发展。总之，人文体育理念的提倡，不论对于运动员还是一般体育锻炼者来说，都要合理地利用体育来发展自己，促进自身的全面发展。

在竞技体育文化发展的过程中，坚持人文体育理念的发展方向还可以吸引更多的专家和学者加大对竞技体育文化的研究，丰富和拓宽中国人文体育方面的研究成果，在不断吸取国外人文体育理念的先进研究成果的同时，丰富我国的体育文化理论研究体系。

新时期，我国足球后备人才的培养更加注重人性化教育，以人的发展为最终目标，实现人的发展与足球运动发展的协调统一。在人的发展的基础上，促进足球运动的发展，实现社会的发展和进步。在科学发展观的指导下，我国的足球后备人才培养理念的转变主要表现在以下几方面。

第一，在对足球的认识方面，将其作为一种教育的工具，群众更加广泛地参与其中。

第二，在人才培养理念方面，我国引入先进的培养理念，并得到了相应的国际足球组织的支持。

第三，在培养目标方面，我国更加注重球员社会责任感和终身技能的培养。在校园足球发展过程中更加注重学生的快乐学习，并培养其独立思考和解决问题的能力，发展其创造性。

第四，新的后备人才培养方式使得家长和学生受益，从而使得我国足球事业得到了持续的发展。新的培养理念更加注重足球运动的普及，促进对学生兴趣的培养。

（三）足球硬件设施的提高

为了提高我国足球运动的水平，需要不断增加足球方面的资金投入，促进足球设施状况的改善，在具有完善的基础设施的基础上，才能够更好地促进足球运动训练的发展。

对于职业足球俱乐部而言，其应该促进球场的专业化发展，使得青少年运动员获得更多运动和训练的机会。

政府部门应加大相应的体育场地建设，以保证学校和业余体育俱乐部能够正常进行相应的足球运动训练，促使更多的人参与到足球运动中，使得足球运动在群众中得到更好的发展。政府可制定相应的法律法规，提高体育场馆的利用率，使得足球运动场馆能够更好地被利用起来。政府加大在足球方面的财政投入是中国足球健康和可持续发展的基础。

第三节　青少年校园足球文化的发展

一、校园体育运动文化概述

（一）校园体育运动文化的概念

文化是人们在实践过程中创造的，是物质财富和精神财富的总和。校园文化具有两方面的内涵，广义的校园文化包括学校的物质文化、精神文化和制度文化等方面；狭义的校园文化则是指校园的文化氛围和精神文化。

从以上内容可知，校园体育运动文化是指属于学校内以师生群体为主要对象的群体文化，它是校园内所呈现出的一种特定的体育运动文化氛围，是学校的师生员工在工作或生活活动中所共同拥有的物质和精神财富。校园内开展的体育教学活动以及师生自行组织的课外体育活动是其主要表现形式。学生是校园体育运动文化的主体，其文化内容主要以课外体育文化活动为主，结合德育、智育、美育文化等一起构成了校园文化群，又与竞技运动文化、大众体育文化组成了广义的体育文化群。

由此我们可以看出，校园体育运动文化是学校特殊环境中产生和演进的必然产物。由于不同的学校拥有各自不同的地缘条件和不同的体育项目传统特点，其分别形成各自独特的校园体育运动文化。为了能够更为详细地了解校园体育运动文化，我们将从体育文化的物质层面、智能层面、规范层面以及精神层面进行分析。

（1）从物质的层面进行分析，校园体育运动文化包括体育运动的场地、器材等设施。具体来说，还包括场地、器材设施的质量以及水平，场地的环境以及使用情况，体育商品的类型和服装的样式等。

（2）从规范的层面进行分析，校园体育运动文化主要是指学校体育运动中是否具有一些制度性文本，且这些文本是否能够切实有效地进行开展，并深入到师生群体体育互动中去。这些规范文本包括体育教学大纲、指导思想、组织原则、教材、评价标准以及奖励标准等。

（3）从智能的层面进行分析，校园体育运动文化主要指体育活动的科学基础。具体指在校园体育运动中有哪些体育运动学科作为校园体育运动的指导学科。例如，校园体育运动是否开展了体育美学、体育哲学、体育解剖学、体育社会学等学科。指导学科的开设对校园体育运动文化的丰富具有重要的意义。

（4）从精神的层面进行分析，校园体育运动文化主要是指活动群体的价值观，具体表现为活动群体对生命、健康、体育的评价。价值观的形成是一个不断认识自我、认识体育运动的渐进过程。

（二）校园体育运动文化的价值

校园体育运动文化对学生的功能主要表现在几个方面，即促进智力、思想道德品质、美学素养的发展，规则意识的培养、成就感的培养、凝聚力的增强等，具体如下。

1. 校园体育运动文化可起到发展学生智力的重要作用

校园体育运动文化对学生智力的发展可起到积极的促进作用。对于现代学生来说，健康的体质尤其是健全的神经系统都为其智力的发展提供了重要的物质基础。长期的体育锻炼，对学生敏锐的感知能力、灵活的思维能力、丰富的想象能力、良好的注意力和记忆力都能够起到提高的作用；可以使学生进行积极性休息，消除大脑的疲劳，恢复和提高大脑的工作能力，提高学习的效率。在学习之余进行体育锻炼，学习体育文化知识，对学生的全面发展能起到事半功倍的作用。

2. 校园体育运动文化对于发展学生的思想道德品质具有重要价值

良好的思想道德品质是现代学生应具备的基本素养。对学生进行思想品德教育，是德育和体育教学的重要任务之一，两者在全面教育中是很难截然分开的，在学校教育中往往寓德育于体育之中。事实证明，校园体育运动文化是培养学生良好思想品德以及完善其个性的重要手段。校园体育运动文化以它丰富多彩的活动内容，吸引着学生参与其中；校园体育运动文化多以集体为单位，便于进行群体教育；校园体育运动文化活动经常采用竞赛、评比和奖励优胜等方法，有助于培养学生的竞争意识和开拓精神；作为一种教育和充实余暇时间的手段，校园体育运动文化对于预防和矫正学生的不良品德，教育犯有过失的学生，具有十分显著的效果。

3. 校园体育运动文化有助于学生美学素养的发展

校园体育活动对学生美学素养的培养具有十分积极的作用。美育是提高人的个性和谐发展的重要教育标志。思想品德和情操的美，是德育的主要内容，而风度美、语言美、环境美等，往往与一个人的文化知识水平和美学修养有着直接的关系。至于美与体育的关系，体育代表的是体质的健康，美是健康的一种表现形式，美建立在健康的基础之上，没有健康，美就无从谈起。只有体育与美育相结合，才能培养出集“健”与“美”于一体的人。

4. 校园体育运动文化有助于促进学生对规则意识的认识

校园体育一般是群体性活动，在活动过程中，群体成员必须在遵从规则的前提下才能够进行锻炼和比赛。如果脱离了规则，体育活动尤其是体育比赛则无法开展。在长期的体育活动参与过程中，规则意识被逐步渗透到学生内心之中。这种规则意识的培养具有非常重要的作用和意义，其不仅表现在对体育活动本身起作用，还表现在会将学生对其他方面规则的认同和接受逐渐培养出来。

5. 校园体育运动文化对于学生成就感的培养非常有帮助

对于学生而言，其成就感的获得往往是通过校园体育运动等形式来实现的。学校内开展的体育比赛、运动会等群体性体育活动将大量师生聚集起来，学生通过参与其中的某一项目，在比赛中拼搏，并获取胜利，使得他们能够体会到成功的喜悦。而对于一些学业方面并非出众的学生，其在体育运动方面的成功，会更好地培养其自信心，同时，这种自信心也能够逐渐被迁移到学业中来，从而促进学业获得更好的发展和进步。

6. 校园体育运动文化可有效增强学生的凝聚力

在校园体育运动文化氛围的影响下，学生之间的凝聚力也会不断增强。在学生的群体性活动中，每个学生都会积极努力地为集体贡献力量。因此，校园体育运动文化对于学生凝聚力的增强起着重要的推动作用。

从上述内容可以看出，校园体育运动文化是一种精神文化。校园体育运动文化有助于创造生动丰富的校园文化；有助于冲破校园文化的封闭性，增强开放性；有助于弘扬校园文化的创新精神，这对学生获得全面发展以及学校的进一步发展都具有十分重要的意义。

二、校园足球文化

（一）校园足球文化的概念

校园足球文化是在足球运动知识的学习和运动技能的掌握过程中形成的智能教育，不断丰富学生的文化知识，拓展其视野。校园足球文化的核心是培养学生的足球价值观，促进足球运动的制度化、法制化和品位化发展。其包括足球观念，即为对足球运动的理解，以及在此基础上形成的各种行为模式和各种行为表现，如校园足球联赛、校园足球文化载体等。

（二）校园足球文化与青少年足球人才培养

一般而言，我国的青少年足球人才培养可分为 2 个基本的发展阶段，即为职业化改革前发展阶段和职业化发展阶段。

在足球运动的职业化改革之前，我国的足球人才的培养方式以地方传统项目学校—业余体校—体工大队为主。在 1994 年之后，我国足球职业化逐渐开展起来，足球运动员的培养开始逐渐转变为职业足球俱乐部和足球学校。

现阶段，我国的足球人才培养方式以职业足球俱乐部的后备梯队和足球学校为主，而足球传统项目学校的功能被逐渐弱化。现阶段，我国足球运动处于职业化发展的初期，很多地方还有待进一步发展和完善，尤其是后备力量的培养体制方面还有很多的不足，从而使得我国的足球人才相对较为匮乏。通过发展校园足球，能够实现“体教结合”，这种培养方式下，参与足球运动的人不断增加，对于我国足球运动的长远发展具有积极的意义。虽然足球学校是足球人才培养的重要场所，但是其也有一些不足之处，如对于我国足球人口的发展并没有起到应有的促进作用。足球学校培养模式虽然对于我国足球运动的职业化发展具有积极的意义，尤其是足球职业联赛的初期，其作用更为显著。但是，随着足球学校的不断增多，足球学校开始出现了一定的质量问题，一些足球学校办学条件和办学资质水平较差，足球人才的培养质量也开始下降，这就使得足球学校的声誉受到了一定的影响，从而使得足球学校开始逐渐减少。

我国在足球职业化发展的初期，欠缺相应的发展经验，忽视了足球运动发展的规律和青少年人才身心发展的规律，忽视了学校足球运动的普及和发展。足球学校对足球运动员的专项技能的提高具有积极的促进作用，但是其对于文化课方面的教育却有待进一步提高，并且训练也缺乏科学性，从而使得青少年对于足球运动逐渐失去兴趣，专项技能不突出，而文化知识学习欠缺，从而造成了其以后就业的困难。另外，足球学校的费用一般较高。而成才率相对较低，从而使得很多家长不愿意其子女在足球学校学习。

总而言之，我国足球运动的普及和青少年足球人才的培养过多地依靠足球学校，而忽视了校园足球对于足球人才增长的重要促进作用。足球学校并不能胜任这一任务，造成了我国足球人才的不断萎缩。足球运动在普及过程中，相应的政策和资金扶持不到位，这更加重了我国足球人才的减少。近年来，通过分析我国足球发展的形势，深刻认识到了我国足球运动发展的不足之处。所以，从2014年开始，我国开展足球四级联赛制度。通过一系列举措的推行，促进了校园足球的迅速发展，这对于我国足球运动的发展具有重要的意义。

三、校园足球的发展历程

我国校园足球运动起步相对较晚，可将其发展历程概括为以下3个阶段。

（一）萌芽阶段

我国校园足球运动发展的第一个阶段就是萌芽阶段，在这一阶段中，出现了一些比较突出的系列赛，如“希望杯”“幼苗杯”“萌芽杯”等。在20世纪80年代初期，团中央、教育部以及国家体育运动委员会共同下发《在全国中小学生中积极开展足球运动的通知》(以下简称《通知》)，该《通知》要求在学校按照不同的年龄阶段划分来组织足球比赛：6~11岁年龄阶段的学生参加“萌芽杯”比赛；12~14年龄阶段的学生参加“幼苗杯”足球比赛；15~16岁年龄段的学生参加“希望杯”足球运动比赛。

当时，校园足球活动的开展对学校有着巨大的吸引力，全国足球发展较为先进的城市中，有1 000多所学校积极参加此项活动。然而，因为有些学校的参赛队单纯重视比赛成绩，经常通过运用行政命令来把所在地市的优秀足球运动员集中起来，使之作为一些学校的参赛队来参加比赛，获取优异的成绩，这一行为严重影响了比赛的公平性，也挫败了其他学校参加足球比赛的积极性。因此，仅仅持续三年之后这项比赛便不再存在。尽管足球比赛消失不见，但是一些地区的青少年培训工作仍然在有序地开展。可以说，20世纪80年代校园足球运动的萌芽与兴起为当代我国足球运动的发展奠定了一定的基础。

（二）停滞阶段

我国足球运动的发展随着足球职业化进程的加快而迅速进入了一个新的发展时期。然而，从校园足球运动自身的发展情况来看，其开始进入一个停滞发展的阶段。这主要是因为职业俱乐部对一线足球训练比赛队投入了大量的精力与支持，几乎不再重视青少年校园足球运动，也不再继续为青少年足球运动而投入。与此同时，一些办学质量参差不齐的足球学校在社会上不断涌现，这些学校中大部分都是为了收取高额的学费，很少将注意力集中在对学生足球竞技水平的培养上，这些足球学校在建立初期出现了一段时间的蓬勃发展，但之后便停滞不前，发展受阻。这一时期严重影响了我国足球运动的发展，“体校—省队—国家队”是原来经过几十年才建立起来的三级训练体系，这一体系在停滞阶段完全崩溃，最终解体。此外，注册青少年足球运动员的人数不断下降，中国足球的发展面临着尴尬的处境。

（三）快速发展阶段

为了促进我国足球运动整体水平的不断提高，促进学生身体素质的全面加强，国家体育总局和教育部在2009年共同下发了《关于开展全国青少年校园足球活动的通知》(以下简称《通知》)，该《通知》要求，对城市的各中小学校进行严密布局，使这些学校积极支持并全面开展校园足球运动，对从小学阶段到大学时期的各级各类比赛进行建立，并使之不断趋于完善，将足球理论知识与实践技能在青少年学生中进行广泛宣传与普及，创建健康文明的校园足球文化，加强对青少年足球后备人才的科学培养，使后备人才全面发展足球素养，并且突出自身的特色。为了响应《通知》的要求，还制定了相应的“实施方案”，该实施方案对全国青少年校园足球活动开展的一些重要问题进行确定，如确立了指导思想；制定了开展各级足球竞赛的目标与任务；成立了组织机构；制定了工作方针；对学校招收学生的资格和要求也有所明确，并出台了经费管理等政策。同年，在世界范围内，国际足联（FIFA）第一次提出了“草根足球发展计划”，这一国际性的足球发展计划中包括了我国将足球运动向广大中小学生进行普及与推广的工作。

2009年5月，国家体育总局经过研究做出决定，为了解决校园足球活动开展的经费短缺问题，从体育彩票公益基金（向社会募集）中每年提取4 000万元人民币，作为解决这一问题的重要举措。这些资金为顺利开展校园足球运动提供了物质保障，其用途是极其广泛的，如对足球运动器材与联赛硬件设施加以补充、建设足球运动场地、为学生缴纳保险金、专业培训相关人员、对训练营和足球文化节进行组织与实施、对足球运动加以宣传与推广等项目，这些专项开支都有利于校园足球活动开展的顺利进行。

在毛泽东同志题词“发展体育运动，增强人民体质”的57周年纪念日（2009年6月10日），全国青少年校园足球活动的启动仪式在国家体育总局和教育部两部委的协调配合下顺利举行，全国青少年校园足球活动工作领导小组这一相关领导机构也开始成立。开展校园足球运动这一工作的主要目的是使青少年学生的足球竞技水平在体育与教育协调配合发展的条件下不断取得提高，同时也是为了促进校园足球运动文化的创建。班级与学校之间的足球联赛是开展校园足球运动的主导，校园足球活动的开展同时也是依托对青少年足球运动员的培训而进行的。

2009 年 10 月 14 日，山东青岛开始首次举办全国青少年校园足球活动中的小学、初中足球联赛。出席这一联赛开幕式的有刘延东（中央政治局委员、国务委员），其为全国第一批校园足球布局城市（44 个）亲自授牌，在随后的足球工作座谈会中，刘延东也有参加，并且在会上发表了重要的讲话。

由上述可知，中国体育和教育部门经过共同合作对足球的普及与推广，对校园足球甚至全世界足球的发展都产生了积极的影响与作用。鉴于此，国际足球联合会在 2009 年 12 月 21 日，对中国体育和教育部进行了表彰，将“足球发展奖”授予中国足球协会。

2010 年 6 月 25 日，浙江杭州举行全国校园足球论坛。

2010 年 12 月，大连举行全国青少年校园足球工作座谈会，一些重要人物在此次座谈会上发表了重要的讲话，如刘鹏（国家体育总局局长）、蔡振华（国家体育总局副局长）、刘利民（教育部副部长）、韦迪（足球项目管理中心主任）等，讲话内容主要是对下一时期开展校园足球活动工作的重点进行明确。

2011 年 7—8 月，在中国足球协会的领导下，10 期男女足夏令营活动（男足有 6 期，女足有 4 期）在一些试点地区举办，如成都、青岛、潍坊、西宁、香河、清远、秦皇岛等，在这几期夏令营活动中接受培训的有 1 588 名小学生。足球夏令营活动的开展极大地促进了校园足球运动的发展，也促进了我国青少年足球竞技水平的不断提高。从宏观角度来看，其也促进了我国足球事业的发展。

四、校园足球运动发展的战略

校园足球运动发展所涉及的内容很多，因此，为了保证发展的过程中不偏离预定的发展目标，以及使发展始终符合实际需要，就需要明确相应的足球运动发展战略。

（一）校园足球发展战略及其特点

所谓校园足球发展战略，是指校园足球管理部门为了实现校园足球的健康、合理和可持续发展，而科学制定出的全面性、预见性和本质性的策略与决定。

校园足球发展战略与其他教学学科发展相同，它具有非常强的专业性，而不仅仅是一种供学生娱乐的活动。因此，要想为校园足球发展制定出科学合理的战略，除了需要相关体育教育部门具备掌握一般发展战略的基本内涵和特点的理论外，还需要深刻理解其所特有的特点。因此，在研究和制定校园足球发展战略的过程中还必须充分考虑专业性、从属性和交叉性等特点，具体如下。

1. 具有专业性特点的校园足球发展战略

从宏观的产业分类来看．校园足球应当毫无疑问地属于我国第三产业中的教育行业和体育运动行业。教育与体育的结合势必就具有了较强的专业性。因此，校园足球发展的战略必然也就带有专业性的特点，而不是非专业管理人员可以参与的。为了保证校园足球发展战略的专业性，在制定战略时就要求相关人员具有同类学科学历的水平，或者从事足球行业多年，此外这些人员还应具有较强的精细性和责任心。

2. 具有从属性的校园足球发展战略

足球运动的发展是一个宏大的工程，为了完成总体工程目标，在整体系统下就有若干个子系统各自发挥各自的职能。其中，校园足球就是这众多子系统之一。这就使得校园足球的发展战略要服从我国足球运动整体发展战略，这就是校园足球发展战略的从属性。这种从属性决定了校园足球发展战略具有双重任务，第一项任务为实现校园足球自身的发展，第二项任务为实现我国足球整体发展战略对校园足球发展的要求。两者相辅相成，任何过多的偏重都会对各自任务的完成产生不利影响。

3. 具有交叉性的校园足球发展战略

校园足球发展战略的交叉性较为容易理解。首先，校园足球是一种“体教结合”的尝试，这种模式在我国以往已经有了一些尝试，如北京理工大学成立的北理工足球队，它的队员组成全部为该校在读大学生。不过这种模式在我国并未大规模出现。其次，校园足球发展战略的交叉性特点还在于校园足球既是教育部门工作的重要组成部分，同时也是体育部门工作的重要内容，在实际操作和具体运行中存在职能和分工的交叉，单凭教育或体育机构妄图实现最终战略目标都是不现实的，在实际当中的可行性也较差。所以说，校园足球发展战略是一种存在着复杂关系的交叉性战略，这就需要相关人员在制定校园足球发展战略时必须要对可能出现的矛盾和问题做好充分的预估和拟定处理办法。

（二）校园足球战略目标

1. 宏观目标

对于校园足球发展的战略宏观目标的制定，首先要考虑到多方面因素对校园足球发展的影响，如我国的政治、经济、社会、文化等环境，此后再结合我国教育活动特点和体育运动发展现状、足球运动发展环境等进行考量，与此同时还要注意吸收足球发达国家的校园足球经验。通过对上述内容的总结和分析，提出校园足球发展战略的总体目标为利用 15~20 年的时间构建一个与社会主义市场经济体制相适应、具有中国特色的校园足球培养体系；建立完备的、高效的校园足球管理体制和运行机制；使校园足球人口获得明显增加，校园可以培养并输送一批具有一定水平的足球人才，以此为最终推动我国足球运动全面发展奠定坚实的基础。

2. 具体目标

对于制定校园足球战略的目标来说，仅仅有一个宏观目标还不够，宏观目标只是战略最终想达成的目标，而为了实现这一目标，就必须要在诸多小任务中完成小目标，宏观目标正是由这一个个的小目标组合而成的，这个所谓的小目标就是具体目标，它是将总体目标按照纵向、横向或时序等维度分解成为零散的任务目标，这与体育教学中的教学总目标和子目标类同，具体目标是实现宏观目标的基础或组成部分。因此，在设立具体目标时应注意遵循如下几点要求。

其一，根据实际情况将宏观目标分解成为若干更具有可操作性和具体性的具体目标。此过程中需要注意具体目标的实效性，务必确定其始终是以宏观目标为基础的，保证宏观目标最终能够得以实现。

其二，具体目标的确定需要遵循各分目标所需的条件及限制因素，如资金因素、人力因素、相关管理水平或技术保障等。

其三，对于各具体目标的分化，要本着统筹协调、有条不紊的原则，在内容与时间上要保证协调、平衡、同步发展，进而促成宏观目标在预期之内实现。

通过上面的阐述，再根据我国校园足球开展的现实情况可以将校园足球发展的具体目标分为以下几种，并做进一步分析。

（1）建立系统、规范、科学的校园足球管理体制

管理体制是管理行为的基准，因此几乎在所有管理工作中都会设有一套系统、规范、科学的管理体制。校园足球战略的具体目标的实现也需要依靠这样的体制。因此，根据我国的国情和校园足球发展现状，校园足球战略的具体目标管理体制应与社会主义市场经济体制相适应，并且符合校园足球发展规律。

（2）形成合理高效的资源配置方式

校园足球运动的开展需要借助诸如场地、资金、教练员等专门性资源。单纯依靠学校一家难以满足校园足球运动开展所需，因此，这些资源会通过政府拨付或企业赞助的形式获得。尽管如此，可用于校园足球运动发展的资源仍旧相对较为匮

乏。那么，如何将这些已经获得的资源用好，体现资源利用的高效性就成了检验管理水平的标准。

（3）逐步扩大校园足球参与人口

校园足球的发展需要依靠广大学校学生的积极参与。如果能够使每一个在校学生都接触到足球运动，才能将足球运动发展的金字塔的塔基打牢。因此，校园足球运动发展战略的具体目标中就应该有关于逐步扩大校园足球参与人口的目标。

（4）构建小、初、高、大“一条龙”式的校园足球人才培养体系

关注后备人才的培养是足球运动发展本质规律中的一项，校园作为青少年学生的聚集地自然就成为足球后备人才的培养基地。因此，完善我国足球后备人才培养的路径，初步建立起一个依托小学、初中、高中和大学等教育系统层级的四级金字塔式的、结构合理、上下畅通的“一条龙”足球后备人才培养体系。这种“一条龙”式的培养体系非常有利于学生足球运动能力的提高。尽管对于大多数学生来说，参与校园足球运动的目的仅仅是健身或娱乐，有向足球运动更高目标追求的学生不占多数，但又由于我国人口的基数较大，如此也能够涌现出非常多的学生足球人才，他们依托“一条龙”式的培养体系，能够在每一个学习阶段都保证获得良好的足球运动氛围和条件，以此使他们的足球特长得以延续，并最终成为不可多得的足球运动人才。

五、校园足球发展的措施

（一）加强校园足球发展的舆论宣传

在21世纪信息化时代到来的今天，信息传播媒介和舆论宣传已经成为事物发展所必不可少的支撑渠道了。校园足球运动的开展一样也离不开舆论宣传工作，其目的就在于通过舆论宣传使社会更多层面的大众知晓和了解校园足球的重要性和必然性，进而使他们也能够积极地参与其中并且为校园足球做推广。具体来说，校园足球发展的宣传工作应按照以下两点实施。

（1）要重视校园足球发展定位、发展思路、培养理念等核心价值体系的宣传，提高公众对校园足球的认识，形成全社会都积极支持校园足球的氛围。对最广大的群众宣传校园足球运动具有非常现实的意义，其原因在于构成校园足球运动的主体正是千家万户的孩子，由于受我国传统家庭观念的影响，家长对孩子行为有一定的影响力，因此，只有通过宣传使学生、家长和学校体育管理部门等人士最大程度的认同、支持和参与，才可能逐步出现有利于校园足球可持续发展的局面。

（2）要总结和推广校园足球实施过程中的成功经验及特色做法等，广泛报道校园足球取得的成效，发挥榜样的积极示范作用，有效地引导和促进各布局城市校园足球的健康、有序开展。

加强校园足球的宣传推广工作要充分发挥媒体的作用，使媒体成为校园足球发展最强劲的推动力。特别是应该借助多样化的现代便捷信息传播途径，如网络、电视等媒体并结合青少年的身心特点，形成以网络媒体为核心、电视媒体和平面媒体为辅助的形式多样、点面结合的校园足球宣传推广工作平台，使其各展所长，对校园足球进行丰富多彩、生动活泼的宣传报道，提高宣传的实效性和感染力。

（二）加大足球场地基础设施建设

对校园足球教学与训练来说，足球场地、训练器材等硬件设施都是提高足球教学与训练水平的重要物质保障。体育教学不同于其他形式的教学活动，其具有很强的实践性。体育教学中的场地资源是进行体育教学的基础，体育场地资源与设施的健全与否，关系到体育教学目标能否实现，以及体育教学效果的优劣，同时也影响着学生体育兴趣、体育习惯以及终身体育教学思想的形成。对体育场地资源进行科学的管理是体育教学活动正常进行的重要保证。学校应积极完善足球场地，增设足球器材。运动场地的建造应以在校学生的总数以及体育课时数等为依据，在此基础上科学合理的配置体育场地的数量和大小。

（三）优化校园足球师资力量

足球运动发达国家之所以能够保持良好的校园足球运动水平，除了他们拥有长期贯彻的足球运动发展方案外，他们还非常注重对足球师资力量队伍的建设工作。特别是对于初步接触足球的少年儿童，足球启蒙教育对他们对此项运动的了解和热爱起到直接的作用。为此，我国也应进一步加强足球教练员队伍的培养和建设，以期能够为校园足球运动的良好开展提供支持。足球教师（教练员）是校园足球第一线工作者，对于校园足球活动的顺利推进和发展具有至关重要的作用。可以说，校园足球要实现长远发展，师资是关键。不过从我国校园足球运动开展的现状来看，我国的足球师资队伍建设尚不完全，师资力量较弱，不能满足校园足球活动的需要。研究认为，加强校园足球师资队伍建设、优化校园足球师资力量的工作应该从师资数量和师资质量两方面内容入手。

1. 扩充校园足球师资数量

开展青少年校园足球活动需要有一大批有足球专业特长的体育教师，从目前情况看，最迫切的问题是学校现有体育教师数量不能满足开展校园足球活动的需要。

鉴于此，研究认为应该通过推进教师聘用机制的改革，完善足球师资队伍补充机制，增加校园足球师资数量，为校园足球发展注入新鲜血液。目前，最为可行的且运用较为广泛的扩充足球师资的途径主要有以下两种。

（1）通过制订“足球师资特设岗位计划”等形式，优先选择录用那些足球专项人才到学校任教。

（2）整合、发挥教育与体育部门现有闲置专业资源，包括体育系统闲置的足球教练、退役运动员及俱乐部明星球员等专业资源，采用引进、兼职等多元形式，来弥补足球师资不足的问题。

2. 优化校园足球师资质量

随着校园足球的不断发展，需要不断优化师资队伍结构，学历结构、年龄结构、职称结构等方面，尤其需要不断提高教师的专业水平。研究认为，优化校园足球师资质量的措施主要有以下几项。

（1）推行足球教师资格制度

应推动我国足球教师资格制度的发展，提高足球教师的整体素质。一方面，虽然我国经济社会发展具有一定的不平衡性，但是为了对教师资格进行必要的规范，有必要建立全国性的教师资格标准；另一方面，教师资格制度的发展应结合当地实际情况，制定符合各地实际水平的地方性教师资格制度。实施教师资格制度能够在一定程度上促进教师职业的专门化，提高教师的专业化地位。

（2）重视足球教师的继续教育培训

为了保证教师具有提升自己的时间，学校应积极鼓励和组织教师进行进修。为了保证教师具有进修的时间，应制定相应的政策和制度，使得教师能够更好地提升自己。在学习的过程中，能够了解到最新的学科动态、教学方法等，从而能够有效提升教师的专业素质和业务水平。

（3）加强足球教师的交流学习

应注重足球教师之间的交流和分享，以使得教师能够积极分享教学心得，共同进步。为了更好地发展校园足球，应积极与足球发达国家的专家、学者进行交流与合作，促进教师的学习和提升。另外，我国也可选拔一些优秀的足球教师去国外学习，吸取国外的先进足球教学理念。

（四）培养学生的创新能力，提高训练的技能

1. 培养学生的创新能力

学生是否拥有独立创新的能力，这点对训练水平的提高具有非常重要的作用和

意义。学生具有创新思维和创新能力，则其能够对足球运动的技战术更好地进行把握，能够对技战术做到灵活运用。另外，具有创新能力，学生在学习相应的运动技能时，能够掌握其基本原理，从而做到举一反三，为进行足球训练创造良好的条件。

2. 加强对学生足球意识的培养

校园足球除了需要依靠体育课程来实现，还可以通过开展相应的足球运动比赛，使得学生更好地体会运动的快乐，并且在运动过程中培养其足球意识，提高其足球运动技战术水平，对于其足球运动能力的提高具有重要的意义。另外，足球运动员的战术能力的提高对其足球运动水平的提高具有重要作用。学生应结合自身的实际情况，培养足球战术意识，提高战术运用能力。

3. 加强足球组合技术的训练和培养

足球运动技能的获得是一个复杂的学习过程，需要经过长期的系统训练，在训练过程中，学生应发挥自身的创新能力，加强足球运动技战术组合技术的训练与应用。在训练过程中，既要理解各种技术动作之间的相互联系、战术之间的联系，还要明确技战术之间的配合与运用。这就要求学生在学习与训练过程中应积极发挥其主动性和创造性，更好地把握足球技战术。

（五）构建足球网络信息平台

随着现代社会的快速发展，现代科学技术已越来越广泛地运用在足球运动当中，这对校园足球水平的提高是十分有益的。作为重要的人才培养基地，校园理应对构建足球网络信息平台给予关注。通过创建相应的足球信息网络平台，能够实现各种信息资源的共享，不仅方便学生的学习，也能够便利教师的教学与科研。从长远角度来看，这是非常有必要和有意义的事情。

第三章　青少年校园足球发展战略研究的相关理论

第一节　校园足球发展战略的理论基础

一、可持续发展理论

（一）“可持续发展”的源起与发展

虽然可持续发展理论形成于西方，但在中国古代社会，朴素的“可持续发展”思想早已有之。《逸周书 · 大聚篇》中记有大禹曾言：“春三月，山林不登斧，以成草木之长。夏三月，川泽不入网罟，以成鱼鳖之长。”意指保护自然资源和环境对人类生存的重要性。老子所著《道德经》中说：“道生一，一生二，二生三，三生万物。”我们从中可感受到古人对人与自然和谐、可持续发展的智慧。

第二次世界大战结束后，以西方国家为代表的世界各国进入了经济快速发展的阶段，追求利益最大化的工业化进程不断加速，经济高速增长和物质财富无限积累成为终极追求。到 20 世纪 60 年代，这种只追求经济增长和财富积累的传统发展模式的弊端全面暴露，人口的压力、自然资源的短缺、自然环境的肆意破坏、生态环境的日益恶化等已对世界各国提出了严峻挑战。这一系列问题的产生，迫使人们不得不思考：人类文明到底还能持续多久？怎样的发展方式才能实现人与自然的和谐相处，维护我们赖以生存的地球？

1968 年 4 月，罗马俱乐部成立，其宗旨是：“通过对人口、粮食、工业化、污染、资源、贫困、教育等全球性问题的系统研究，提高公众的全球意识，敦促国际组织和各国有关部门改革社会和政治制度，并采取必要的社会和政治行动，以改善全球管理，使人类摆脱所面临的困境。”1972 年 3 月，其代表性学术成果《增长的极限》问世，引发了一场关于人口、资源、环境、粮食等问题的全球性争论。该书中的观点和理念，逐渐被人们接受和重视，“人类征服自然”这种传统的发展模式将会引导人们走上不可持续发展的道路。第一次各国政府共同探讨保护全球环境的国际会议是 1972 年 6 月 5 日—16 日在瑞典斯德哥尔摩召开的联合国人类环境会议。这次会议通过了《联合国人类环境宣言》，呼吁各国政府和人民为了维护和改善人类环境，造福当代人民和子孙后代而共同努力，这一发展目标要同争取世界和平和经济、社会发展共同协调实现。目前普遍认为这次联合国人类环境会议是可持续发展时代的开始。

1987 年 7 月，联合国“世界环境与发展委员会”发表了关于可持续发展的研究报告《我们共同的未来》。该报告正式提出了可持续发展的概念和内涵，并将可持续发展定义为“既满足当代人的需求又不危及后代人满足其需求的发展”。这一定义高度概括且表述精练，被世界范围内广泛接受且影响深远。1992 年 6 月，在巴西里约热内卢召开了联合国环境与发展会议，会议通过了《里约宣言》，与会的各国首脑共同签署了《21 世纪议程》，可持续发展理念成为全球共识，标志着可持续发展科学思想的形成。可持续发展思想一经形成，全球范围内很快掀起了可持续发展研究的热潮。一方面，可持续发展这一全新的理念逐渐成为全人类社会行动的准则，对人类的行为产生积极影响；另一方面，可持续发展思想被相继引入工业、农业、城市规划、区域发展、经济社会等多个领域，对这些领域的发展起到了巨大的指导作用。

（二）可持续发展的内涵

可持续发展理论在不同领域的应用，其内涵和实质也有着显著的区别。具有代表性的有以下 4 个领域。

1. 生态环境领域

可持续发展思想正是由于人们对赖以生存的自然环境的担忧而产生的。对生态环境领域的可持续发展研究，注重生态平衡、环境保护和自然资源的合理利用，将保护生态环境与经济发展相协调。

2. 社会发展领域

可持续发展在社会发展领域的研究以社会公平、利益均衡等为主。该领域研究的核心在于社会的公平发展与经济效率提高要达到合理的平衡，这也是社会发展领域可持续的重要判断依据。

3. 经济发展领域

可持续发展在经济发展领域的研究以区域开发、产业结构优化、全要素生产力提高等为主要内容。该领域研究的核心在于努力提高科技创新和进步对经济的贡献率，以此来克服或抵消边际效益递减。

4. 人类发展领域

可持续发展在人类发展领域的研究归根到底是促进人的全面发展，并将人类的发展与自然、经济和社会的发展相统一，将其视为复杂的巨系统，应用系统学的理论来探索人与自然、人与人关系的和谐发展。

（三）可持续发展的评价

对可持续发展的研究始终围绕着 2 个主要问题展开：一是可持续发展的相关概念和理论，二是如何能实现可持续发展。而对可持续发展进行评价研究，则是从理论层面连接决策层面的桥梁，它将决定决策的科学性和合理性，这也是当前可持续发展研究的热点和难点之一。

由于可持续发展是一个动态的发展过程，因此对可持续发展评价结果需要不断地修正和完善，然后反复循环进行。其基本的步骤可分为 6 步，如图 3-1 所示。

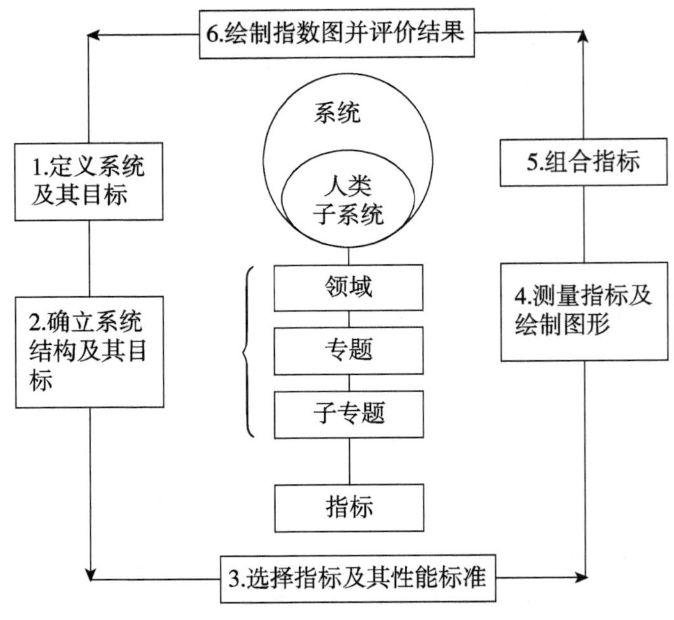

图 3-1 可持续发展的评价过程

1. 定义系统及其目标

钱学森认为："系统是由相互作用相互依赖的若干组成部分结合而成，具有特定功能的有机整体，而且这个有机整体又是它从属的更大系统的组成部分。"因此对所要研究的系统组成进行明确辨识，对系统所要实现的可持续发展前景和发展目标要清晰，将决定着评价结果的全面性和准确性。

2. 确立系统结构及其目标

系统的结构将决定着系统的功能，人类社会存在和发展的基本物质基础包括人口、资源、环境、经济和社会五个部分，构成了可持续发展系统的五个相互联系和相互依赖的子系统。而进一步将可持续发展的目标具体化为发展的公平性、持续性和协调性三个方面。

3. 选择指标及其性能标准

指标是对系统的各组成结构能够测量或有代表性的表达，根据构成指标的个数，可分为单一指标测度方法和指标体系测度方法两大类。性能标准是各指标需达到的标准。

4. 测量指标及绘制图形

对所选指标进行测量并根据标准赋分，就可以绘制某一指标的示意图。

5. 组合指标

各指标根据赋分按层次向上进行组合，指标合成变量层指数，变量层指数合成状态层指数，状态层指数合成子系统指数，子系统指数合成可持续发展指数。

6. 绘制指数图及评价结果

根据指数进行形象的描绘，对结果进行评价，并与最终将采取的决策相联系。

二、系统科学理论

（一）系统科学的形成与发展

目前公认贝塔朗菲 1937 年所提出的“一般系统论”概念是直接将系统作为研究对象的标志。20 世纪 40 年代出现的系统科学理论包括了运筹学、系统论、控制论和信息论等。随着当时工程技术的突飞猛进，生产环节变得越来越复杂，需要从整体和相互联系的角度对生产的各个环节进行管理和控制，于是系统工程、系统分析和管理科学应运而生，并与上述运筹学等相互融合渗透。1969 年，比利时物理化学家普利高津和德国物理学家哈肯分别提出的耗散结构理论和协同学，从宏观和微观以及两者的相互联系上解答了系统是如何自己走向有序结构的基本问题，被称为自组织理论，后来发展成为系统自组织理论。进入 20 世纪 80 年代，非线性科学和复杂性研究的兴起和取得的成就，进一步推动了系统科学的发展。我国在系统理论研究方面也做出了卓越的贡献，钱学森等提出了开放的复杂巨系统的概念，并总结出“从定性到定量的综合集成法”来处理这类系统的方法论。

（二）系统的概念、结构和分类

系统是由相互作用相互依赖的若干组成部分结合而成、具有特定功能的有机整体。系统具备的3个基本特征：多元性，即系统是多样性和差异性的统一；相关性，即构成系统的元素之间相互联系和相互作用；整体性，即系统是由它所有的组成构成的整体。

系统的结构就是组分（组成部分）及组分之间关联方式的总和，也就是系统把其元素整合为统一整体的模式，这种关联方式和关联力是系统研究最关心的。当系统构成元素较少而且差异不大时，系统完全可以按照单一的模式进行元素整合；然而当系统元素众多且彼此差异较大时，就需要将其划分为不同的部分形成若干子系统，然后将子系统整合为完整的系统。如果给定系统 S，它的元素集合 S_i 满足以下 2 个条件，就可将 S_i 看作系统 S 的一个子系统。

（1）S_i 是 s 的一部分（子集合），即 $S_i \in s$。

（2）S_i 基本满足前述系统的要求，本身就是一个系统。

相对于 S_i，S_i 就成为母系统或整系统，而子系统 S_i 是系统的一部分，因此具有局限性，且具有某种系统性，并不是系统的任意部分。根据对系统结构的认识和分析，就可以将整系统划分为若干子系统，进而分析子系统的结构和子系统之间的关联方式。

对系统的分类可以从系统的规模和系统的结构 2 个方面来划分。

（1）根据系统的规模可将其划分为小系统、大系统、巨系统。

（2）根据系统的结构简单与否将其划分为简单系统、复杂系统。

通常小系统和大系统属于简单系统，巨系统既有可能是简单系统又有可能是复杂系统。因此钱学森结合这两个标准，得出了关于系统的一种完备分类，如图 3-2 所示。

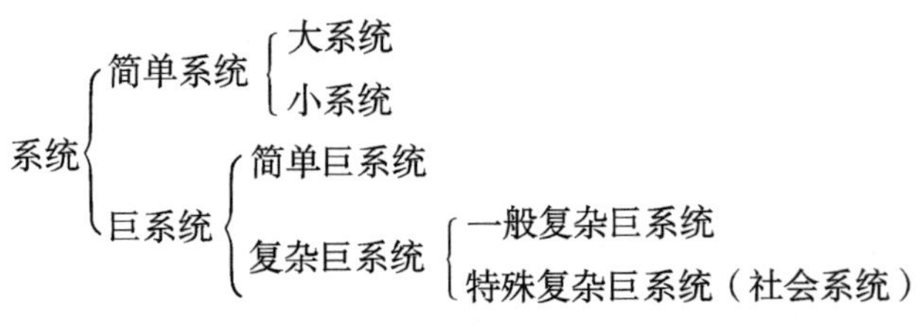

图 3-2　钱学森关于系统的分类

当然，系统理论还会根据研究需要按照系统的结构、特性、行为、功能等进行其他形式的分类。

（三）系统科学的方法论

系统方法通常是指用系统的观点认识和处理问题的方法，也即把研究对象当作系统来认识和处理的方法。

1. 还原论与整体论相结合

还原论是近代科学一直遵循的方法论，迄今已有400多年的历史，其理论的首要奠基人笛卡尔主张将科学研究中的复杂问题进行分解，同时在分解过程中要注意将问题尽量细分但不能过度，即把最小组分“宇宙之砖”的性质弄清，一切更高层次的问题就能随之破解。随着经典科学的不断发展，还原论进一步被丰富和完善，包括：第一，将研究对象与所处环境分离后再分解为部分；第二，用能精确观测的常量和变量来表示研究对象的性态，并用各种数学方程来表示常量和变量之间的关系；第三，理论分析的结果要在实验室可控实验下进行检验。按照这种方法论发展出的科学学科相信低层次比高层次更能接近事物的本质，要想探究世界本原、认识万物和把握世界，则需要探究微观层次，这一方法论逐渐成为占据主导地位的科学方法论体系。

科学研究在过去400多年来取得了巨大成就，正是由于还原论的指导，因此使人们相信，“一切复杂问题都可以经过还原分析再加上综合的方法来解决，客观世界的一切奥秘都可以通过向更深层次掘进而揭示出来”。在这种信念的推动下，人们试图用还原分析的方法去揭示更多更深层次的奥秘，如心理的、经济的、社会的，但面对日益复杂的研究对象，对该系统的认识越来越精细，但对整体的认识却变得模糊，似乎还原论也不能将问题一一解释，许多困难和困惑表明科学研究还有其他方向。现代科学表明，宇宙世界还存在另一类奥秘，它们是整合低层级或局部而在高层次或整体上涌现出来的，即许多奥秘来源于整体的涌现性。因此，还原论与整体论逐渐走向了辩证的统一，但如何理解这一辩证的统一关系？第一，正如肯定一否定一否定之否定的辩证模式，古代科学选择了朴素的整体论，强调整体上把握事物；现代科学将其否定，对事物进行分解，从局部和细节分析问题；复杂性科学在更高层次上回归了整体论，迈向整体论与还原论相结合的系统论。第二，还原论与整体论从来就不可能完全分离，无论是古代科学朴素的整体论或现代科学的还原论，都或多或少地考虑到分解或整合。第三，过犹不及，适可而止，对于还原论来说，分解还原某一系统，并不是越细越好或越深层次越好。第四，系统论不仅主张“向下求索”来向低层次还原，还主张“向上求索”来把握整体的涌现性和复杂性。第五，整体论和还原论在不同的时空和条件下的统一都是相对的和具体的，并无定律。

2. 定性描述与定量描述相结合

定性描述是指对事物的性质或属性进行描述，而定量描述是对事物的某些量、形、关系的精确刻画。定性描述是认识事物的基础，对事物的性质或属性若认识不正确，再精确的定量描述也没用，而定量描述让我们对事物的认识更加深刻和精确。

对系统的研究需要我们用定性描述来回答系统的构成，系统内部元素和要素的关系和其整体结构，系统的发展、演化和运动规律，以及系统功能和价值，这也是系统研究的4个基本方面。为了进一步认识事物，做到心中有数，就需要定量描述，这也是认识进入理论阶段的标志。对系统进行定量描述的主要工具和方法是数学，但随着系统和问题的日益复杂性，现有的数学工具远远不够，需要借助其他领域行之有效的数学方法。

3. 局部描述与整体描述相结合

局部构成了整体，整体统摄局部。整体具有局部没有的功能，在一定条件下，整体的功能大于局部功能之和，整体的性能、状态及变化会影响局部的性能、状态和变化，反之亦然。因此，对系统的研究需要在系统整体观的对照下进行对局部的描述，进而综合为关于整体的描述。正如突变论的创立者托姆认为，用动力学方法对系统进行研究，既要从局部走向整体，又要从整体走向局部。“原则上说，一切动态系统理论都需要交替地使用从局部到整体和从整体到局部两种描述方法。”

4. 确定性描述与不确定性描述相结合

以牛顿力学为代表的确定论描述和以统计力学和量子力学发展起来的概率论描述长期以来一直是两种并行的描述框架。由于系统的不确定性有很多种类，如模糊性、随机性、信息不完全性等，在系统理论早期的发展过程中，对系统的描述两种方法都在用，但是总的来看要不使用确定性描述，要不使用概率论描述，两种方法之间缺少沟通。现代科学在发展过程中越来越需要将2种描述框架有效沟通，特别是系统科学的发展。自组织理论的出现对两种描述方法的沟通起到了一定的作用，但还不够明显，混沌学等新学科的发展，让人们看到了希望。

5. 系统分析与系统综合相结合

系统分析是将系统的整体分解为部分加以认识，目的是摸清系统的组分和元素或组分之间相互关联的方式，以及对系统的环境进行分析，这也成为认识走向深化的前提。系统综合则是把部分综合为整体加以认识，综合不是简单、机械地将诸多部分和元素等混合在一起，而是要求揭示系统的部分、元素等不具有的整体特性，因此，离开了综合，就不可能认识研究对象的整体以及整体内部之间的本质联系。系统科学强调综合，但是是在分析基础上的综合，而且也离不开分析的综合，正如恩格斯所说："以分析为主要研究形式的化学，如果没有它的对极，即综合，就什么也不是了。"系统科学更是如此。

（四）协同学理论

1. 协同学理论的产生与发展

协同学作为系统科学的重要分支理论，是由德国著名物理学家哈肯于 1971 年首次提出，并于 1976 年出版了《协同学导论》一书最终系统论述了协同理论。此后哈肯进一步将研究内容扩充到功能有序和混沌现象，从而使协同学向更深的方向发展，1983 年他出版的《高等协同学》标志着协同学从微观理论走向成熟。

协同学主要研究的是开放系统在远离平衡态时与外界进行物质和能量交换，通过内部协同作用，自发地出现时空和功能上的有序结构。协同学自出现以来，对于我们揭示生命界和无生命界的演化发展规律均提供了新的原则和方法，具有较强的普适性意义，它正广泛地应用于不同系统的自组织现象的分析、建模以及预测和决策过程中。

2. 协同学理论的基本原理

协同学是由协同效应、支配原理和序参量原理等 3 大基本原理构成，下面将对这 3 大原理做简要介绍。

（1）协同效应。协同效应可以理解为系统中各子系统相互作用而产生的整体效应，这种效应是子系统或要素单独无法实现的。之所以能产生协同效应，就是子系统间在外来能量的作用下或物质的聚集态达到了一定的临界值时产生相互作用，这种作用使系统产生质变进而推动系统从无序走向有序并产生新的稳定结构。

（2）序参量原理。"序参量"是协同学中的一个核心概念，是指在系统演化过程中，某个参量能够影响着系统各要素由一种相变（指系统宏观状态发生的集体转化）状态转为另一种相变状态，并能指示出系统新结构的形成，那么这个参量就是序参量。序参量首先是一个宏观参量，微观参量不能解释系统的宏观行为；其次，序参量的形成来源于系统内部的动力，是子系统整体运动的结果；最后，序参量的产生是系统内部协同作用产生的，一旦形成，就成为控制整个系统的关键，将决定着系统的有序结构、功能和行为，控制着系统演化的过程和方向。

（3）役使原理。役使原理也被称为伺服原理或支配原理，是哈肯在对序参量建立机制的分析过程中，通过对"快变量"和"慢变量"作用的分析所提出来的，他认为“役使原理在协同学中起到核心作用”。协同学理论认为系统的稳定性总是受2种变量的影响：一种是快变量，即系统受到干扰导致不稳定时总是试图使系统重回稳定状态的变量，这种变量变化频率很快，而系统的整体反映节奏则很慢，因此它对系统影响的平均效果为零；另一种是慢变量，即系统走向临界状态接近临界点时，系统的稳定性被破坏，这种变量表现出一种无阻尼现象且随时间变化很慢，能够支配系统的行为，在系统演化过程中始终起作用。这两种变量其中快变量是多数的，而慢变量很少，但最终是慢变量支配快变量。这就为我们通过少数变量的掌握来刻画系统的整体行为提供了方法论的思想。

（五）基于系统科学理论的可持续发展系统

系统作为一组结构有序、功能独特且具有相互联系和作用的诸要素集合，能够将诸要素之间存在的综合性和可分析性，分不同层次统一在一个模型或图示中完整表达，而且利用系统解析的方法分析复杂事物集合，也会得到比其他理论和方法更好的结果。而系统思维方式就是从这种系统观点出发，对系统的整体、部分、结构、功能等方面综合认识和研究，以求对研究对象达到最佳认识和进行准确实践的思维方式。系统思维方式具有整体性、综合性、结构性、最佳性等特点，因此，应用系统思维方式对于指导我们处理一些复杂问题，具有重要的理论和现实意义。

1. 可持续发展系统的概念

在查阅有关可持续发展的文献中，研究者们依据系统科学理论建立“XX可持续发展系统”，例如“区域可持续发展系统”“XX省/市可持续发展系统”“体育可持续发展系统”，或者将其表述为“人口—资源—环境—经济系统”“经济—资源—环境复合系统”等。这些提法比较具体地体现了社会系统、自然系统、生态系统等子系统在可持续发展研究中的应用。曾珍香在其研究中把“以实现可持续发展作为目标的人类社会系统（或人类发展系统）称为可持续发展系统（Sustainable Development System，即SDS）”。

在上述关于可持续发展系统研究的文献中，可以看出，可持续发展系统是由不同属性的子系统按照一定的关联方式所构成的具有特定结构和功能的开放的复杂系统。其内涵可表示为。

$SFSDS \in \{S_1, S_2, \cdots, S_m, R_{el}, O, R_{st}, T, L\}$，$n \geq 2$，$S_n\{E_n, C_n, F_n\}$

式中S_n为第n个子系统；R_{el}为系统关联集合，包括各子系统和子系统内部各要素之间的关联关系；R_{st}为系统约束集；O为系统目标集；T为时间变量；L为空间变量；E_n，C_a，F_n分别为子系统S_n的要素、结构和功能。

2. 可持续发展系统的研究思路

可持续发展系统的研究思路可以分为 2 个方面：第一是对可持续发展系统的分析和评价过程，第二是在可持续发展过程中管理和决策的执行和运用，如图 3-3 所示。

从图 3-3 中可以看出，可持续发展系统具体的研究内容包括对研究对象的描述、对系统进行评价、查找分析问题状况以及管理和决策等方面。应用系统科学理论对可持续发展进行系统管理和控制的过程，如图 3-4 所示。

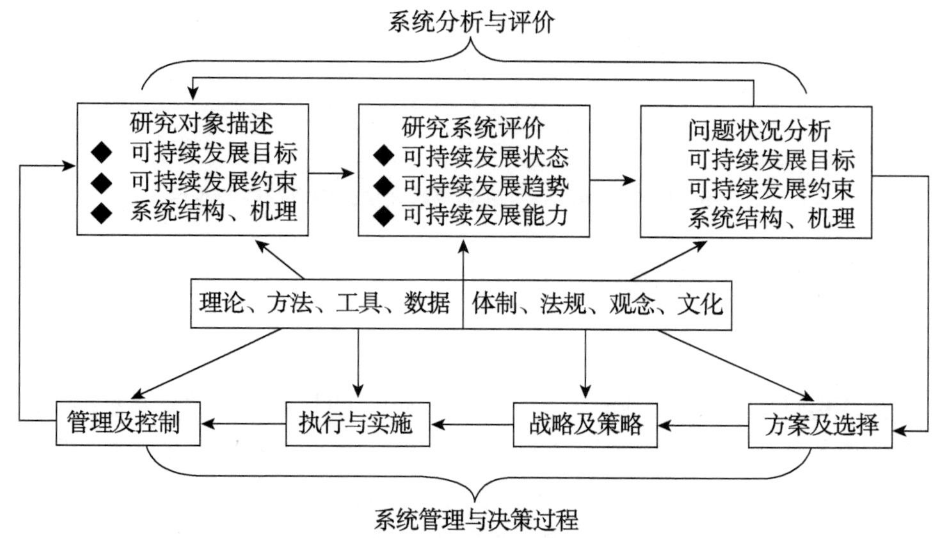

图 3-3　可持续发展系统的研究思路

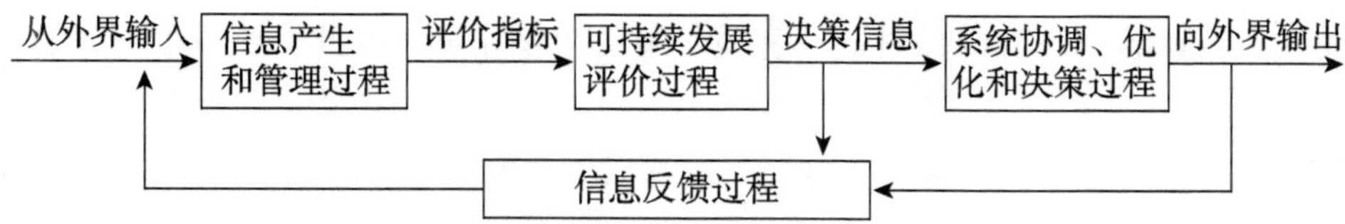

图 3-4　司持续发展系统的管理和控制模型

系统科学在本质上是研究复杂性的科学，但在 20 世纪 70 年代以前，对简单系统研究的相关理论日趋成熟，但还未真正触及复杂性。20 世纪 70 年代以后，系统科学才真正转向以复杂性为主要研究对象。20 世纪 80 年代末期，我国著名科学家钱学森提出了复杂巨系统理论，并明确提出了处理开放的复杂巨系统的方法论——"从定性到定量综合集成方法（Meta-synthesis）"。这一理论和方法在我国经济和社会等多个领域取得了显著成果。在对可持续发展系统的研究方面，系统分析、建模、评价等阶段也需要运用这一方法，因此建立了 Meta-synthesis 在可持续发展系统研究中的应用思路，如图 3-5 所示。

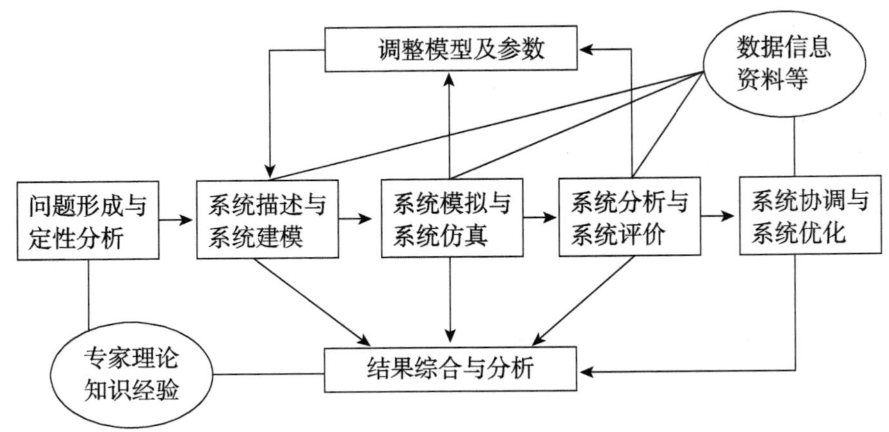

图 3-5　Meta-synthesis 在司持续发展系统研究中的应用

三、综合评价理论

（一）评价与综合评价

评价是我们日常学习、工作和生活中经常遇到的认识活动，“就是参照一定标准对客体的价值或优劣进行评判比较的一种认知过程”。之所以对客体进行评价，是为了下一步的决策，从某种意义上讲，没有评价就没有决策。综合评价是相对于单项评价而言，简单地说，“就是对客观事物以不同侧面所得的数据做出总的评价”。不管是单项评价还是综合评价，都是对客体价值的反映，价值决定了评价，客体价值是客观存在的，评价则是对这一客观价值的主观印象，因此，可以说有什么样的价值现象，就会有什么样的评价方式。另外，评价是发现和实现价值的重要手段，是把客体潜在的价值形式转化为直接的形式以供我们参考和评判。

综合评价通常是对以下 3 类问题进行研究：一是对所要研究的事物进行分类；二是在对研究的事物分类的基础上进行优劣排序；三是对某一事物做出整体性的评价。构成综合评价的要素一般包括评价目的、被评价对象、评价者、评价指标、权重系数、综合评价模型和评价结果。

（二）综合评价的一般过程

综合评价是一项非常复杂的统计过程，通常包括以下 6 个环节。

1. 确定评价对象和评价目的

评价对象通常是同类事物或同一事物在不同时期的表现。评价目的是开展评价的依据，也是进行综合评价指标体系构建和评价模型选择的依据，不同的评价目的，会产生不同的评价指标体系和评价模型。

2. 构建评价指标体系

构建评价指标体系需要根据具体的评价目的，将其细分为可操作的统计指标并使其结构化。

3. 选择适合的评价方法和建立评价模型

评价方法的选择要根据评价对象的具体要求来进行，而评价模型的选择和建立的关键在于对各项评价指标权重的确定。

4. 实施综合评价

这一环节需要根据设计的指标体系对统计数据进行搜集，所搜集的数据要确保有效性和准确性，然后将数据带人模型进行计算。

5. 评估和检验评价结果

对评价结果进行评估和检验是为了验证所选择的评价指标体系、评价模型、指标权重等的合理性，假如验证不符合要求，则需要返回上面的相应操作环节。

6. 评价结果分析

评价结果的分析要避免人为的主观因素的影响，保证评价结果的客观性和有效性。当然，由于综合评价方法也有一定的局限性，因此最终的评价结果也不是决策的唯一依据，但是是我们认识和分析评价对象的重要参考。

（三）综合评价方法的优选

随着综合评价的广泛应用，各类综合评价方法也有很多，根据各类评价方法依据的理论基础，可以将综合评价方法分为四类：第一类是由专家直接打分的综合评价法；第二类是运筹学和其他的数学方法构成的综合评价方法，比如层次分析法、模糊综合评价法、数据网络分析法等；第三类是一些新型的评价方法，比如灰色综合评价法、人工神经网络评价法等；第四类就是将几种方法结合使用，比如模糊神经网络评价法等。面对如此多的综合评价方法，到底哪种方法才能满足我们评价的需要，这里有一定的选择原则：一是要根据评价对象的特点来选择，所选方法能够正确反映评价对象和评价目的；二是要尽量减少计算的复杂性，即简洁明了；三是要选择具有坚实的理论基础的评价方法，这一方法是成熟公认的评价方法。

第二节　相关概念的界定

一、校园足球的界定

从对校园足球的文献综述部分可以看出，目前国内关于“校园足球”的定义还没有达成共识，因此有必要对校园足球的概念进行探讨和界定，从而建立本书研究的前提。

概念是反映对象本质属性的思维形式，逻辑学意义上的本质属性是指一类对象仅有的属性，对某一对象定义就是用简短明确的语句揭示概念内涵的逻辑方法。定义是由被定义项、定义项和联项构成，定义的基本方法可用公式表示为：被定义项＝邻近属概念＋种差。这其中，邻近属概念就是揭示被定义项所反映的该类对象的本质属性，而种差则是对这一本质属性的限定。根据这一方法，本书对校园足球的概念进行探讨和界定。

首先需要探讨的是校园足球的邻近属概念的问题。从2009年国家体育总局和教育部联合发布的《通知》和《全国青少年校园足球活动实施方案》(以下简称《活动方案》)以及在具体开展的过程中可以看出，校园足球的开展对象是以接受学历教育为主的各级学校中的青少年学生，不包括足球学校、俱乐部梯队中的青少年；开展的形式为足球运动普及和提高的活动；开展的主要目的是促进青少年身心健康和培养全面发展的足球后备人才。根据上述邻近属概念是揭示被定义项的本质属性这一特征，分析认为，校园足球的邻近属概念为足球活动。而这一足球活动与同属于足球活动的如世界杯足球赛、中超联赛等有哪些本质上的差别呢，也即校园足球概念的种差是什么？分析认为，校园足球区别于其他足球活动的本质之处就是促进青少年身心健康和培养全面发展的足球后备人才两者之间的有机结合。根据以上分析，本书最终将校园足球定义为：是针对接受学历教育为主的各级在校生中开展的以促进青少年身心健康和培养全面发展的足球后备人才为主要目的的足球活动。

二、校园足球可持续发展的内涵

校园足球可持续发展是就校园足球这一特定领域来研究其如何实现可持续发展的，它不仅要考虑满足我国足球运动对足球后备人才的需要，还要有利于青少年身心健康和今后的全面发展，所追求的是实现校园足球与教育之间关系的平衡和青少年与社会的和谐发展。因此，根据校园足球这些基本特征结合可持续发展的基本理念，本书将校园足球可持续发展的内涵理解为：校园足球在长期持续、健康和稳定地促进青少年身心健康和培养足球后备人才的同时，实现校园足球与教育之间关系的平衡和青少年与社会的和谐发展。

同时我们构建了校园足球可持续发展的三维框架图（图 3-6）。校园足球可持续发展的三维特征可解释为：在发展的时间维上，校园足球的发展不能急功近利，不仅要能满足对当代青少年的体育健康的促进和人们对提高我国足球运动水平的渴望，同时还要能持续地满足这种需求。在发展的空间维上，要努力实现区域内和区域间的协调发展。但本书认为，在校园足球发展初期，发展规模过大，一是造成资金压力过大，二是质量难以控制，应该有效地控制校园足球发展的规模，提高发展质量，切忌贪大求全，在取得成功经验后再将其推广至更大区域内，以起到示范和带动作用。发展的要素维，由构成校园足球可持续发展系统的诸多要素共同组成，各要素是相互影响和联系的，任一组成成分发生变化都有可能会导致整个系统的变化。

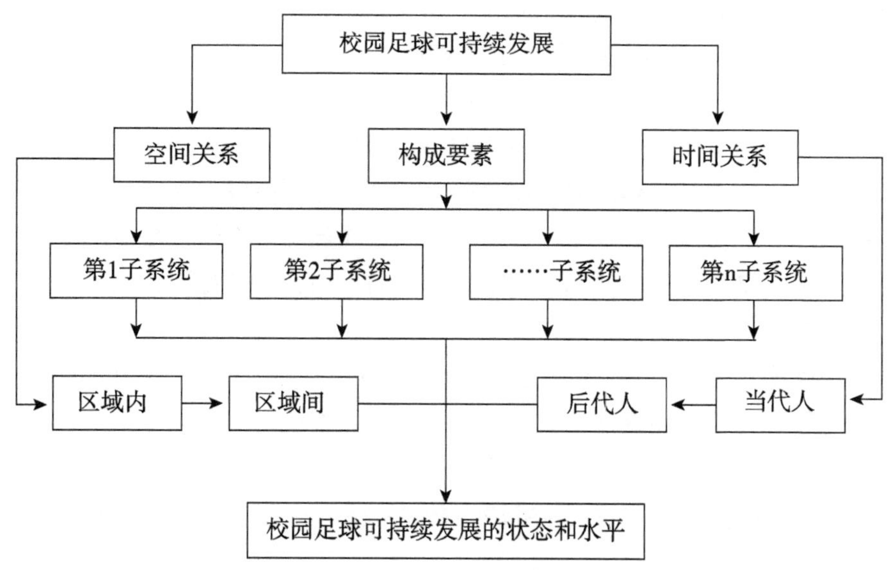

图 3-6　校园足球可持续发展的三维框架图

在对校园足球可持续发展进行研究的同时，还需要明确持续、发展和可持续性的概念。从本质上来说，可持续发展包括持续和发展 2 个方面。所谓持续，就是延续、继续的意思；所谓发展，从哲学的意义上来讲就是事物不断前进的过程。因此，可持续发展具有动态特性，它强调的是在一定时间段内发展的过程。而如果要判断某一时期校园足球的发展状况，则用校园足球的可持续性来表示。校园足球的可持续性是指一种可以长期维持的特性或状态，是应用一些指标存量对发展过程中的某一时间点的静态评价，所反映的是当前时间的发展是否具有可持续的特性。可以看出，可持续性是与特定的时间点相联系，脱离特定的时间点来谈可持续性是没有意义的。

三、校园足球可持续发展系统的界定

当前对可持续发展的研究一直是沿着 4 个方向进行：“经济学方向：主要从资源配置的观念来诠释可持续发展。社会学方向：主要从效率和公平的协调来认识可持续发展。生态学方向：主要从环境与发展的平衡来认识可持续发展。系统学方向：主要从可持续发展系统内‘发展度、协调度、持续度’的平衡来认识可持续发展。”中国科学院可持续发展战略研究组组长、首席科学家牛文元研究员认为，系统学方向“应当是更好地认识可持续发展的新选择”，它是用“综合和协调的观念去探索发展的本源和演化的规律，以‘发展度、协调度、持续度’在可持续发展系统中的逻辑自洽为中心，演绎可持续发展的时空组合，从而建立人和自然、人和人之间关系的统一解释，体现出整体性原则、公平性原则、有序性原则、持续性原则”。

从可持续发展的系统学方向来看，校园足球要想实现可持续发展，那就需要在时间和空间上协调与校园足球发展相关的各个要素之间的关系，包括人的活动、资源、经济社会、环境等持续发展。而当前对校园足球可持续发展的研究中，还没有从系统的角度开展研究，而常见的仅是从影响校园足球可持续发展的某个因素、某一方面或发展战略来进行的，因此本书在借鉴前人研究的基础上，为了凸显“实现校园足球可持续发展”这一目标，提出把校园足球可持续发展的研究对象称为“校园足球可持续发展系统”，这样表述不仅直观简洁，而且把这一研究领域看作系统来探讨，有利于分析其关键性因素、限制条件以及彼此之间的相互作用。为了进行校园足球可持续发展的系统分析，本书将以实现校园足球可持续发展为目标，由相关要素所构成的系统称为校园足球可持续发展系统。

第四章　青少年校园足球发展的重大举措分析

第一节　怎样发挥校园足球的重要作用

发展校园足球对于促进青少年的健康成长，振兴中国足球事业，意义重大。青少年是我国足球的基础和希望，推动青少年参与足球运动和训练，不仅有助于强身健体，提高身体素质，培养运动兴趣，更重要的是增强学生的团队意识，锻炼意志品质，培养学生奋发向上、进取有为的精神面貌，也有助于形成积极健康的人格与情绪状态。近年来，我国校园足球事业蓬勃发展，体制机制不断完善，发展模式不断创新，校园足球特色学校已达到 13 500 多所，每年举办各类比赛十万余场次，青少年足球人口基数不断扩大。

一是强化育人功能，科学把握校园足球定位。校园足球面向广大青少年，应当牢牢扎根教育，要始终把育人摆在第一位。推动青少年的校园足球又好又快地发展，必须要尊重学生健康成长的权益，正确处理重点培养和广泛参与的关系、个性特长与全面发展的关系、竞技性与群众性的关系、校园足球与学校体育、社会体育的关系，要做到既符合足球运动的规律，又符合教育和人才成长的规律，要充分发挥足球的教学、训练、竞赛等各环节的多元育人功能，推动体育与德育、智育、美育紧密融合，让青少年“既野蛮其体魄，又文明其精神”。

二是创新体制机制，提高校园足球的普及水平。发展校园足球，普及是基础，要把加快普及作为当前工作的重中之重，千方百计、因地制宜地抓紧抓好。一要以统筹联动来推动普及，也就是统筹城乡区域布局，统筹各级各地学校，统筹部门政策措施，统筹各类社会资源，鼓励有基础的地方和学校先行先试。二要以模式创新来加快普及。近年来，青岛、武汉、上海、大连、郑州等地做了积极探索，形成了各具特色的发展模式，是值得借鉴推广的。三要以特色示范来引领普及。在现有五千多所定点学校的基础上支持建设 2 万所校园足球的特色学校，建设 200 个高校高水平的足球运动队，示范带动校园足球的普及和推广。

三是增强学生、家长对足球的认同感。在一些足球先进国家，浓厚的足球文化氛围使得家长普遍支持学生开展业余足球训练，参加职业或业余俱乐部组织的足球课程。这种支持并非以成才或成绩为目的，而是将足球视为对学生意志品质和身心体魄的一种锻炼。当前，我国中小学生的课业负担较重，升学压力较大，导致学生没有时间和精力参加包括足球在内的各类体育运动，而学生家长也普遍存在着对足球运动会使学生受伤或影响学生成绩的顾虑。因此，应着力改变学生和家长对足球运动的片面认识，鼓励更多家庭支持学生参加课余和校外足球活动。

四是以市场化、社会化为导向，构建多渠道、多形式的人才发现和培养机制。单纯依靠学校有限的足球课程并不足以培养出足球人才，对于身体条件良好、具有一定足球天赋的学生，鼓励其参与市场化的足球学校、训练营或训练基地，在专业足球教师的指导下开展足球训练。

第二节　如何深化校园足球教学改革

长期以来，造成我国中小学校园足球教育滞后的主要因素，既包括校园足球文化的落后，也包括教学手段、教学模式的不足。因此，《规划》提出，深化校园足球教学改革，就是要形成内容丰富、形式多样、因材施教的校园足球教学体系。

一是要更新足球教学理念。以单纯追求竞赛成绩为核心的足球教学理念早已经不适用于青少年校园足球的发展。从国际经验来看，足球先进国家在中小学阶段普遍重视培养青少年的足球理念，如享受足球带来的快乐、尊重他人（包括队友、对手、裁判和观众）、参加比赛就要全力争胜等。这种积极向上、简单快乐的足球理念，使孩子们在刚一接触足球运动时，就能够在一种欢乐的足球氛围中，享受过程、相互尊重，共同努力去争取比赛的胜利，这对于中小学生的身心健康成长具有极为重要的正面影响。因此，深化足球教学改革，首先就是要在中小学生和体育教育工作者中普及这种快乐足球理念，摈弃唯成绩论的落后思想。

二是要创新足球教学方式。在教材编写上，校园足球主管部门应结合实际，制定校园足球教学训练指南，在有条件的地区开发校园足球网络课程并免费开放；在足球课程设置上，要将足球课普遍纳入体育课程，并采取诸如启发式教育等形式多样的教学模式，提高学生的参与度和认知度，加强师生互动频率，使学生乐在其中、寓教于乐；在营造足球文化上，要通过足球知识和技能的传授，使学生感受足球文化丰富的内涵，体验运动激情。

三是要改变足球教学评价方式。校园足球教育的目的就是要使学生从足球运动中感受快乐、强身健体，而并非片面地强调对学生的技战术训练，也不应以简单的胜负标准对学生的运动能力进行评判，更不应以竞赛成绩对足球教师的教学水平进行评价。因此，校园足球教学的评价要坚持以人为本，着眼于学生的全面发展，重视对学生意志品质和自信心的培养。

第三节　如何解决校园足球师资力量不足

当前，中小学体育教师结构性缺编现象在各地较为普遍，而懂足球的体育教师堪称匮乏，严重影响校园足球的开展和普及。只有打造一支懂足球、善管理、有专长的青少年足球师资队伍，才能支撑校园足球扎实普及、加快发展和提升水平。

一是要加强对现有足球师资力量的培训。目前，教育部已按照国务院关于加强青少年校园足球师资队伍建设的总体要求，从 2015 年起到 2020 年持续开展专项培训。专项培训采取集中学习、实践实训等方式，对中小学足球特色学校的体育骨干教师、长期从事足球课余训练的教练员、裁判员等进行培训。此外，在“十三五”期间，为提高校园足球师资水平，《规划》还提出将校园足球骨干教师纳入中小学幼儿园教师国家级培训计划等培训项目，对 5 万名专、兼职足球师资开展大规模培训和轮训。通过持续性的专项培训，大幅提高校园足球教师的教学实践能力和示范能力，普及足球教学和足球人才成长规律，全面提升足球教师、教练员、裁判员等专业人才和相关管理者的认识水平、业务能力和综合素养。

二是要积极引进外部师资力量。我国的青少年足球师资水平严重滞后于足球先进国家，足球培养理念和足球教学手段的落后，将严重制约我国校园足球水平的提高。为此，应加快引进国外优秀足球教师和高水平足球教练员，通过短期培训、集中授课等方式，聘请国外优秀师资到校园进行指导，对基层足球教师进行强化培训。

第四节　校园足球特色学校和如何选择试点县

《中国足球中长期发展规划》提出，要支持建设一批校园足球特色学校和试点县。

一是要统筹兼顾，合理匹配。特色学校遴选要统筹城乡、区域和学校类型，按高中、初中和小学 1∶3∶6 的基本比例合理匹配，适当向寄宿制学校和九年一贯制学校倾斜。要有利于区域联赛开展和校园足球的普及。鼓励民办学校争创校园足球特色学校。

二是要注重衔接，便于升学。遴选特色学校要按照就近入学的要求，充分考虑单校划片、多校划片现状，优先遴选片区内小升初对口直升学校。可向优质高中和具有招收特长生资格的学校倾斜，要有利于学生升学和长期习练足球。

三是要立足长远，因地制宜。着眼于中长期发展，从实际出发，量力而行，注重引导，鼓励多元化，吸引和鼓励更多的学校提高体育教学质量，努力争创校园足球特色学校。

四是要做好存量，发展增量。要对区域内已有“校园足球定点学校”、“体育传统项目学校”进行评估调整，并纳入遴选范畴，在建设好存量的基础上，逐步扩大遴选范围，培育种子学校，成熟一批，发展一批。对经综合认定的学校和县（区），教育部命名为“全国校园足球特色学校”和“全国校园足球试点县（区）”并授牌。特色学校和试点县（区）享有本地有关部门给予的有关校园足球教学、训练和竞赛、招生、经费和条件保障等方面的政策支持。同时，国家对特色学校和试点县（区）在校园足球教学、训练和竞赛、师资培训、选送学生培训等方面也将给予一定的支持。特色学校和试点县（区）情况要纳入对地方政府教育工作、各级教育行政部门年度工作的考核。鼓励各地依据全国校园足球特色学校基本标准，开展本地校园足球特色学校建设工作，形成建设梯队。

第五节　校园足球场地建设的要求

校园足球场地是大中小学生开展足球运动的主要场所，占到我国当前现有足球场地数量的 2/3 以上。为此，《场地规划》提出，在“十三五”时期修缮、改造、新增校园足球场地 4 万块。其中，每个中小学足球特色学校均建有 1 块以上的足球场地，到 2020 年，我国将拥有 2 万所中小学足球特色学校，预计将新增 2 万块以上的足球场地。截止 2014 年，我国拥有普通高等职业学校 2529 所，民办高等教育机构 799 所，合计 3328 所。按照《场地规划》要求，其中有条件的高等院校均建有 1 块以上标准足球场地。对于其他学校，《场地规划》提出，也要创造条件建设适宜的足球场地。截止 2013 年，我国拥有普通小学、普通初中和普通高中约 28 万所，其中，绝大多数校园都建有运动场地，稍加改造利用即可成为足球场地，据测算，预计“十三五”时期将至少新增足球场地 2 万块。

第六节　校园足球活动的导向

过去一段时期，包括校园足球在内的校园体育活动，过于重视比赛和成绩。不少学校开展足球活动，都是以相关比赛为重要活动平台，以优异的比赛成绩来赢得主管部门和社会的认可。这偏离了体育本身的育人功能，也不利于足球运动在校园的普及。

《中国足球中长期发展规划》提出，开展校园足球活动应以强身健体和快乐参与为导向。《中国足球中长期发展规划》中关于校园足球发展的部署，都紧紧围绕这一导向。例如，加强校园足球建设，把足球列入体育课教学内容，发展足球社团，培养足球兴趣，开展足球竞赛活动，不断培育足球爱好者和足球人才。这就把竞赛作为一种类型的活动，而不是校园足球的全部内容或核心内容。又如，以增强学生体质和意志品质、普及足球知识和技能、培养足球兴趣爱好为目的，举办多种形式的校园足球活动。这就要求校园足球的发展，不能再唯比赛、唯成绩论，而是要注重强身健体和快乐参与。再如，逐步健全高校、高中、初中、小学校园足球四级赛事，科学、合理、适度组织竞赛活动。其中，适度的要求确保了不会过度强调竞赛成绩，而忽视普通学生的健康和参与。

第五章　青少年足球运动教学的发展研究

足球教学对于足球运动的发展以及运动员足球水平的提高具有积极的促进作用，通过对足球教学进行研究，能够促进足球教学科学化水平的提高，从而为足球运动培养更多的人才，进而促进我国足球运动的发展和进步。

第一节　校园足球运动教学理念

一、现代足球教学训练理念的确立

随着足球运动的发展，全攻全守总体型打法得到进一步完善，改变了长久以来的格局，给足球运动的教学和训练带来了新的启示。具体表现如下。

（1）现代足球的教学和训练必须与足球赛场的实际紧密联系，必须综合提高学校足球运动员的技战术及身心方面的能力。

（2）现代足球教学训练必须为提高足球运动员的实战能力服务，使足球教学和训练成为在比赛气氛下解决球队场上各种问题的实战演练。

（3）现代足球教学训练的内容和方式方法必须从足球比赛中得来，必须能回到足球比赛中去检验，并最终能同步提高球员和球队应具备的各方面足球的实战能力。

以上这些关于足球教学与训练的新的认识和做法，是人们在对现代足球运动深刻理解的基础上，通过失败的经验教训和成功的体验而总结出来的基本的教学训练思路，是足球先进国家对足球教学训练理念指导下的现实实践活动的认识，值得在我国足球教学和训练中借鉴。

因此，在我国足球教学与训练中，确立与我国现代足球运动发展相适合，与我国足球运动实战需要相符合的教学训练理念具有十分重要的理论和现实意义。

我国足球教学工作者及足球训练界专家应对这一理念进行充分论证，对我国足球教学训练中长期存在的问题有一个清醒的认识，为彻底告别传统的足球教学训练观念做出正确的理论指导，进一步确立和落实现代足球教师训练的理念。同时，要想方设法在足球教学训练实践中贯彻实施，一切为提高足球运动员的实战能力服务。

二、现代足球教学训练理念的组织保证

（一）地方足协

在我国的足球管理体制中，中国足协与地方足协有隶属关系，地方足协仍是执行足球运动相关工作的主力军，对本地区的各类、各级别的球队负有管理和指导的权力和责任。我国学校足球队的组织和建设可以结合地方足协传达的教学和训练理念，并根据学生的特点，进行有针对性的足球实践。地方足协在关注地方学校足球队的教学训练指导上，是责无旁贷的。

（二）教练员培训

我国足协通常会利用每年冬（春）训期间举办的集训，为众多各级青少年足球队提供较为优越的训练和比赛条件。近年来，在足协技术部门的指导基础上，又增添了外国教练员授课及听练结合活动。这些对学校足球教学训练相关知识的普及和更新有很大的帮助，学校足球队应充分利用这一提高和充实教学训练理念的途径，切实提高学校足球教学训练的质量。

改善学校足球教学训练的一个好方法就是利用球队的集训进行教练员的培训，但学校足球应服从于贯彻落实现代足球教学训练理念的整体工作布局，重点放在检查学校足球教学理念的落实情况、新知识和技能的学习方面，重在学校运动员综合运动水平的提高上。使足协集训期间的教练员培训成为学校贯彻落实现代足球教学训练理念工作链条上的一个重要组成部分。

（三）业务管理和指导队伍

1. 足球协会

中国足球协会应责无旁贷地确立并推行现代足球教学训练理念，在政策及其他方面对学校足球运动提出有效指导，切实推动学校足球教学训练工作的进行。

地方足协应服从中国足协的领导、执行中国足协决定，在这一基础上，切实按照现代足球教学训练理念管理、指导地方各学校的青少年足球队的教学和训练工作，确保该校教学训练理念的贯彻落实。

2. 教练员讲师

在世界足球界，足球强国的教练员讲师是在该国足球协会领导下，由国家优秀教练员牵头形成的专业的足球工作指导队伍，主要指导足球教学训练理念的贯彻情况等相关问题。

在我国，尤其是学校，确保我国足协确立的教学训练理念指导工作是我国学校足球目前急需解决的问题。

三、学校足球教学的任务与基本要求

（一）学校足球教学的任务

1. 提高身体素质能力

学生的身体素质能力正处于最佳的发展阶段。从运动生理学角度来说，处于青春发育阶段的学生，其身体机能具有以下几个特点。

（1）骨　骼

处于青春发育阶段的学生，其机体中骨组织内的水分、软骨组织和有机物较多，无机盐较少，骨骼易弯曲变形，有弹性，不易骨折。

（2）血液循环系统

血管壁弹性较好，血管口径小，外周阻力小，但心缩力较弱，心率较快，收缩压低。

（3）呼吸系统

呼吸肌力较弱，代谢旺盛，呼吸较浅，对氧的需求量大，呼吸频率较快。

（4）肌　肉

这个发展时期的肌肉特点是，含水分较多，蛋白质和无机物较少，肌肉有弹性；也有其缺点，耐力差、肌力较弱、易疲劳及肌肉的增长速度慢于骨骼，身体肌肉的发展既不全面也不平衡，主要表现在下肢协调性、灵活性较差，动作不够准确。

（5）神经系统

内分泌的活动会影响大脑皮质的神经细胞，并使其工作能力降低，容易产生疲劳，从而造成动作不稳定，注意力不集中，但神经细胞的物质代谢旺盛，神经过程的灵活性高，疲劳消除快，合成速度快，建立条件反射快，重新恢复快。

从运动训练学的角度来看，学生时期是身体各种素质发展最好、最快的阶段，大学时期尤为明显。通过学校足球运动的教学，可以充分发展学生的各项身体素质，满足其生理发育的需要，可以促进学生身体的全面健康，促进学生生理机能水平的提高，促进学生正常的生长发育，增强学生对疾病的抵抗能力和对自然环境的适应能力，对学生为国家、社会贡献方面提供坚实的基础。

2. 培养学生参与能力和运动能力

学校足球运动中，学生是重要的参与者和关注者，学校足球的教学，有利于提高学生对足球运动的参与兴趣，在掌握基本知识的同时，使学生的运动能力、欣赏能力、个人素养及足球意识都有所提高。同时，可以充分地发挥学生的智力水平和知识水平，使其眼界开阔，培养学生的参与和运动能力还要注意以下几个方面。

（1）在学校足球战术的教学中，教师应要让学生了解足球战术“集体与球星完美结合；机械分工消失；阵形与队形合理组合；快速争夺时空主动权”的特征。使学生掌握足球攻守基本方法，从应用中成功的能力；使学生通过个人基本战术方法、局部配合方法、定位球战术的学习、全队配合方法，获得驾驭和控制比赛的能力。

（2）现代足球技术的发展方向是“娴熟、简练、快速、全面、对抗强”。这就要求足球运动中，教师要根据学生心理、生理和智力特点，将足球技术与趣味性、意志、速度、位置、意识、目的性、即兴等相结合，使学生由易到难、由浅入深地逐渐掌握足球技术和练习方法，在循序渐进的过程中掌握基本能力。

（3）要注重对学生兴趣爱好的培养，提高对足球运动欣赏的能力，使其把足球作为终身的爱好，受益一生。

3. 促进学生德、智、美素质的全面发展

（1）足球教学的德育任务

具体而言，足球教学的德育主要表现在以下几个方面。

①只有以积极的、健康的道德情感作为基础，并协调配合和统一行动，才能赢得比赛的胜利，队友之间共同的责任感、荣誉感才能得到升华。因此，学校足球教学与训练可以培养学生的集体主义精神，增进其良好的道德情感。

②学校足球对抗激烈、训练紧张、生理负荷大，要求学生克服内心障碍和外部障碍，要具有坚定的意志品质，在遵循道德规范和准则的情况下，通过努力实现自己的目标。因此，学校足球教学与训练，可以促进学生良好的个性心理品质的形成，培养其良好的意志品质。

③学校足球具有组织严密性、技术规范性、规则严谨性的特点，要求学生必须服从安排和要求，严于律己，处理好个人、集体之间的关系，尽快融入集体中来。因此，学校足球严格、生动的教学与训练，可以加强学生的组织纪律性，培养良好

的道德水平和意识。

④足球运动始终沿着固定不变的方向发展，主要是因为有具体的规则加以约束。在学校足球教学与训练中，要鼓励和教导学生尊敬教师、尊敬对手、团结协助等行为。动作粗野、个人主义、无视规则等行为会受到谴责和处罚。因此，学校足球的教学和训练能为学生培养一个强制而又自然的环境，使学生形成良好的自我约束能力、道德风貌和道德行为。

（2）足球教学的智育任务

一般说来，智力具体表现为思维力、注意力、记忆力、想象力、观察力以及分析判断能力等。学校足球教学与智育相互促进、辩证统一。一方面，智力的增长与身体素质的提高有着密切的关系，另一方面，素质的提高能够改善学生的智力活动。学生通过足球知识的学习，不断地发展运动记忆，并在技战术学习过程中评价和分析自己的运动行为，提高学生智力的水平。这既是智育所要完成的任务又是足球教学的目标。足球教学的智育任务主要表现如下。

①发展学生的想象力

想象是人们对过去记忆的感知，并进行新加工而产生新形象的过程。在学校足球教学中，学生通过各种方式去体验技战术活动，如想象、表现、模仿等方式。尤其是足球比赛中，想象力始终贯穿其中，如果学生没有想象力的比赛，那么比赛就是没有生命力的。因此，学校足球教学有助于发展学生的想象力。

②训练学生的记忆力

首先，大部分的足球教学都是在户外进行实践的，因此，学生在上课期间必须记教师的理论讲述、动作示范、动作讲解等学习内容，并且能在实际练习中记忆动作之间的联系，建立完整的技术动作表象，并在此基础上训练自身的敏捷性。其次，足球技战术是由多个技术动作组合而成的一种连续性活动。正确的技战术环节，是足球练习和比赛的基础，任何环节上的错误和失败都会影响整体的效果，这就要求在教学与训练中要提高学生技战术记忆的正确性。因此，学校足球教学能培养学生的记忆力。

③培养学生的观察力

学校足球运动要求学生具备很高的判断、瞬间反应能力，并在此基础上完成技术动作，所以，经常参加足球运动能提高学生听觉、视觉等感觉器官的敏感度。在学校足球教学中，学生对各种足球动作的理解，首先要通过观察教师的示范动作来建立动作表象，根据表象完成动作；其次，根据场上瞬息万变的环境，利用技术动作的复杂性和多样性集中自身的注意力和稳定性，同时，时刻观察同伴的状态，进行默契的配合。因此，高校足球教学有助于培养学生敏锐的观察力。

④提高学生的思维力

人的右脑主要负责情感和意志，左脑主要负责分析的思维。学校足球能有效地提高学生的创造性思维能力。首先，在学校足球教学中，学生通常是在激烈的比赛中快速思考问题，因此学生必须迅速思考出最有利的办法，并迅速实施。从这一点来看，有利于学生思维的迅速提高；其次，场上情况复杂且多变，参赛双方都想控制对方和摆脱对方的制约，学生只有从具体实际情况出发，策划最有利的战术，从而使思维的灵活性得到锻炼。因此，学校足球教学与训练可以使学生思维的高速度、独立性、灵活性得到显著提高；最后，学生在参与足球运动时，对于场上各种情况的分析和判断都是独立的，有助于提高学生独立思考问题的能力。

（3）足球教学的美育任务

体育美是运动美（包含技术美和战术美）、健康美和意志品质美，是美的一种表现形式。技术美是人体美和动作美的综合体现，显示了人的本质力量及体育美丰富多彩的内容；健康美是人体最基本的美；意志品质美主要表现为体育运动所需要的原则和精神（如机会均等、公平竞赛、遵守纪律、服从裁判等），以及建筑美和服饰美等。在学校足球教学过程中注意培养学生对美的鉴赏能力、感受能力、创造能力以及表现能力是足球教学的主要任务。

①培养学生美的鉴赏能力

竞技常识与美学原理相结合，是教师在学校足球教学中应注意的问题，科学系统地教学．培养学生的运动美感，使学生切身体会到肌肉与神经上的美感。

②培养学生美的感受能力

美具有较强的形象感染力，审美感知离不开感性认识。因此，教师在教学过程中对学生的意识倾向要做到正确的引导，鼓励学生在运动中尝试美的内在体验和自觉的审美意识。并从体育和卫生的角度来训练和保护学生的感觉器官，以利于学生日后健康地参加审美活动。

③培养学生美的创造能力和表现能力

通常人们会将审美意识反作用于生活，而具有艺术创作才能的人可以根据运动的各种艺术形式，创造出比体育现实更强烈、更集中的艺术美。因此，在足球教学中如何培养学生健美的身体是实施美育的特殊性表现。一方面，在学校足球教学中实施美育，通过对身体的塑造，使学生对审美观有正确的认识；另一方面，在学校足球教学实施美育的过程中，不仅要培养学生对足球运动的兴趣和爱好，使之形成良好的体育作风和文明行为，还要培养学生鉴赏美、热爱美、表现美的情感，培养学生的自信心、创造力和独立性。

（二）学校足球教学的基本要求

1. 全面发展与增强体质相结合

学校足球的教学不仅要增强学生的体质，还要使学生的心理素质、身体素质、美育能力、智力水平等各方面都有全面的发展。因此，要想达到这一目标必须遵循以下几点。

（1）树立正确的教学价值观

在现代学校教学的新要求下，学校足球教学不仅要具有改变学生生物学特征的生物学价值，还要具有对学生进行教育学、社会学、心理学以及美学教育的价值。这些价值决定了学校教学的质量。

（2）做到教学内容和方法多样化

在学校足球教学的准备阶段、实施阶段、复习阶段以及评价阶段中，要结合学生自身各方面的特点，制订灵活多变的教学内容，运用多样化的教学手段和方法，促进学生的全面发展。

（3）作好学校足球教学工作计划

在制订教学计划和编排教案上，在体现足球运动专项的基础上，要保证对学生全面素质的发展，更要结合足球教学促进学生综合素质的提高。

2. 教师的主导性与学生的能动性相结合

现代教学是师生互动的多边教学活动。在学校足球教学中教师应根据当代学生的身心特点，正确处理好师生关系，充分发挥教师和学生双方的积极性，以教师为主导，充分调动学生的主观能动性。

（1）树立正确的教学观

在学校足球教学中，正确处理师生关系，发挥教师和学生双方的积极性，克服“教师中心论”“学生中心论”的片面教学思想和观念。

（2）充分调动学生的能动作用

调动学生的主观能动性是提高学生学习效率和学习动力的有力措施，充分调动学生的主观能动性，明确学习目标，积极思考、主动学习，并勇于运用到实践中去。

（3）以教师为主导

在教学过程中，教师占有主导地位，必须提高其专业素质和教学水平，做到技术全面、学识渊博、平等待人、为人师表。同时，教师应不断提高足球教学的启发性和艺术性，培养学生学习的兴趣。

3. 感觉、思维与实践相结合

足球是一项综合性很强的球类运动，在运动中，学生的感觉、思维与实践是统一的整体，要做到巧妙灵活地处理多样的、复杂的问题，快速分析和正确地判断。因此在学校教学过程中，要注意以下几点。

（1）运用直观感觉手段要有针对性

由于学生的年龄、性别、基础知识、身体素质、理解能力、运动经历和技能等存在个体上的差异，且足球运动技术的不同，表现形式也不尽相同。因此，在学校足球教学中，教师要结合实际，根据不同学生的不同特点区别对待的教学，如对初学者应多采用图像、示范等直观手段，对于水平较高者多使用形象化语汇描述技术动作。

（2）利用多种直观感觉手段

在学校足球教学中，教师应采用示范、语言、照片、图表、录像、幻灯、电影等教学方法和手段进行教学和组织观摩比赛，尽可能在短时间内让学生了解动作的特点，建立正确的动作表象。

（3）正确处理感觉、思维与实践的关系

在学校足球教学实践中，能够快速地建立动作表象的教学方式，就是直观感觉，要想达到对动作的要点、结构及动作正误界限的理解，还必须让学生克服单纯重复、机械模仿，积极思考，加强运动思维，培养发现问题、解决问题的能力，并要鼓励学生大胆地将直观、思维与实践有机结合起来。

4. 循序渐进与系统性相结合

学校足球教学是一个渐进的、系统的过程。一方面，在学校足球教学中，教师采用科学的教学理论，使足球组织形式和练习方法由简到繁，教学内容由易到难，足球运动负荷由小到大地发展；另一方面，足球教学是由不同周期的不同阶段组成，各周期和阶段的教学任务不同，教师在教学时应注意各周期各阶段内容的衔接性。

（1）教学内容由易到难。以传球技术为例，可先从最基础的脚弓传球开始，传地滚球，熟练掌握后再学习其他部位的传球，进而进行长传球与过顶球技术的教学。

（2）练习手段和组织方式由简到繁。在足球技战术练习中，可先模仿后实践练习，再从局部对抗到整体练习。

（3）对抗程度由弱到强。足球技术的练习是由弱到强的练习过程，是由无对抗到有对抗练习，最后在实践中检验效果。

（4）运动负荷由小到大。运动负荷量的大小是一个逐步增加的过程，在组织练习时，教师要处理好负荷量与恢复的关系。

（5）教学与训练要有系统性。足球教学的周期、阶段、任务都不相同，系统的教学与训练能积极、有效、科学地提高学生的技战术水平。

5. 实战性与综合性相结合

在学校足球教学中，综合性是指把身体素质、技战术、心理、智力等各方面统一地结合起来，并进行综合性的训练，使训练更符合实战的要求。同时，根据比赛的实际需要和要求，在平时练习中增加模拟实战练习，从而提高练习的实战性。其主要包括以下几个方面。

（1）技术与技术合理搭配

在学校足球教学中，教师应根据比赛的需要，将不同的足球技术合理地穿插进行组织练习，并根据学生的自身特点和技术水平选择练习方法。

（2）技战术与身体素质结合

足球技战术的发挥与运用，最基本的要求就是要有良好的身体素质。因此，在学校足球教学中，教师应做到科学合理地安排密度、时间、强度、组数和运动量，使身体素质和技战术水平稳步提高。

（3）技战术与意识的结合

良好的意识对于足球技战术发挥具有重要的意义。在学校足球教学中，教师应根据足球比赛具体情况和要求，在实践中不断加强意识的培养，使学生提高运用技战术的能力。

（4）技战术与对抗能力的结合

对抗能力的强弱是保证足球技战术发挥的重要因素。因此，在学校足球教学中，教师增加对抗性的强弱要根据学生具体掌握的情况。

（5）在模拟实战中练习技战术

在足球技战术练习中，教师应重视安排在模拟实战的气氛和状况下的练习，使练习能够适应比赛，提高学生的积极性。

（三）学校足球教学的原则

1. 循序渐进原则

学校足球教学的循序渐进原则，指教学要按照学科的逻辑系统和学生认识发展的规律进行，由简单到复杂，由低级到高级，由单一向综合发展，使学生逐步掌握知识、技术、战术和技能，形成严密的逻辑思维体系。

学校足球教学中遵循循序渐进的原则应注意以下几点。

（1）教学内容要系统、完整。教师应根据教学大纲的要求，安排好教学进度和课时计划，使教学进度符合足球运动教学的规律，使教学活动由易到难、由简到繁，使训练从无对抗到有对抗，运动量逐渐增加。

（2）教学方法要系统、完整。教师根据学生动作形成的一般规律，从认知定向阶段、巩固提高阶段到熟练阶段，根据动作技能形成的时间、特点、掌握程度，有效地组织教学，并在不同时期采用不同的方法。

（3）合理安排运动负荷量。在学校足球教学中，要合理安排恰当的生理和心理负荷。教师在组织足球教学时，要根据教学大纲要求、学生自身特点、周围环境等因素，合理地控制运动负荷与心理负荷。刺激过强，不但无益于健康，反而可能造成运动伤害；刺激过弱，不能引起机能和心理状态的变化，甚至不能发展体能。

2. 主体性原则

学校足球教学的主体性原则，指在体育教学过程中，教师要始终以学生为主体，根据其特点和需要进行教学，并指导学生积极参加学习，充分发挥学生主体的创造性和自主性。遵循原则要注意以下几个方面。

（1）学校足球教师与学生的双边活动。要求教师在足球教学中尊重学生的主体地位，体现学生的主体精神，充分发挥学生的积极性、创造性，引导学生勇于探索、积极思考、刻苦训练，自觉掌握足球理论和技战术方法，提高自主观察、分析和解决问题的能力。

（2）培养学生学习足球的兴趣。兴趣是激发学生学习动机的重要因素，它可能转化为长期的主动学习动机，也可能是暂时的。足球运动趣味性很强，在教学中，教师应采取多种教学方法，提高学生学习的兴趣，使这种兴趣更持久，保证学习的动力。

（3）引导学生明确学习目的。足球学习的效果与学习动机是紧密相连的。如果学生没有明确的学习目的，学习动机不合理，就会失去学习的动力，也不可能长期保持自觉、积极的学习状态。

（4）发挥教师的主导作用。足球运动要求有很高的战术思维、动作操作思维和快速反应能力，因此，在学校足球教学中，教师要以这 3 点为主要核心进行培养，运用联想、设疑、形象、比较等教学方法，让学生积极的思考，从而最大限度地挖掘学生的运动潜力。

（5）建立民主平等的师生关系。在足球教学中，教学环境的生动活泼对教学效果具有重要意义。在教学实践中，学生存在着个体差异，就要求教师必须采用科学方法发展学生个性。建立平等的师生关系，维持良好的教学环境。

3. 实效性原则

学校足球教学的实效性原则，是指一切具体的教学方式都应从实际出发，根据学生自身的具体情况，从教学的主要矛盾和主要矛盾方面人手，解决教学中的重点和难点问题；教学讲求实际效果，在有限的教学时间内，使学生既能掌握知识技能又能增强体质。

学校足球教学中遵循实效性原则应注意以下几点。

（1）提高改进教学方法。教学方法是完成教学任务、实现教学目标的手段，直接影响教学质量。教师在足球的教学过程中，要根据大纲要求深入研究教材和教法，充分利用现代化手段，精讲精练。

（2）用唯物辩证法指导教学工作。学校足球教学中，教师要一切从实际出发，从事物的本质看问题，深入研究技战术意义，抓住重点。

（3）不断发现新问题，分析问题，解决问题。在学校足球教学过程中，教师应重视教学的实际效果，根据学生的实际情况及时调整教学方法和练习形式。

4. 直观性原则

所谓的直观性原则，就是指利用学生的感官和已有的经验，通过各种简单的途径对足球技术战术的生动表象和感觉有一定的了解和认识，并将这些内容与积极的思维相结合，从而达到更好地掌握篮球技术、战术和技能，发展思维能力的目的。学校足球教学中经常使用的直观教学方法有动作示范，沙盘、电影、录像、技战术图片演示等。

学校足球教学中遵循直观性原则应注意以下几点。

（1）明确教学目的和要求。教师根据教学目的和教学大纲的要求以及学生自身情况，确定明确的直观教学方法。如对水平较低的学生，宜多使用动作示范、技术图片等，也可以把学生的动作录像重放，两者动作相互比较，达到纠正学生错误的目的。

（2）要善于启发学生思维。积极的思维有利于学生形成正确的技术动作表象，因此，学生的思维启发是很重要的，并与技战术练习活动联系密切，是提高教学质量和效果的最佳途径。

5. 对抗性原则

足球运动自身的特点决定了足球项目具有很强的对抗性。对抗始终贯穿于整个足球比赛当中。学校足球教学中遵循对抗性原则，要求教师对攻守转换的规律有深入的了解。在足球运动中，进攻和防守是相互对立、相互矛盾的。因此，学校足球教学应注重以下方面。

（1）教师在制订教学进度和课时计划时，要恰当处理进攻和防守教学内容的关系，使攻守出现的时机恰到好处。

（2）教师在设计教学方法时，尽量选择综合的练习方式。防守与进攻相结合，达到互相制约、互相提高的目的。在熟练掌握技术动作的情况下，有意识地提高对抗强度，真正实现在攻守对抗中学习技战术，提高足球教学质量。

第二节　中外足球教学理念分析

一、理论指导实践的差距

（一）欧美足球教学理论指导实践的方法

足球水平较高的欧美国家的教练员普遍都非常重视让球员掌握足够且必要的足球理论知识，这样做的意义在于要使球员能够解决理论指导实践的问题，在运动学习之初就打下了坚实的基础，这为他们在日后更好地学习各种足球技术和战术提供了便利。

这种观念在我国请来的诸多外教中都有所体现，如前中国国家队教练霍顿、前中国中青队的教练员克劳琛，都十分注意用先进的理论知识和专业技能充实运动员。克劳琛曾经说过，只有首先通过细致的讲解，才能使运动员知道他们在场上应该在什么时间做什么事情和怎样去做；其次，能够使运动员真正了解各种技战术的特点、各位置的职责。这种理念的真谛是认为只有当运动员的思想真正开窍了，才能知道应该怎样去自觉主动地学习。克劳琛通过教学前的理论讲授，使中青队的球员们清晰地了解了专门为其打造的两套阵型的特点与要求，以及使球员们知道如何根据不同的对手和队员，结合实际情况，随时灵活地运用。基于这种理念的教学，中青队在 2005 年世青赛中上演了小组赛三战三胜的精彩表现。

另外，欧美足球强国的学校大都配有专门的足球运动研究人员和运动医学保健师。科研教练员主要是收集足球技术资料提供给主教练，还与保健大夫一起运用先进的科学手段对运动员运动教学的强度、密度、运动量及受伤程度、能否参加教学和比赛等进行监控、指导，为主教练提供教学依据。教练员对运动员的状况做到心中有数，才能有针对性地、合理地安排教学。

随着现代足球运动水平的发展，对运动员技战术、身心素质的要求越来越高，教学工作越来越细致，分工越来越明确，教学越来越系统和有针对性。

（二）我国足球教学理论指导实践的方法

首先，先从我国学校足球教练员的队伍组成情况来看，可以很轻易地发现这些教练员更多的是由退役运动员组成，或是其他体育项目的体育教师客串足球教学。这样带来的情况就是他们的文化水平、足球专项知识水平和专业理论知识等较差。在教学中的内容安排和教学方法的选择上随意性较强。因此，这些教练员对自己的再学习与运动员的理论教育，尤其是先进的教学理论认识较差，进而使得他们所教授的足球新意不强，甚至有些理论知识较为陈旧，没有紧随足球运动发展潮流。例如，前国家教练员霍顿执教时，给队员们讲解后卫的平行站位要点后，一些教练员将这种站位的防守法说成新的防守战术。其实平行站位防守方法在 20 世纪 70 年代是许多球队经常采用的一种防守方法，后来由于大家用自由中卫防守战术取代了平行站位的防守战术，平行站位用的少了，有些被遗忘了。将平行站位的防守法说成新的防守战术反映了一些教练员的足球理论知识贫乏，这也就使得无法以正确的理论知识指导运动实践。从而导致我国足球运动员的理论和理论联系实践的能力都很差。

一些学生在经过足球运动教学后看起来是掌握了一定的技战术能力，但如果让其具体解释一下一些技战术的关键点时，绝大多数学生的解释都显得模糊不清和模棱两可。这种情况也使人们可以以小见大地明白为什么我们的球员总会在实战中出现一些细节问题。因此，只有利用现代理论知识武装足球运动员、指导实践，使学生知道在教学中注意什么，通过什么方式和方法教学，教学的要点和难点是什么等，才能激发学生教学和比赛的积极性，发挥他们的主观能动性，从而进一步提高其技战术意识与水平。

其次，我国大部分学校中都没有配备专业的科研教练员和专业运动医生，对于学生平时的足球运动也没有利用科学仪器对学生的身体素质、运动量、运动强度、机能适应情况和伤病情况进行监测。教练员基本上还处于凭经验进行教学的传统教学阶段。

再次，有的教练员在教学上存在错误的认识，认为在学校足球教学中也应该本着“三从一大”的原则进行。这种脱离学生实际情况的教学方法不能说是科学的，因此经常会导致学生在学习过程中过度疲劳，严重地影响了学生的身心健康与运动技能水平的提高。

最后，我们学校足球队中通常只有一个或两个教练员组织和管理足球队的一切工作，工作量严重超标，很难做到教学的细化，这在一定程度上影响了学校足球队教学质量与运动水平的提高。

二、技战术风格的差距

（一）欧美足球教学技战术风格理念

欧美足球强国对于各个年龄段的足球培养和学习，几乎都会坚持统一的战术风格打法。这种方式使各级球员的选拔更为便捷，直接对位选择球员可以使球员不必花费太多的时间去适应新的球队，这无疑极大地提高了足球成才效率。具有代表性的国家有巴西、阿根廷、英格兰、德国，他们之间的技战术风格存在很大的差异，虽然各个足球队之间也互相影响，但各自足球队的特点不会改变。例如，日本足球的发展起步晚于我国，但是他们通过认真研究世界足球的发展规律发现了这种统一风格的足球发展趋势，于是就将这种模式写入了足球培养大纲中，要求全日本所有学校和足球运动队的培养方向都是学习巴西足球的短传渗透打法，并且其主要的运动队皆被统一固定了阵型。通过 20 多年的发展，日本足球已经今非昔比，当初还被我们随意取胜的他们，现今已经成为国际足坛中的一支劲旅，其女足已经夺得了女足世界杯冠军，除此之外，其各年龄段的足球队皆取得了不俗的战绩。

（二）我国足球教学技战术风格理念

我国各级足球队，从儿童、青少年到成年，至今都没有专门地进行技战术风格的研究，更不要提学校足球了。在长期的发展过程中缺乏针对性，在广泛学习各国足球队技战术的过程中，形成了“有病乱投医”的尴尬局面。为了根据我国学生的特点，制定符合自身的技战术发展方向，我们先后学习了巴西、德国、荷兰、西班牙，每一次学习都是一种简单的模仿，况且这种模仿还漏洞百出。一直被忽视的青少年足球队的技战术风格不明确、不统一，这必然会导致同一个足球队的技战术打法变来变去，多种技战术风格的借鉴和学习使得学生必须不断地学习和适应新的技战术风格，如此很难使学生真正地适应和掌握，既浪费了教学时间，也不利于学生运动技能培养阶梯状的持续发展，这为我国足球人才的培养带来了巨大的阻碍。

因此，我国学校足球队的技战术风格的确定必须根据我国学生的特点，结合学习足球强国的技战术的特长，来发展符合自身的技战术风格与打法，以尽快赶上亚洲及世界足球的发展水平。

三、教学大纲的差距

（一）欧美足球教学大纲

关于各年龄段青少年的足球教学，欧美足球强国的国家足协都制订了科学、详细、统一的教学大纲。明确了各年龄段的青少年足球的技战术、身体素质及心理素质的教学任务，且教学的重点突出，要求严格，效果显著，检查清楚。

全国执行统一的教学大纲，使得青少年学生能全面、系统、扎实地掌握各项运动技能和战术，有利于学生集体战术的提高，有利于学生身心素质和运动技能的持续发展。

因此，欧美足球强国的青少年学生的技战术基础扎实，水平高，学生能够灵活自如、高水平地完成各种足球运动技术动作，能够较快地适应高速度、强对抗的足球赛事。

（二）我国足球教学大纲

目前，我国学校足球队的教学还没有一个统一的教学大纲。受传统的“唯成绩论”的影响，许多地方以大打小、以强打弱、弄虚作假的问题非常严重。所以，我国各学校足球队的教学很不规范，缺乏系统的技战术教学，学生的运动基础不扎实，对抗能力差。

前亚洲足球联合会秘书长维拉潘曾经说过：“日本足球发展快，是因为有着雄厚的青少年足球基础。中国足球在这方面还需要进一步努力。”因此，探讨和摸索我国学校足球队的教学，为我国输送优秀运动员应重视统一的教学大纲的执行与贯彻落实。

四、教学方法的差距

（一）欧美足球教学方法

为了实现赛练一致，欧美足球强国对学生的足球教学多以对抗教学为主，经过一段时间的教学后，培养出了学生不怕紧逼，能适应激烈比赛对抗的能力。足球特长学校的教学中则更加突出对抗的特点。

以对抗、实战教学为主的教学不仅是一种攻守对垒的外部形式，更在于学生能深刻地体验实战对抗的强度和真实性，犹如参加真正的比赛。在对抗教学中，学生凶狠地拼抢，使伤害事故时有发生。因此，欧美足球队员在比赛中的心理素质非常稳定，即使是在激烈的对抗比赛中，学生的技术动作也不会受到干扰，能正常甚至超常发挥。

（二）我国足球教学方法

我国学校足球的教学理念落后，教学计划不详细，目的、任务不清楚，所以学校足球队的整体教学水平还比较落后。

从教学方法的角度来讲，目前，我国大部分学校足球队的教学都是以非对抗为主，即使是对足球专业学生的教学中，高速度、强对抗的足球教学也不多见，导致这种情况的因素是多方面的，它可能来自学生的意愿（学生消极对抗怕受伤），可能来自学校的压力（学生因冲撞受伤学校难逃干系），还可能来自家长的压力（家长不愿意孩子因此受伤）。总之，在长期脱离实战的教学中，学生在教学和比赛中的对抗经验与心理素质欠缺，学生在比赛中怕紧逼、怕对抗，动作技术容易变形，技能水平难以正常发挥。

五、身体训练方面

（一）欧美足球强国将身体训练与实战有机结合在一起

长跑、越野跑、变速跑等耐力训练，是欧美足球强国用于准备期或青少年打基础时的身体训练。例如，法国对足球队员进行训练和测试的方式类似于 YoYo 的测试方法。身体训练水平随着年龄和训练水平的提高也在不断提高。

只有队员的身体有了一定的准备，才能够保证球员的体能适应比赛高强度的需要。因此，应该在身体训练过程中，合理运用运动负荷来达到这一目的。另外，没有超量恢复就没有身体素质的提高。因此，应该通过突进性强度变化，激发运动员的潜能，从而使运动员的身体训练水平有一定程度的提高，也为适应比赛的强度阶段需要奠定坚实的基础。

（二）中国足球的身体训练与技战术的实战需要不符

目前，我国的绝大部分职业足球队几乎都是通过采用越野跑、12 分钟跑、长跑、重复跑、变速跑等方法来进行体能训练的，另外，还从国外学习并引进了 YoYo、折返跑、负重等训练手段和测验方法。这些方法用来提高身体素质的基础是不可或缺的，但是，只靠这些远远不能够满足足球比赛对运动员身体素质和运动能力的需求。因此，不管进行多长时间的训练，运动强度有多大都不会取得理想的实现效果。如果和欧美足球强国进行比赛，则往往会表现出体力不支，尤其是连续冲刺与对抗的能力不及欧美运动员。

第三节　校园足球运动教学理念的未来发展

一、创新型教学理念

（一）转变传统的教学观念

在学校足球运动教学中，传统的教育教学观念比较落后，并存在很多的问题和缺陷，更加无法做到在教学中的因学施教，从而阻碍学生在体育教学中独立性、创造性和创新性的健康发展。因此，在体育教学过程中，必须转变传统的教学观念，在教学的管理制度上要能够突出伸缩性、灵活性和多样性，只有这样，才能使学生的共性和个性得到协调发展。

1. 重视学生的主体地位

在教育教学活动中，学校足球创新教育理念与传统的教育教学理念的本质区别就在于是否重视学生的主体地位。因此，重视学生的主体地位是创新教育理念在现代足球教学中的重要运用。创新教学理念十分注重调动学生在学习中的积极性和主动性，改变了以往传统教学中教师对学生的“填鸭式”教学方式，改变了课堂上知识和技能的单纯传递，这就提高了学生主动发现问题、分析问题和解决问题的能力，并使得学生能够在熟练掌握学校足球运动技能的同时提高自身的创新能力。只有如此，在学校足球教学课堂上，学生才能将被动学习变成主动学习。

2. 做到以“教”为“学”

在学校足球运动教学过程中，体育教师的教学是一种手段而非目的，他们教学的主要作用是积极地引导和启发学生学会学习，真正做到以“教”为“学”，从而提高学生在足球学习中的创新能力。

因此，创新教育理念认为，在学校足球运动教学中，应充分尊重和保障学生的主体地位，同时，还应积极发挥体育教师在教学中“传道、授业、解惑”的作用，从而达到以“教”为“学”的目的。

（二）改变陈旧的教学模式

足球运动作为一项群体性运动，具有很高的技巧性，学生掌握每一个技术动作都要经过长期的训练过程，并且在这个长期的训练过程中，很多动作的练习都是重复的、枯燥乏味的，因此，要变革以往陈旧的教学模式，从而调动学生足球学习的兴趣，促进他们尽快掌握足球运动技能。同时，还要充分发挥学生的创新能力和创新意识，并积极地运用创新教育理念，在学校足球教学中，建立和实施创新型教学模式。

在学校足球教学过程中，教师应注重培养学生自主设计组织运动技能练习的能力，在教学中，教师要为学生创造一个自由发挥的学习环境，激励学生进行发散性思维，并能充分利用所学知识解决足球运动中的实际问题，这有助于学生积极进行创新，大胆实践。

（三）变革落后的教学方法

在学校足球教学中，以往的教学方式和教学程序都比较单一、落后，常常忽视足球运动项目自身的特点，这就会经常出现学生虽然已经掌握了运动技能，但在比赛场上却不会比赛的现象，从而造成学生的技术能力与实践需求的相悖。此外，落后的教学方法往往比较重视体育教师在课堂中的主要作用，忽视对学生个人技能和潜力的挖掘以及参与实践的能力培养。因此，创新教育理念应该对落后的教学方法进行积极变革，创设符合实践需求的教学方法和教学组织形式。

在学校足球运动教学中，创新教育理念提倡体育教师积极创设与教学内容相关的教学情境，并通过不同的教学方法和教学组织形式，逐渐将学生带人既定的教学情境中去，让学生在此教学情境中学会质疑、体验、设想和探索，从而最大限度地发掘学生的足球运动潜能。

在创新教育理念下，互动教学法就是要求教师作为体育教学活动的组织者和实施者，应充分重视学生在足球学习中的主体地位，要为学生创造一个轻松自由的学习氛围，善于寓教于乐，平等的互动教学环境能使学生在讨论中充分发挥聪明才智，积极进行思维创新，从而使学生在相对民主的讨论中获得足球运动知识和动作技能。

在学校足球教学中，探究教学法的运用主要是指在教师的指导下，在学生学习经验的基础上，使学生充分地发散思维，让学生在发现新的知识点和运动技能的同时，把各自需要解决的问题收集起来，然后带着问题去听课，由此提高学生探究学习和自主解决问题的能力。

（四）创新足球教学理念

在学校足球运动教学中，要求学校培养全面发展的足球人才，这就要求学生具备较高的综合素质，这与创新教育所要求的培养全面发展的高素质体育人才的理念是一致的。

在传统的学校足球教学中，足球运动的技战术是足球教学的核心内容，学校体育教科书将足球运动确定为“是以脚支配球为主，两个队在同一场地内进行攻守的体育运动项目”，即将足球运动定性为以“球”为主的运动项目。于是，在传统足球运动教学中“球”处于主要地位，而作为足球运动的参与者学生，即“人”则处于次要地位，这就导致很多教师在教学活动中经常围绕“球”展开，将“球”作为中心内容来进行教学，忽视了学生的主观能动性。这种做法是极不科学的，不符合足球运动教学的实际需求。因为，在学校足球运动教学中，学生是运动的参与者，作为足球运动的主体，教师在进行足球运动的教学和训练中，必须以促进学生的全面发展为教学的根本目标和任务。

在学校足球教学中，教师应始终将创新教育理念贯彻到学校足球运动的整个教学过程，始终以培养学生的足球意识、人文素质和道德情操为重点，始终以促进学生能力的全面发展为根本目标，即全面发展学生的思想道德、体能素质、心理素质、运动技能等多项综合素质，以适应社会发展的需要。

二、战略性教学理念

（一）现代足球培养目标的理念内涵

多年以来，为了使球队取得良好的比赛成绩、提高球队的比赛力，我国的足球培养目标往往是以球队为重。然而，这种过于追求比赛成绩的观念使我国现代足球的教学和训练存在着很大的误区，长此以往，不仅学生的个人优点和特长被压抑而得不到正常发挥，而且教师的执教思维也无法得到发展和创新。

在培养现代足球运动球员过程中，想要培养高素质的球员，就应将足球运动员的个人技战术水平、场上应变能力和比赛成绩结合起来，以挖掘足球运动员的最大潜力。因此，培养现代足球运动员的正确理念应该在注重球员比赛成绩的同时，还应在足球教学中及时地发现人才、培养人才。

（二）现代足球发展规划的实施理念与实践特征

1. 现代足球发展规划的实施理念

中国足协在 1993—2002 年的《中国足球事业十年发展规划》中提出：“要把开展青少年足球运动，培养大量优秀后备人才作为足球的战略重点。我国足球运动水平要提高，青少年的技术、意识、作风和良好的身体素质、文化素质是重要环节，必须下大力气，把青少年足球运动广泛地开展起来，形成良好的竞争机制，以此推动高水平后备人才的大量涌现。”

中国足协在《2003—2012 年中国足球十年发展规划》中强调：“足球活动更加

普及。全国中小学校普遍开展足球活动，运动员力争达到 5 000 人，系统参加足球训练的青少年达到 100 万人。建立青少年足球训练营体制。从 2002 年开始，在全国逐步建立分级、分区、层层选拔的青少年训练营体制。”

从以上我国的足球发展规划中可以看出，我国足球运动的发展旨在培养青少年的足球意识，重视从小抓起，注重个体的发展，并积极加速培养我国足球的后备人才。

2. 现代足球发展规划的实践特征

（1）注重各个梯队的建设

培养一个优秀的足球运动员需要长期的过程，而在我国的足球培养模式中，国家只注重国字号队伍的建设，忽视运动员的前期发展，因此获得的社会效益和经济效益甚微，具有明显的滞后性。因此，现代足球战略性部署要求国家和足球俱乐部不能只注重眼前的比赛利益，而应在长期训练过程中持续给予足球运动员最大的支持和帮助，并应重视足球队伍的长期建设。

（2）重局部，广普及

目前，我国足球运动发展的重点主要集中在几个比较大的城市，在全国范围内进行青少年足球的发展规划十分有限，缺少足够的时间和精力，这使得足球运动的发展缺乏广泛的群体基础。此外，在很多学校，一些体育教师由于综合素质所限，并不具备教授学生进行足球训练的资格。所以，新实施的亚洲足球展望计划也只能使部分学校的学生获益。

现代足球理念强调学校足球运动员的培养是一个长期性的过程，近年来，我国在培养青少年足球运动员工作中也做出了很多的努力，越来越多的学生更加热爱足球运动，并从中受益匪浅。由此，足球运动在学校的普及也进入了一个崭新的阶段，并将持续地、健康地朝着多元化方向发展下去。

（3）建立健全的比赛体系

现阶段我国的足球比赛体系还很不健全，尤其体现在青少年足球队的比赛体系上，目前，我国青少年足球运动员的比赛过少，主要集中在冬训中的赛会制比赛上。因此，在现代学校足球运动的发展规划中，应重视增加一些青少年运动员参加需求比赛的机会，健全足球赛会制度，完善比赛体系，为足球运动员的长期发展创造更多的机会，并积极督促足球运动员在实际比赛中自身运动能力和应变能力的提高。

（三）现代足球战略观念和训练理念的结合

在学校足球运动中，现代足球战略性的发展理念应该做到战略观念与训练理念的充分结合，具体如下。

首先，足球战略观念主导足球战略决策，而足球战略决策决定着足球战略的结果。学校足球教学训练理念是否准确和科学，直接决定着我国学校青少年足球的发展模式、发展水平和发展方向，所以，必须从根本上改变学校足球教学训练的落后理念，在充分重视足球运动员体能发展的同时，还要重视其心理素质的提高，积极促进其足球运动技术的灵活性掌握和比赛应变能力的有效提升。

其次，现代足球训练理念对学校足球运动的实践具有积极的指导性作用，科学的足球训练理念是足球运动训练实践正常进行的基础和保证。在我国，足球运动尤其是青少年足球运动均证实：足球运动训练及比赛成绩的落后在很大程度上是由训练指导理念的不规范和不系统造成的。因此，学校足球运动想要获得不断发展和创新，就必须构建先进的足球训练理念，只有这样，才能为我国的足球事业培养更多的后备人才，才能真正从根本上改变我国足球运动水平落后的局面。

三、操作性教学理念

（一）现代足球操作性教学训练理念的内涵

现代足球操作性教学训练理念是指学校足球教师在教学训练过程中，对学生的身心发展、足球发展二者的规律及学生学习认识的客观规律、比赛能力的提高所持有的有效性、针对性、持续性、实战性的看法与判断。

学校足球操作性教学训练理念对体育教师在学校足球的教学实践中起着重要的指导作用，能使教师有针对性地指导学生的训练，增加教学过程的趣味性和有效性，挖掘学生足球运动员的足球运动潜力。因此，对学生足球训练规律的认识和把握有着重要意义。

多年来，虽然我国在足球运动项目上一直有过很多努力，但始终都没有培养出一个世界球星。这说明我们在足球运动训练中的理念比较落后，在学校足球运动的教学训练中缺乏针对性和操作性，教学训练过程不科学，事实上学校足球运动并没有得到足够的重视。

（二）现代足球教学训练理念的理念特征

1. 结合实战

在学校足球教学训练中，缺乏热情、自觉性不足和积极性不够是学生运动员在训练中的通病。因此，在训练前教师应该制订详细的训练计划和训练内容，并能针对每个球员的特点和整个球队的风格安排适合的训练内容。只有这样，才能使学生积极主动地投入到足球训练中去，而不是被动地接受训练。

此外，在训练过程中，教师应避免呆板、抹杀球员的训练激情，而是要根据实际情况灵活变化方法。足球运动不能为了训练而训练，如在设计“长传转移后射门得分”训练中，一名进攻球员接球后进人大禁区，刚要运球突破射门，教练却指挥其分边长传转移。足球比赛的目的是射门得分，得分最佳区域为球门对面的禁区附近，球员进了禁区却不让其充分发挥个人技能得分，这种练习本身就是死板的，不切合实战的。

2. 注重细节

在足球教学训练中，教练员应该重视对运动员动作细节的指导和训练，对训练中运动员出现的错误能够认真分析、细心指导，从而使运动员准确掌握符合实际需要的技战术内容。例如，足球运动员在运球训练时，一般习惯于低头看球，而不习惯于抬头观察场上的情况。这是因为，在平时的足球训练中，教练员没有仔细观察，也没有严格要求，更没有能结合战况实际组织训练。因此，在学校足球训练中，教师要注重学生的每一个动作细节，要让学生明白训练内容和训练目标，做到结合场景向学生讲解为什么这样做，让学生能根据场景选择技战术行为。

3. 重视球员

实践证明，足球训练内容只有通过球员自身的体验和突破，才能实现其运动技能的快速提高。但是，很多足球教练员仍然采用灌输式教学，习惯手把手地教授球员足球的技术动作和战术应用方法，这就使球员失去了自己想象、创造的时间和自我体验的机会，最终导致球员在赛场上出现技不如人、不会比赛的局面。

此外，教练员在教学训练过程中还存在另外一个误区，即球员一旦不按照教练事先安排好的技战术进行训练，而想要发挥个人技巧的时候就会遭到教练员和队友的斥责。这在某种程度上就扼杀了球员个性特征的发挥和训练的积极性和主动性。

因为在训练中每个运动员的个体情况有所不同，如果不能进行积极的自我思考，一味地遵循教练的安排进行同样的训练，就无法发现自己的缺点，也就不能充分发挥自己的优点，不利于球员的健康成长。因此，在学校足球训练中，教练员要认识到球员是整个训练过程中的主体，要得到足够重视。

（三）现代足球训练理念的完善

1. 根据球员特点进行针对性训练

在学校足球教学训练中，学生有其自身的生理特点和心理特点，因此在足球教学训练中安排训练内容和训练强度要有针对性，选择合理的方式方法，确保足球运动员的训练符合其成长过程，使其从初学者到顶级运动员的过程能够实现良性发展。

足球训练的目标是教会学生踢球，这对处于大学时期的运动员来说，对其技战术、体能素质及心态都提出了较高的要求。对学生而言，将足球训练要求分成小的短期目标，能提高彼此能力，进而在长期的训练过程中逐渐实现更高的目标和要求，如果放弃任何一个短期目标，都会对以后的教学训练带来不利影响。

2. 训练指导与球员的发展需求同步

在足球训练中，教练员想要做到训练指导与球员的发展需求相适应，就必须用批判的观点审视足球运动训练的组织设计和计划安排。教练员应时刻考虑足球训练过程还需要什么改进才能更好地适应运动员的长期发展。教练员要将“足球的重要基础”移植到学生的接受水平，以便于在运动之外更好地给予学生足球训练的设计和实施。

与此同时，教练员必须提高自己的执教能力和水平，包括观察能力、教育能力、组织能力、辅导能力、训练能力、示范能力及自我提高能力等。

3. 结合足球发展趋势训练球员

足球是一项集体运动，受多种因素的影响，所以在进行足球训练时应考虑全面、计划周详。只有真正掌握了比赛所需的各种基本运动技巧和技能，运动员才能在赛场上获得好成绩，才能实现自身的不断发展。

首先，要注重运动员的全面运动能力的提高。现代足球比赛更加重视队友之间的默契配合，这就必然要求足球运动员具备全面的足球技巧，能在赛场上灵活地处理各种复杂多变的情况。

其次，要重视足球运动员体能素质的训练。现代足球竞争激烈，球员在赛场上的运动量和运动强度都很大，足球比赛对球员的体能素质是个很大的考验。

最后，要加强运动员心理素质训练。心理素质训练也是足球训练课中重要的组成部分，良好的心理素质在对抗双方实力水平相当的情况下，显得尤为重要。只有具备了良好的心理素质，才能在赛场上掌握主动，才能最终赢得比赛。

第六章　青少年校园足球发展战略的系统分析

系统作为一组结构有序、功能独特且具有相互联系和作用的诸要素集合，能够将诸要素之间存在的综合性和可分析性，分不同层次统一在一个模型或图示中完整表达，而且利用系统解析的方法分析复杂事物集合，也会得到比其他理论和方法更好的结果。而系统思维方式就是从这种系统观点出发，对系统的整体、部分、结构、功能等方面进行综合认识和研究，以求对研究对象达到最佳认识和进行准确实践的思维方式。系统思维方式具有整体性、综合性、结构性、最佳性等特点，因此，应用系统思维方式对于指导我们处理一些复杂问题，具有重要的理论和现实意义。而且系统分析对于本书下一步构建校园足球可持续发展评价指标体系具有重要作用，如果系统分析得不正确，将很难保证全面认识系统并进行科学评价。因此，本章将运用系统思维方式对校园足球可持续发展进行分析。

第一节　系统分析原理介绍

一、系统、系统分析的概念

一般系统论的创始人贝塔朗菲（L.V.Bertalanffy）将系统定义为“相互作用的诸要素的综合体”。我国著名科学家钱学森将系统定义为“由相互作用相互依赖的若干组成部分结合而成，具有特定功能的有机整体”。虽然到目前为止对系统并没有一个权威的统一定义，但作为系统是有一些独立判别特征的：第一，系统是由相互联系和影响的一些部件所组成；第二，系统具备一定的用途；第三，系统有一定的界限。这些都是系统所必备的。

“系统分析”最早由管理学问题为主要研究对象而提出的，后期不断应用到更多领域，因此不同领域的专家和学者提出了许多不尽一致的定义，但总体来说，可以将系统分析的定义描述为“系统分析是一种决策辅助技术，它采用系统方法对所研究的问题提出各种可行方案或策略，进行定性和定量分析、评价和协调，帮助决策者提高对所研究问题认识的清晰程度，以便决策者选择行动方案”。

二、系统分析的一般步骤

系统分析的步骤通常按照思维逻辑进行，并没有固定程式，一般的步骤如图6-1所示。从图中可以看出，系统分析的第一步是通过大量资料收集和分析确定系统的目标；第二步是对系统和系统环境进行结构化，为下一步运用定量方法进行处理做准备；第三步使系统定量化，以达到可操作的要求，为达到这一目的，一般还需要对系统的特性进行修改和简化；下一步是对系统进行评价，提出解决问题的若干方案，以供决策者选择。假如决策者对所提出的解决方案不满意，那就需要重新进行调整和修改。

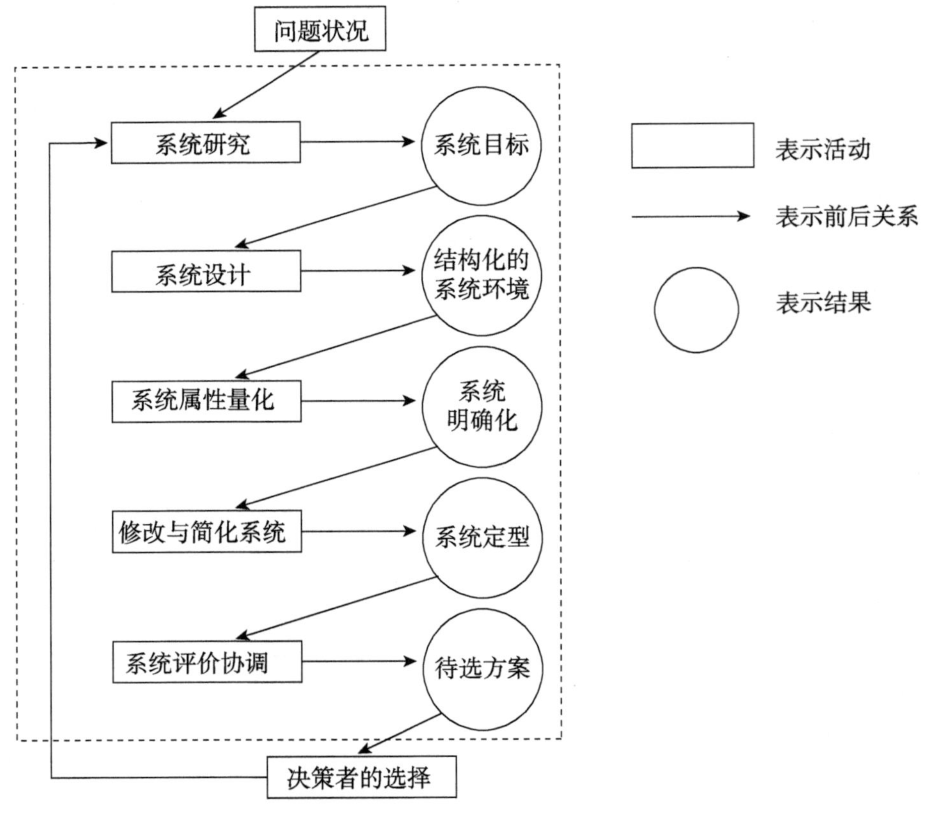

图 6-1　系统分析的一般步骤

第二节　校园足球可持续发展的基本问题

校园足球的发展牵涉社会和家庭的观念意识问题、体育部门和教育部门的协同配合问题以及各种软、硬件条件的供给和保障问题，同样具有非线性、复杂性和长期性，并非能一蹴而就。这就有必要应用系统思维方式对推进校园足球可持续发展的各类要素之间的相互作用、相互制约的本质关系进行合理解析，定量分析出校园足球可持续发展的图示或模型，在定量的基础上定性分析具有普遍意义的规律和作用机制。校园足球正是需要依靠对外部系统的开放性而稳定存在，依靠系统内部各要素的非线性相互作用和整体协同效应不断从低水平、单一功能向高水平、多功能方向发展。

一、校园足球可持续发展的价值目标

从广义上讲，可持续发展旨在促进人类之间的和平相处以及人与自然之间的和谐统一，而价值目标可以理解为某种事物的重要性，值得获得性或者实用性，价值目标的确定将使主体活动更具有目的性、自觉性和创造性。人类认识和改造世界可分为 2 部分，“一是对主体需要的意识，二是对客体状况的认识”，前者将决定我们应该做什么，后者决定我们怎么做。在具体实践过程中，主体要根据自身需要，能动的、创造性地将主观目的与客观规定相统一，从而实现其价值追求。在人类发展的历史进程中，人类实践活动不同价值目标的选择，将产生不同的实践方式，从而产生不同的实践结果。

党的十八大以来，习近平总书记提出并深刻阐述了实现中华民族伟大复兴的中国梦，中国梦的实现与体育强国梦息息相关，而足球改革、发展、振兴是建设体育强国的必然要求。《中国足球改革发展总体方案》的出台，为足球改革指明了方向，作为足球改革的基础性工程——校园足球，被赋予了更多的希冀。而校园足球是在我国青少年体质与健康状况连续 20 多年下滑和足球后备人才严重匮乏的背景下开展起来的，且作为“阳光体育运动”的有效载体和补充，因此，实现校园足球的可持续发展，要以青少年的全面发展为第一要义，其价值目标选择应从社会发展和青少年健康成长中寻找自身存在和发展的合理因子。基于以上分析，笔者认为校园足球对青少年体质健康促进作用和培养全面发展的足球后备人才应是其可持续发展最核心的价值目标，而且这两大价值目标是相互联系、相互作用的统一整体。

二、校园足球可持续发展系统的结构与模型

（一）校园足球可持续发展系统的结构

系统的结构是指组分及组分之间关联方式的总和。系统的结构将决定系统的特性和功能，也将影响着系统未来发展的过程和功能的发挥，因此对系统进行研究必须从分析系统的结构入手。而对于可持续发展系统的结构划分，不仅要体现系统应有的特性，还需要考虑“人口、经济、资源、环境、社会”等方面的“发展度、协调度、持续度”。在这一方面，由牛文元主编的《中国可持续发展总论》为我们提供了很好的理论借鉴。该书开创了可持续发展研究的第四个方向，即系统学方向，将可持续发展系统分为生存支持系统、发展支持系统、环境支持系统、社会支持系统和智力支持系统等 5 个子系统，为我们更好地认识可持续发展提供了新的选择。

本书参考和借鉴牛文元对可持续发展系统的划分方法，结合校园足球自身发展的特点，确定了校园足球可持续发展系统的 4 项基本支持子系统，按照逻辑顺序分别是基础支持子系统、发展支持子系统、社会保障支持子系统、智力支持子系统。之所以没有将环境支持子系统列入校园足球可持续发展系统中，主要是考虑当前校园足球的发展几乎没有对自然环境构成威胁，更不会超出自然环境的承载能力。

所构建的校园足球可持续发展系统中每个子系统又都是由相互依存和相互制约的多个要素组成，这些要素共同决定着校园足球的运行过程和演进方向。在整个系统中，基础支持子系统与发展支持子系统之间存在着密切的相互联系和递进；而社会保障支持子系统体现的是和校园足球发展息息相关的经济水平、文化氛围和安全保障等方面对校园足球发展的保障能力；智力支持子系统则不断以知识和智力引导、改善和创造更加科学合理的校园足球发展秩序。

1. 基础支持子系统

基础支持子系统是校园足球实现可持续发展的门槛，是国家或地区按照青少年平均的资源数量和质量对于该区域内校园足球的基本维持和发展的支撑能力。该系统以维持并保证校园足球开展为核心，校园足球的发展如果不能提供最基础的支持，如场地器材、师资、校内外竞赛活动、经费等，也就根本谈不上增强青少年学生体质，提升青少年体育公共服务水平，培养和选拔足球后备人才等更高的需求。因此，满足和提高基础支持子系统的整体实力，对促进校园足球可持续发展具有重要意义。

2. 发展支持子系统

发展支持子系统是引导校园足球可持续发展的动力。当校园足球基础支持子系统得到满足后，发展提高则成为必然选择。发展支持子系统反映的是人力、物力、财力和技术等因素综合作用发展校园足球的总体能力，也将决定校园足球可持续发展系统的性质和方向。

3. 社会保障支持子系统

社会保障支持子系统是对校园足球可持续发展社会有序性的组织能力，是校园足球发展的外部环境。外部环境是否稳定和协调，将影响校园足球能否可持续发展。校园足球只有运行在经济、文化等平稳有序的社会环境中，才可能实现可持续发展。在校园足球发展的过程中，不能片面地追求竞赛成绩，这将破坏校园足球发展的“生态环境”。

4. 智力支持子系统

智力支持子系统是推动校园足球持续性发展的支撑和调控能力，该系统主要涉及教育水平、校园足球科研创新能力、校园足球相关部门管理水平和决策能力等。完善智力支持子系统，推进决策科学化、民主化，将决定着校园足球发展的后劲，也即随着社会的发展，不断以知识和科学管理来引导和改善校园足球发展，创造更加科学、合理、协调有序的校园足球发展过程。

（二）校园足球可持续发展系统的结构模型

结构模型可以有效地反映系统的结构和因果关系，是研究复杂系统的有效手段。上文对校园足球可持续发展系统的结构进行了分析，校园足球是由基础支持子系统、发展支持子系统、社会保障支持子系统、智力支持子系统 4 大子系统通过相互依存、相互制约而构成的复合体。因此校园足球可持续发展系统的结构模型可将其描述为：

$$SF(f) = f(A(t), B(t), C(t), D(t), E(t), (t) \quad t \in [0, \infty]$$

$$SF(t0) = SF(0)$$

其中，SF（t）表示校园足球的可持续发展水平，是时间 t 的函数，其数值的大小由校园足球 4 大支持子系统的可持续发展水平和它们之间相互影响和作用的结果共同决定；A（t）、B（t）、C（t）和 D（t）分别代表校园足球基础支持子系统、发展支持子系统、社会保障支持子系统和智力支持子系统的可持续发展水平；E（t）是随机项，用来表示外部作用对校园足球可持续发展系统的影响；f 则是校园足球可持续发展系统的状态函数，用来反映各子系统内部之间的作用过程；t0 表示校园足球可持续系统的初始发展时间，SF_0 表示校园足球初始的可持续性状态。

三、校园足球可持续发展系统的主要特征

（一）目的性

系统的目的就是该系统期望实现的目标或达到的状态，凡是系统都具有一定的目的性。校园足球可持续发展系统具有明确的目的性，即实现校园足球的可持续发展，这一目的性需要通过具体的指标体系来衡量和评价。为了实现校园足球可持续发展的目的，系统运行重要的是调整和控制系统的行为，通过规范系统的各项行为来满足系统的发展要求，实现系统发展的最终目的。

（二）整体涌现性

整体涌现性用通俗的方式表达就是“整体大于部分之和”。若干部分按照一定方式整合成为系统，其所具备的整体特性正是系统科学重点研究的。部分构成整体，就会产生部分或部分总和所不具备的一些特性，如整体的形态、功能等等，一旦系统分解，这些特性便不复存在。也就是说，系统比组分或子系统有质的提升和新的飞跃，这就是系统的整体涌现性。系统的组分或子系统的多少代表了系统的规模，由规模大小带给系统特性的差异称为规模效应；由组分或子系统按照一定的结构方式相互作用而激发出来的效应称为结构效应。整体涌现性正是由结构效应和规模效应共同产生的，但是结构效应在其中起着决定性的作用。

校园足球可持续发展系统的研究涉及经济、社会、文化、技术等因素的发展关系以及它们在时间顺序上的变化。校园足球可持续发展的系统思想强调的就是这些因素或各个子系统所体现出的整体特性。基础支持子系统、发展支持子系统、社会保障支持子系统和智力支持子系统通过有序运行和协同作用共同产生了整体涌现性，任何层级的结构或组分缺失或不完善，都会导致校园足球可持续发展受阻。我们应当了解和控制校园足球可持续发展系统的演变过程，以避免拔苗助长的足球后备人才培养方式，避免脱离青少年身心成长规律的盲目训练，避免低下的管理效能，避免破坏校园足球可持续发展的整体性。

（三）动态性

实现校园足球的可持续发展是一个复杂多变的动态演化过程。在校园足球可持续发展的不同阶段，校园足球可持续发展系统所面临的主要任务和要解决的关键问题有所不同，因此，系统结构、功能、目标以及运行机制也必须做出相应的调整，只有这样，校园足球的发展才能适应社会发展的需要和教育的需求。当然，如果校

园足球的发展与青少年成长成才规律和教育发展规律不一致甚至背道而驰，都会对校园足球的发展产生不利的影响，更不利于可持续发展。因此，很有必要在校园足球的可持续发展的过程中建立一种有效的“动态演化过程监督与调控机制”或称为“系统的预警与调控机制”，进而对系统进行控制，使系统向有利的方向演化。

四、校园足球可持续发展系统的功能

（一）目标整合功能

校园足球可持续发展系统是由众多发展主体（布局城市、定点学校）和其他相关子系统和要素构成的复杂大系统。在当前教育部和国家体育总局大力推动校园足球发展的环境下，各发展主体在发展目标的选择、发展方案的确定等方面具有一定的选择权，但是实现综合效益最大化成为很多发展主体的首要目标。这一综合效益最大化片面地表现在对比赛成绩的高度重视，忽视了日常校内足球活动的普及。从校园足球可持续发展的角度来看，如果发展主体一味地只重视比赛成绩，追逐这种片面的综合效益最大化，而不是按照校园足球可持续发展的要求行事，促进青少年体质健康和培养全面发展的足球后备人才的目标又注定化为泡影。这是因为以实现发展主体综合效益最大化为首要目标的校园足球并不一定都有利于校园足球可持续发展目标的实现；相反，它们很可能成为校园足球可持续发展的“拦路虎”或“绊脚石”。因此，以实现校园足球可持续发展为最终目标的校园足球可持续发展系统理应要具有良好目标整合功能。在校园足球可持续发展系统中，这一功能需要通过校园足球发展的有关政策、法规和制度等来实现。因此，在校园足球不断发展的过程中，要根据校园足球可持续发展的要求及其变化情况，及时对相关政策、法规和制度等进行调整与修订，使之逐步完善和有效，以构建强大的整合功能。

（二）约束和促进功能

上文对校园足球可持续发展系统的目标整合功能中提到，如果不对布局城市和定点学校的校园足球加以必要约束而任其“自由发展”的话，它们又可能会对校园足球可持续发展目标的顺利实现产生消极作用。事实上，布局城市和定点学校开展校园足球，不仅能给其自身带来一定的“效益”，而且还会对布局城市和定点学校之外的人或社会产生影响，即所谓的溢出效应，而这种溢出效应对校园足球可持续发展目标的实现势必会产生或大或小的正面或负面影响。为消除或减弱负面的影响，校园足球可持续发展系统必须具有较强的约束功能，对布局城市和定点学校的校园足球要有足够的约束力，以有效防范和及时矫正那些对校园足球可持续发展产生负面影响的活动和行为，保证校园足球可持续发展目标的实现。

校园足球可持续发展的本质是构成系统的 4 个子系统即基础支持子系统、发展支持子系统、社会保障支持子系统和智力支持子系统全面协调可持续发展，因此，校园足球可持续发展系统应具有促进这些子系统可持续发展的功能。这种促进功能主要是通过系统内部的协同运行来实现的。下文将着重探讨校园足球可持续发展系统的协同运行机制。

第三节　校园足球可持续发展系统的协同运行机制

要实现校园足球可持续发展，构成校园足球可持续发展系统的各子系统和要素之间就要协同运行和发展。协同学理论正是从系统的整体性、协调性和统一性等基本原则出发，研究和揭示子系统和要素在实现系统整体目标中的协同作用，从而使系统达到稳定有序。由于它不仅能够反映各类系统在临界状态下的一些共同特征，而且能够结合系统出现的具体现象来描述它的转变规律，因此该理论具有很强的普适性。本节将运用协同学理论的基本思想和方法，通过研究校园足球可持续发展系统各子系统和要素间的协同规律，有针对性地实施相应管理措施，来实现协同效应。

一、校园足球可持续发展系统协同运行的框架模型

校园足球作为解决我国足球发展困境的一项改革方案，它的执行将会使改革者深陷改革的复杂性之中，在校园足球开展过程中不仅会面临场地不足、活动组织不规范、政策保障不力和教练水平不高等各种问题，还会面临教育部门、体育部门、学校、家庭等多方的利益冲突和认知差距，必然会遇到重重阻力。鉴于此，校园足球可持续发展系统在运行过程中，首先要准确定位系统的发展目标并科学评估系统的现实发展状况与目标的差距；其次是为缩短这一差距，需要寻求有效的管理手段和方法来促进系统间的整合、均衡各方利益和参与主体间的协同工作，这是保障校园足球可持续发展的关键所在；最后是对系统协同运行结果的对照和反馈。在校园足球可持续发展系统协同运行的形成和实现过程中，另一个重要环节就是要对这两个过程加强管控，确保实现协同效应，达到系统最终目标。因此本书根据这一思路构建了校园足球可持续发展系统的协同运行框架模型，如图 6-2 所示。

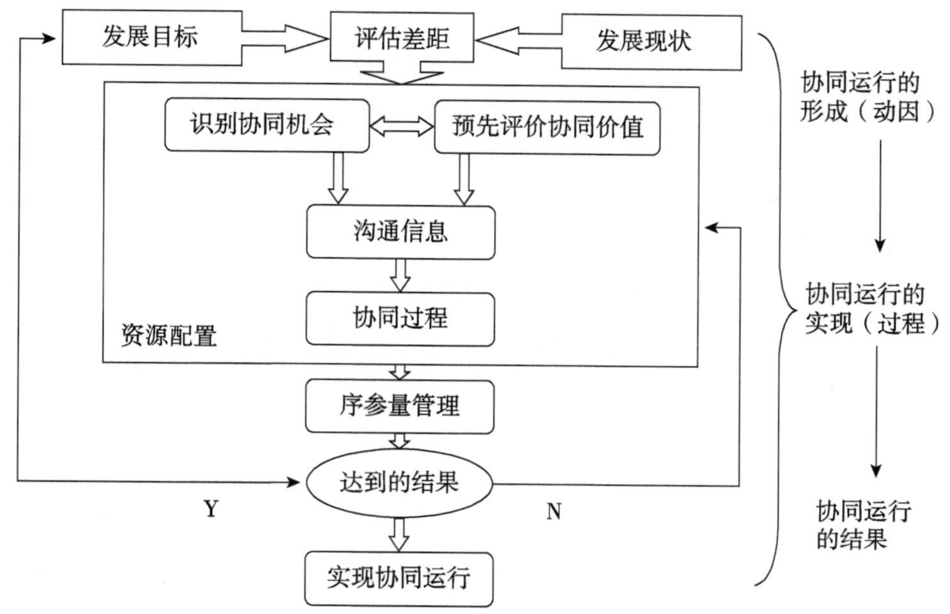

图 6-2　校园足球可持续发展系统协同运行的框架模型

根据构建的校园足球可持续发展系统协同运行的框架模型，可将其协同运行分为 3 个相互联系的运行机制，即系统协同运行的形成机制、实现机制以及激励和约束机制。下文将分别就这 3 大机制进行分析。

二、校园足球可持续发展系统协同运行的形成机制

校园足球可持续发展系统的协同运行的形成机制不是自然选择的过程，而是校园足球相关管理部门对校园足球可持续发展系统自身发展状况以及发展目标等多角度的认识下，为保证校园足球顺利有序开展而进行的有目的的行为过程。这一过程包括了校园足球可持续发展目标的确定、校园足球可持续发展系统的运行状况分析和评估等 3 个环节。

（一）校园足球可持续发展系统的目标

校园足球可持续发展系统的目标是我们发展校园足球最终要达到的结果或完成的任务，对校园足球的发展起到指向作用，目标一旦确定，系统就会朝着这一目标发展。前面在“校园足球可持续发展的价值目标”中提到，校园足球是在我国青少年体质与健康状况连续 20 多年下滑和足球后备人才严重匮乏的背景下开展起来的，且作为“阳光体育运动”的有效载体和补充，因此，校园足球可持续发展的价值目

标选择应从社会发展和青少年健康成长中寻找自身存在和发展的合理因子。因此将校园足球对青少年体质健康促进作用和培养全面发展的足球后备人才作为其可持续发展最核心的价值目标。这一价值目标与校园足球可持续发展系统的宏观发展目标具有同一性，但在操作过程中，还需要将这一目标具体化，因为宏观目标比较抽象和模糊，缺乏可操作性。

在我国发展青少年足球的历史过程中，经常将青少年的比赛成绩作为追求的唯一目标，虽然比赛成绩固然重要，但在青少年足球发展过程中一味追求比赛成绩，这种短视行为必将导致一些不良现象时常发生，如“球员年龄造假，以大打小”“假球”等，这些不良现象成为青少年足球获得更高发展水平的障碍，也会导致在青少年足球运动员培养方向上的错误。这次校园足球的发展旨在改变我国足球落后水平和青少年体质健康问题，这将成为校园足球可持续发展系统的总目标也即宏观目标，总目标之下应设立多个层次的目标，如战略层次、运作层次和规范层次的目标。在此基础上应有一些具体化的指标诸如定点学校数量、注册球队数量、校内竞赛场次、校园足球人口数量等来反映系统目标。

（二）校园足球可持续发展系统运行状况分析

校园足球可持续发展系统的运行状况将决定着校园足球可持续发展目标的实现程度，其运行状况可分为运转顺畅和运转不畅两类，前者是我们期望实现的状态，后者才是研究和探讨的重点，也即探讨和研究校园足球可持续发展系统中各子系统或要素之间的关联方式和关联力，这才是导致系统运转不畅的真正原因所在。系统科学理论的研究认为系统运行与系统的要素、结构、功能和环境之间的关系如图 6-3 所示，从图中可以看出，当系统的要素发生重组导致结构变化后会引起系统发生根本性的变化，系统的环境常处在多变的状态下将影响系统的功能，从而在一定程度下也将导致系统结构发生变化。因此，在分析校园足球可持续发展系统运行特别是在系统运转不畅时，主要从该系统的环境和要素 2 个方面入手。

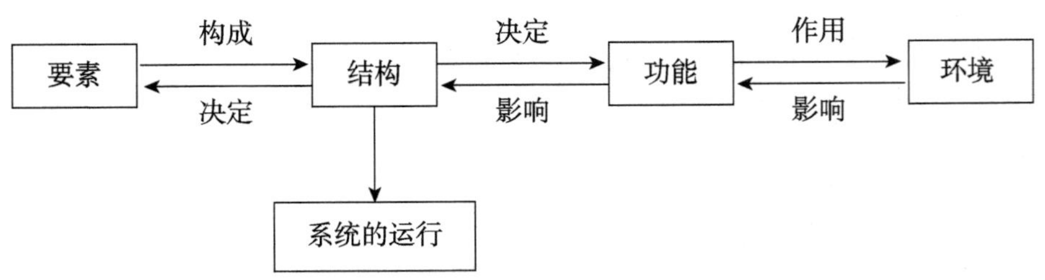

图 6-3　系统运行与系统要素、结构、功能和环境之间的关系

校园足球可持续发展系统的环境分为宏观环境和微观环境两类。宏观环境一般是由大范围的社会约束力量组成，包括了校园足球发展所处的政治环境、经济基础和文化氛围等方面。之所以要分析宏观环境，是因为校园足球的发展需要从这些宏观环境中获取有利于其发展的信息和资源。微观环境包括学校教育环境和学校体育环境 2 个方面。运用 SWOT 分析法可以较清晰地分析出校园足球所处的环境态势，李纪霞（2012）认为校园足球发展的外部环境面临的机遇有“政府的重视和支持、经济持续发展、强烈的社会需求、体教结合培养体育后备人才的发展趋势和对全面发展的足球后备人才的强烈需求”；面临的挑战有“应试教育大环境、重文轻武的传统思想、独生子女的社会现实、足球发展大环境的负面影响、足球发展的功利性和不同体育运动项目的分流影响”。然后运用层次分析法确定每个因素的权重，最终分析得出当前校园足球发展面临的机遇和挑战相当。

校园足球可持续发展系统的要素是指人、财、物、技术、信息等，对系统要素的分析，第一是为了掌握系统是否满足了自身生存发展的构成要素，第二就是这些要素的配置能否发挥最大效益。这些要素只有在相互连接并形成一定的结构时，它的功能才能体现出来。

（三）校园足球可持续发展系统的目标与现实发展水平的差距评估

在对校园足球可持续发展系统的环境和要素分析的基础上，为进一步探究系统的运行状况对最终目标实现的影响，还需要对系统的现实发展水平与目标之间进行差距评估。评估的方法可采用坐标分析的方法，如图 6-4 所示。

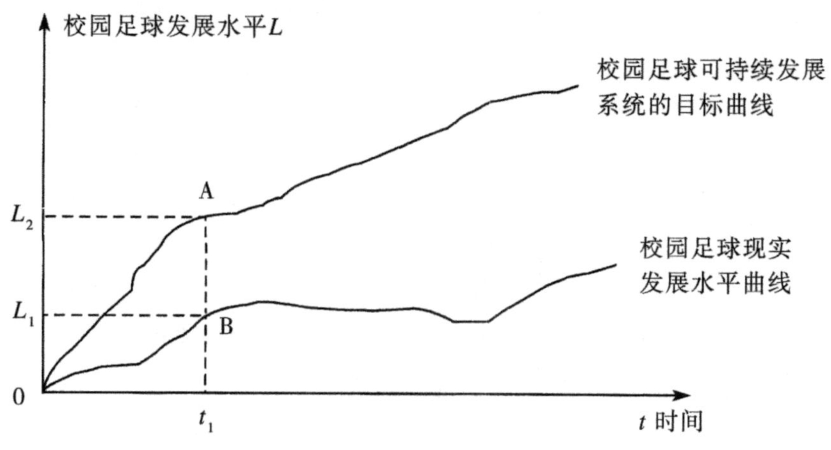

图 6-4　校园足球发展水平差距评估模型

在图 6-4 这一坐标中，横轴由于校园足球可持续发展系统的环境和具备的要素等也会随时间而变化，故横轴统称为时间轴，用 t 表示，纵轴为校园足球发展水平轴，用L表示。引入校园足球现实发展水平曲线和校园足球可持续发展系统的目标曲线，表示在一定连续的时间内，校园足球可持续发展系统的目标发展水平和现实发展水平的轨迹。假设在t_1时刻，校园足球应该发展到L_2的水平，即坐标中A点位置，但实际发展水平却在L_1的水平，即坐标中B点位置，这说明在t_1时刻的环境和要素水平下，校园足球没有达到预期发展水平，两者之间的差距可以用L_2减去L_1后的数值来表示。当这一数值越大时，说明校园足球现实发展水平与目标发展水平差距越大，系统的稳定性越差；反之，如果二者间的差距越小，则说明系统的运行状态良好。

三、校园足球可持续发展系统协同运行的实现机制

校园足球可持续发展系统协同运行的实现机制是要解决系统如何进行协同的问题，这将通过识别协同机会、预先评价协同价值、沟通交流信息、资源配置、管理序参量和结果反馈等过程来实现协同运行。

（一）识别协同机会

协同机会的识别是实现校园足球可持续发展系统协同运行的突破口，对校园足球可持续发展系统来说，就是要认清那些不稳定或运转不畅的子系统，这是因为协同运行就是研究在系统处于临界点时，如何通过施加一定的管理手段而产生序参量，以引导校园足球的发展走向有序，从而达到可持续发展的目的。但仅说在系统处于临界点识别协同机会还比较模糊，还需要从校园足球可持续发展系统的子系统、要素、结构、功能和环境等方面进行考察。如当前校园足球发展过程中，教育部门和体育部门还缺乏有效的协调配合，教练员不足和水平不高，场地匮乏，等等。对这些协同机会的识别需要把握以下原则：第一就是环境适应性原则，即校园足球可持续发展系统必须与所处的环境相适应，能够随着外界环境的变换来调整系统自身的发展态势；第二是优势互补性原则，即校园足球可持续发展系统在进行协同运行过程中，各资源要素要能够共同发挥优势以弥补不足，形成整体优势；第三就是利益共生原则，即在发展校园足球的过程中，不能以损害或牺牲某一方的利益换取另一方的利益，要最大限度地满足各方利益。

（二）预先评价协同价值

对协同价值的预先评价主要是对系统要素之间的协同价值进行判断，目的就是判断在真正实施协同过程时的成本。但由于构成校园足球可持续发展系统的要素是多元的，它们之间的协同价值很难用精确的数值来确定，所以采用模糊综合评价方

法能更好地进行要素协同价值的预先评价。

（三）沟通交流信息

开展校园足球的价值只有被校园足球的实施主体和社会完全理解、接受和认同，并转化为自觉合理的行为，才能促进校园足球可持续发展，这就需要及时有效的信息沟通和交流。在沟通交流信息时，首先要建立沟通交流的平台，平台的建立要有一定的覆盖面，使各类信息能够有发布的途径并能够让相应的受众群体接收到；其次是确保信息的时效性，各类信息要及时沟通交流，避免因时间的拖延而产生沟通断层；最后就是优化信息沟通的内容，信息的内容要清晰明确，对一些可能对校园足球发展产生负面影响的信息要谨慎处理。

（四）资源配置

对校园足球可持续发展系统进行资源配置，就是指对发展校园足球所需的人力、物力、财力等资源通过一定的方式合理分配到各领域中，实现资源的优化利用。合理高效的资源配置，将对校园足球发展起到显著的提升作用。由于校园足球是政府主导的一项公益事业，在当前发展初期，对它的资源配置还需要政府加大资源配置力度，发挥政府主导作用。在这一方面政府已有相应规划，如国务院颁布的《国务院关于加快发展体育产业促进体育消费的若干意见》（国发 [2014]46 号）中不仅将全民健身上升至国家战略，而且将“以足球、篮球、排球三大球为切入点，加快发展普及性广、关注度高、市场空间大的集体项目，推动产业向纵深发展。对发展相对滞后的足球项目制定中长期发展规划和场地设施建设规划，大力推广校园足球和社会足球”。这一文件的颁布对校园足球的发展将起到巨大的推动作用，但相应规划还需要具体落实。

在校园足球发展步入正轨后，可逐步推动校园足球的多元化、社会化和市场化发展，发挥市场在资源配置中的决定性作用，实现对布局城市和定点学校优胜劣汰的选择，促使布局城市和定点学校实现资源的优化配置，调节社会资源向优化配置的布局城市和定点学校集中，进而实现更大范围内的资源优化配置。但由于市场调节具有自发性、盲目性和滞后性等弱点，依然要由国家来宏观调控和指导校园足球的发展。

（五）管理序参量

对校园足球资源的优化配置就是为了满足校园足球的发展需要，使校园足球可持续发展系统在临界状态下产生主宰和支配校园足球发展的序参量，进而促使校园足球向更加有序稳定的方向发展。由于序参量是宏观参量，是各子系统整体运动的结果，一旦形成，就成为控制整个系统的关键，将决定着系统的有序结构、功能和行为，控制着系统演化的过程和方向。序参量的这些基本属性可持续发展理论和战略完全满足，因此，本书认为校园足球可持续发展是系统演化的序参量。对于序参量的管理，第一要创造一个有利于其发展的环境，第二就是在系统处于临界状态时要加强对序参量的管理和控制。

（六）结果反馈

对校园足球可持续发展系统最终是否实现了协同运行，就需要将运行的结果与系统协同的目标进行对比，这一过程就是结果反馈。如果经过对比，协同运行达到了校园足球可持续发展系统设定的目标或效果相当，说明系统的协同运行良好，实现了协同效应；若离目标相差甚远或不一致，那就说明系统运行的过程不是协同运行的过程，没有达到协同效应，那就需要重新对系统协同运行的实现过程中的每个环节进行检查，找出问题所在，最终实现协同效应。

四、校园足球可持续发展系统协同运行的激励和约束机制

激励和约束是现代管理的重要手段，合理有效的激励和约束相结合，能够产生良好的管理效果。校园足球可持续发展系统协同运行的过程实际上就是对其施加有效管理的过程，实现系统协同效应，使校园足球向着可持续发展的方向迈进，因此，相应的激励和约束机制必不可少。

（一）校园足球可持续发展系统协同运行的激励机制

对激励的研究通常从 3 个角度来分析，第一个角度是行为科学、心理学的角度。早期的行为主义激励理论就是对人施加刺激使其产生反应，这一刺激手段通常是金钱，而新行为主义理论开始考虑在施加刺激后的中间变量，即人的各种需要，通常是意图、愿望、计划等。认知心理学认为激励需要考虑人的内在因素，如需要、兴趣、爱好等，这一理论应用于管理中又产生了内容激励理论和过程激励理论。后期又有研究把行为主义激励理论和认知心理学相结合而形成了综合激励理论。但总体来说，这一角度的激励重视人类心理和生理规律，针对不同激励对象，不同的环境、条件和目标来设置诱因。第二个角度是人性假设的角度。管理学中针对不同的人性假设提出了不同的激励方法，如经济人假设认为最好的激励方法是物质刺激尤其是金钱；社会人假设重视满足人的社会需要；自我实现人假设的激励措施是通过创造良好的工作条件和环境来挖掘人们的才能和潜力；复杂人假设的激励方法是要依据人的复杂性采取灵活多样的激励手段。第三个是制度经济学的角度。

这一角度是在宏观层面上从产权和制度上建立激励机制。

依据上述对激励机制的研究，在校园足球发展过程中，要有针对性地采取激励措施，来促进协同运行。对布局城市和定点学校的激励措施可采取资金奖励和荣誉奖励的方式；对校园足球教练员和指导员的激励可采取将课余训练和竞赛等计入教师工作量，给予教练员和指导员职务评聘、评优表彰等方面同等待遇等措施；对参加校园足球的学生要畅通足球特长生的升学渠道，增加招收足球特长生的中学和大学数量。只有充分调动校园足球发展的每个环节上的每个参与者的积极性，这样校园足球发展才有活力，才更容易形成协同效应。所采取的激励措施要避免临时性，要规范，比如说高考体育特长生加分政策，正是由于这一激励机制在具体操作层面有很多不规范行为，国家才取消了这一政策，所以说还需要在宏观层面建立合理规范的激励制度。

（二）校园足球可持续发展系统协同运行的约束机制

仅有激励没有约束是不行的，有人将激励和约束比喻为汽车的发动机和刹车系统，汽车要行使需要靠发动机，而要确保行驶安全就要有刹车系统。行为科学和心理学通常是通过批评、惩罚来抑制和约束人的不当行为，而制度经济学强调通过制度安排来实施约束。约束分为正式约束和非正式约束，正式约束是指有意识建立起来的一些规章制度，而非正式约束是指长期生活形成的一些约定俗成的东西，如社会风俗、伦理道德、行为习惯等。

对于校园足球可持续发展系统协同运行的约束机制要通过适当的制度安排来实现，也就是需要正式约束。由于当前校园足球是政府主导的一项公益事业，政府公共性和自利性的双重属性导致政府职能部门、地方各级政府和政府官员存在着不同程度的政府职能失范和自利行为。因此在校园足球发展过程中，首先要转变相关政府职能，对政府的自利性进行约束，积极构建校园足球主管机构、社会和公民协同共治的新型管理模式，在国家加快体育产业发展的大背景下可引入市场机制，提高校园足球公共产品的供给规模和效率，减少权力寻租，积极发展非政府组织。其次要科学制定校园足球的中长期发展规划，包括对教练员和裁判员的管理和培训、竞赛监管、日常课余活动和训练、资金投入和场地建设、新闻媒体等多个方面的监管制度。最后不仅要建立健全校园足球各级管理机构，对校园足球的日常运行进行严格监督，还要加强广泛的社会舆论监督和来自市场投资主体的监督。

第七章　青少年校园足球发展战略的评价研究

在校园足球不断发展的过程中，科学地描述和评价校园足球可持续发展的现实状态具有重要意义。在第四章对校园足球可持续发展系统分析的基础上，本章将构建校园足球可持续发展的评价指标体系，选择相应的评价方法对校园足球可持续发展能力进行评判，并对青岛市校园足球可持续发展能力进行实证分析。

第一节　校园足球可持续发展评价的思路、目的和意义

一、校园足球可持续发展评价的思路

校园足球可持续发展评价是指从系统整体出发，为实现校园足球可持续发展的目标，通过对相关评价指标的筛选，运用科学的评价方法对特定区域的校园足球运行状况进行描述和分析的评估方法。校园足球的发展不同于竞技体育和学校体育的发展，有其自身的特点和规律，因此对校园足球可持续发展的评价既要体现出可持续发展的思想，又要考虑校园足球发展的特点和规律。对校园足球可持续发展系统评价的总体思路是紧紧围绕校园足球可持续发展的目标和内涵，寻求能够全面的、可操作的评价方法，实现对校园足球可持续发展研究从理论分析到实践操作的提升。具体的工作流程如图 7-1 所示。

二、校园足球可持续发展评价的目的和意义

对校园足球可持续发展进行评价的目的和意义体现在以下 3 个方面。

第一，能够对某个区域在特定时间点上校园足球发展的现状和水平进行描述和监测，比较全面和客观地反映校园足球发展的优势和劣势，在一定程度上还能反映校园足球发展的变化趋势，即是否能够可持续发展。

第二，校园足球可持续发展评价能够对处在同一时间点上的不同地区的校园足球可持续发展水平进行对比，还能够对同一地区在不同时间阶段校园足球的发展状况进行差异分析，从而实现校园足球可持续发展的横向和纵向比较。

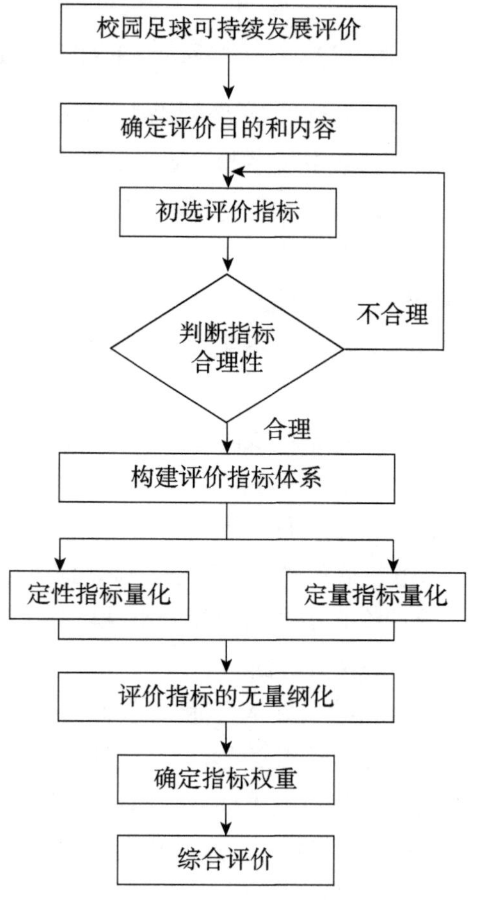

图 7-1　校园足球可持续发展评价流程图

第三，对校园足球可持续发展进行评价要参照校园足球发展规划，对校园足球进行全面科学的综合评价，分析发展规划的执行情况，并提出相应的发展意见和策略，这也为政府和校园足球主管部门提供一定的理论依据和决策参考。

第二节　校园足球可持续发展评价指标体系构建

一、校园足球可持续发展评价指标体系的构建原则

校园足球可持续发展评价指标体系是指依据校园足球可持续发展的内涵，为充分、全面地展示评价对象的各种数量关系而设置的具有一定独立性但又相互联系的若干指标所组成的整体。它的核心目的是为校园足球管理决策提供智力支持。因此，评价的关键步骤是评价指标的选取和指标体系的构建。评价指标的选取并不是越多越好，虽然这样能够比较全面地反映校园足球可持续发展系统的特性，但这样不仅增加成本且相关数据获取较难。当然也不能过少，虽然减少了成本但却不能全面反映系统特性。因此，在选取评价指标构建评价指标体系时一般用尽量少的“主要”指标来描述和反映被评价系统的特性。校园足球可持续发展评价指标体系要遵循以下基本原则。

科学性原则：是指指标体系要以科学理论为依据，指标要有明确具体的科学含义，能够体现校园足球可持续发展的内涵，突出校园足球可持续发展的目标。

系统性原则：要以系统理论为指导构建校园足球可持续发展的评价指标体系，选取的指标要尽量能涵盖系统的主要方面。

动态性原则：校园足球可持续发展是目标和过程的统一，在构建评价体系时既要反映校园足球可持续发展系统的动态变化特点，又要体现出该系统的发展趋势。

可操作性原则：校园足球可持续发展涉及人口、经济、教育、体育、政策法规等多个方面，包括定性指标和定量指标，这些指标要能够通过一定的计算方法取值，且工作量和成本要在可控范围内。

二、校园足球可持续发展评价指标体系构建的过程与方法

本研究在构建校园足球可持续发展评价指标体系的过程主要包括三个步骤：第一步，采用频度统计法对目前有关可持续发展评价特别是体育领域可持续发展评价的报告、论文以及宁波、郑州、台州等地的校园足球工作考核评估办法等文件资料进行频度统计，合理选择使用频度较高的指标。第二步，采用理论分析法从能够反映校园足球可持续发展内涵的要素人手，将度量对象即校园足球可持续发展系统划分为 4 个子系统，并对每个子系统的构成要素进一步细分，直到可以用具体统计指标来描述和实现；选取具有重要影响且针对性较强的指标，在咨询部分校园足球领

域和管理领域的专家意见后，初选出符合构建原则和层次要求的指标体系草案。第三步，采用专家调查法来征询专家对评价指标体系草案的意见，根据专家意见对指标进行调整和修改，最终确定校园足球可持续发展的评价指标体系。

本研究的第三步运用专家调查法的基本步骤是将初步选定的校园足球可持续发展评价指标体系草案，以调查表的形式征询相关专家对评价指标的意见，然后进行统计处理并将结果反馈给专家，经过几轮咨询后，待专家意见趋于一致后，由最后一轮咨询结果确定校园足球可持续发展的评价指标体系。以下就本次专家调查法的具体实施过程及主要统计分析方法进行详细说明。

（一）专家调查法实施过程

1. 第 1 轮专家问卷的形成

本研究在采用频度统计法和理论分析法后，初步确定了包括 4 个一级指标、11 个二级指标和 36 个三级指标的校园足球可持续发展评价指标体系草案。指标体系结构如图 7-2 所示。

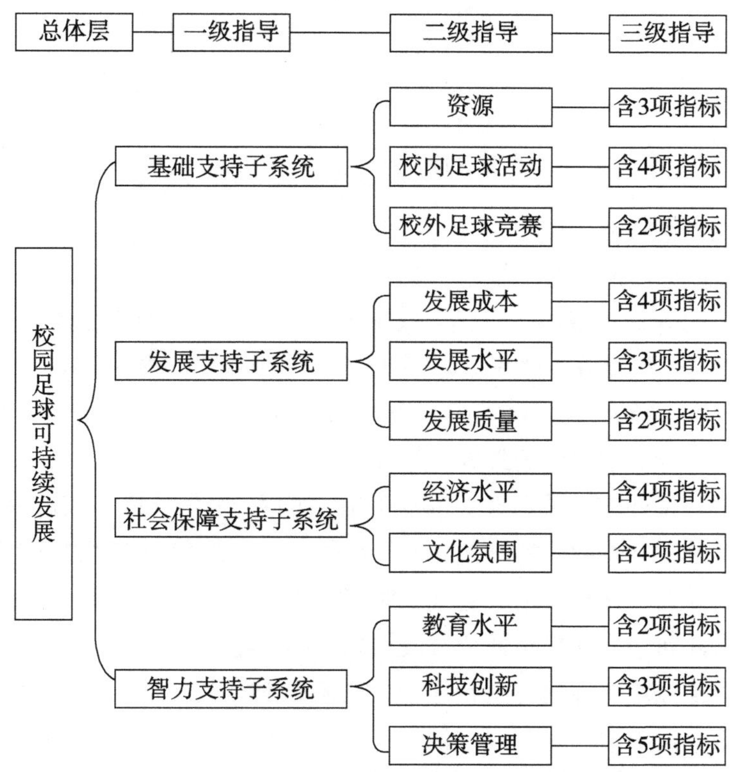

图 7-2　校园足球可持续发展评价指标体系结构（草案）

2. 咨询专家的确定

专家人数的多少主要取决于所要评价指标的数量和评价问题的复杂程度，咨询面要宽，范围要广，一般专家人数在 10~30 人为宜。但也有研究认为，专家人数接近 15 人时，再增加专家人数对预测的精度不会产生太大的影响。本研究考虑到咨询的时间和成本，最终聘请了 13 位校园足球领域、体育管理领域和体育教育训练领域的专家、学者作为咨询专家。咨询专家的基本情况见表 7-1 所示。

表 7-1　咨询专家基本情况一览表

基本项目		人数	百分比
年龄	60 岁以上	2	15.38
	50~60 岁	5	38.46
	40~49 岁	3	23.08
	40 岁以下	3	23.08
文化程度	博士	9	69.23
	硕士	1	7.69
	本科	3	23.08
专业技术职务	正高级	9	69.23
	副高级	4	30.77
工作性质	教学科研	8	61.54
	行政管理	5	38.46

3. 第 1 轮专家咨询

根据初选指标体系，拟定出第 1 轮专家咨询表，并附有本次研究的目的和相关指标的解释说明等背景资料，以供专家参考。对每个指标的重要性采用 5 点 Likert 标度，指标重要性程度分为“很重要”“较重要”“一般”“较不重要”“很不重要”5 个等级，赋分值分别为 5 分、4 分、3 分、2 分、1 分。

4. 回收第 1 轮专家咨询结果进行分析并开展第 2 轮专家咨询

将第 1 轮专家咨询结果回收，共收回有效问卷 11 份。将专家对每个评价指标的重要性程度及得分均数、标准差和变异系数进行统计和分析，结合专家提出的意见和建议，本研究在充分讨论的基础上对指标进行了进一步的修改和筛选，形成了第 2 轮专家咨询问卷，并把统计和修改结果在第 2 轮专家咨询中反馈给诸位专家，专家再对每个指标重要性进行重新评价。在第 2 轮中，原则上不请专家提出新的指标。同时在这一轮中增加了专家对各个指标判断的自信度，将自信度等级分为“很高”“高”“一般”“低”“很低”，分别对应 5、4、3、2、1 这 5 个标度。有研究资料显示，当专家组自信度等级（即所有专家给出的自信度等级的均值）大于等于 3 时，说明这一咨询结果比较接近主观判断的真实情况。

5. 筛选最终评价指标

本研究经过两轮的专家咨询，运用肯德尔和谐系数法（Kendall’s w）对专家评分的结果进行一致性检验。由表 7-2 中所统计的两轮专家咨询的肯德尔和谐系数可以看出，专家意见已趋于一致，协调性较好，本次专家咨询可信度较高，结果可取。

最终确定的评价指标是根据统计结果定量选取有代表性的指标，选取依据有以下四点：①指标的变异系数小于 0.25；②专家的评价结果取得一致性检验，即 $p < 0.01$ 或 $p < 0.05$；③指标的平均得分≥ 3.5 分（达到总分的 70%）；④专家组自信度等级≥ 3。

表 7-2　两轮专家咨询肯德尔和谐系数一览表

指标	第 2 轮			第 2 轮		
	W	χ^2	Asymp.Sin	W	χ^2	Asymp.Sin
基础支持子系统	0.118	15.563	0.212	0.293	45.172	0.000
发展支持子系统	0.185	24.395	0.018	0.216	18.975	0.015
社会保障支持子系统	0.369	40.619	0.000	0.397	39.270	0.000
智力支持子系统	0.318	54.530	0.000	0.422	41.794	0.000

（二）专家咨询结果主要统计分析方法说明

对专家反馈回来的评议表中的结果主要采用以下三个统计参数进行分析。

1. 算术平均数

算术平均数所反映的是专家对评价指标意见的集中程度，算术平均数越大，说明对应的指标重要性程度越大。计算公式如下：

$$\bar{x} = \frac{x_1+x_2+x_{...}+x_n}{n}$$

式中：$\bar{x}$ 表示指标的算术平均数；n 表示指标个数。

2. 变异系数

变异系数是标准差和其加权平均值的比值，代表专家评价结果的分散程度，变异系数值越小，说明专家评价结果的分散程度越小。通常认为变异系数若大于等于 0.25，则认为该指标的协调程度不够。计算公式如下：

$$V_j = S_j/M_j$$

其中 $S_j = \sqrt{\frac{1}{n-1}\sum_{i=1}^{n}(X_{ij}-X_j)^2}$，$M_j = \frac{1}{n}\sum_{i=1}^{n} X_{ij}$。式中：$V_j$ 表示 j 指标的变异系数。

S_j 表示 j 指标的标准差；

M_i 表示 j 指标的算数平均数；

X_{ij} 表示第 i 个专家对第 j 个指标的评价等级或打分；

n 表示指标个数。

3. 肯德尔和谐系数

肯德尔和谐系数是最常用的一种检验多位评分者评分一致性程度的方法，在本书中即专家们对全部指标的协调程度，用 W 表示，值在 0~1 之间，W 越大，表示协调程度越好。协调程度的显著性检验采用等级一致性检验（非参数检验），如果 $p > 0.05$，则认为专家意见评估或预测结论的可信度差，结果就不可取。具体计算步骤如下。

（1）计算全部指标评价等级的算数平均值：按专家对各指标的评价等级递减排序，对每个指标给予相应秩次，对 j 指标评价的专家分别给出秩次求和，就是 j 指标的等级总和。计算公式如下：

$$S_j = \sum_{i=1}^{mj} R_{ij}，M_{sj} = \frac{1}{n} \sum_{j=1}^{n} S_j$$

式中：S_j 表示 j 指标的等级和；

R_{ij} 表示第 i 个专家对第 j 个指标的评价等级；

M_{sj} 表示全部指标评价等级的算术平均数；

m 表示专家人数；

n 表示指标个数。

（2）计算指标等级和的离均差平方和。计算公式如下。

$$d_j = S_j - M_{sj}，\sum_{j=1}^{n} d_j^2 = \sum_{j=1}^{n} S_j - M_{sj})^2$$

式中：d_i 表示 j 指标的离均差；

$\sum d_j^2$ 表示全部n个指标等级和的离均差平方和。

（3）计算协调系数 W。计算公式如下。

$W = \dfrac{12}{m^2(n^3-n)} \sum_{j=1}^{n} d_j^2$，当有相同等级时，这一公式的分母需要减去修正系数

T_i，$T_i = \sum_{i=1}^{L} (X_i^3 - t_i)$，此时 $W = \dfrac{12}{m^2(n^3-n)\, m \sum_{i=1}^{m} T_i} \sum_{j=1}^{n} d_j^2$

式中：W 表示 m 位专家对 n 个指标的协调系数；

T_i 表示相同等级指标；

L 表示 i 专家在评价中相同的评价组数；

t_i 表示在 L 组中相同等级数。

（4）协调程度的显著性检验

$$\chi_R^2 = \frac{12}{mn(n+1) - \frac{1}{n-1}\sum_{i=1}^{m} T_i} \sum_{j=1}^{n} d_j^2$$

$d.f.=n-1$

根据自由度 d.f. 和显著性水平 α，从 χ^2 值表中查得 χ^2 值，如果 $\chi_R^2 > \chi^2$，说明肯德尔和谐系数经检验有显著性，说明专家评估的协调性好，结果可取。

三、校园足球可持续发展评价指标体系的建立

（一）第 1 轮专家咨询结果统计分析

1. 专家积极系数

专家积极系数即专家咨询表的回收率，说明专家对本次项目研究的重视程度。有研究表明，采用专家调查法问卷回收率达到 50% 是可以用于分析和报告的基本比例，回收率达到 60% 是好的，回收率超过 70% 就非常好。本次专家咨询表共计发放问卷 13 份，收回问卷 11 份，收回有效问卷 11 份，有效回收率为 84.62%，说明专家积极系数较高。

2. 专家权威程度

专家权威程度是用来衡量专家小组对指标的选择是否得当，主要由专家对方案的判断依据（用 C_a 表示判断系数）和对问题的熟悉程度（用 C_s 表示熟悉系数）两方面决定。专家判断依据一般分为理论分析、实践经验、国内外同行的了解和直觉四种，其影响程度量化表见表 7-3 所示。专家对问题熟悉程度一般分为很熟悉、熟悉、较熟悉、一般、较不熟悉和很不熟悉 6 个等级，其熟悉程度系数见表 7-4 所示。专家权威程度（用 C，表示权威系数）的计算公式为：$C_r = (C_a + C_s)/2$，数值在 0~0.95 之间，一般认为权威系数≥ 0.70，为可接受的权威系数。本次咨询专家的权威系数计算结果见表 7-5 所示，这是根据专家在第 1 轮问卷调查过程中自填的“一级指标专家权威程度量化表”计算而来，从中可看出对 4 项一级指标，专家权威系数均值都在 0.8 以上，说明本次研究专家的权威程度较高。

表 7–3 判断依据及其影响程度量化表

判断依据	对专家判断的影响程度		
	大	中	小
理论分析	0.3	0.2	0.1
实践经验	0.5	0.4	0.3
国内外同行的了解	0.1	0.1	0.1
直觉	0.1	0.1	0.1

表 7–4 专家对问题的熟悉程度系数表

熟悉程度	C_s
很熟悉	0.9
熟悉	0.7
较熟悉	0.5
一般	0.3
较不熟悉	0.1
很不熟悉	0.0

表 7–5 专家权威系数计算结果一览表

一级指标	C_a	C_s	C_r
基础支持子系统	0.93	0.90	0.92
发展支持子系统	0.92	0.87	0.90
社会保障支持子系统	0.87	0.85	0.86
智力支持子系统	0.83	0.81	0.82

3. 专家咨询建议汇总说明

在第 1 轮专家咨询过程中，共有 6 位专家对指标体系提出了建议。

有专家提出，在一级指标中，从分类标准的角度来看，智力支持子系统与基础支持子系统、发展支持子系统、社会保障支持子系统不属于同一类，应该对智力支持子系统重新更名或者分类。这一点需要说明的是，本书对一级指标的划分是从系统学方向，参考和借鉴可持续发展系统的划分方法，并结合校园足球自身发展的特点，确定了校园足球可持续发展系统的 4 项基本支持子系统，其中智力支持子系统主要涉及教育水平、校园足球科研创新能力、校园足球相关部门管理体制、运行机制和决策能力等。完善智力支持子系统，推进决策科学化、民主化，将决定着校园足球发展的后劲，也即随着社会的发展，不断地以知识和科学管理来引导和改善校园足球发展，创造更加科学、合理、协调有序的校园足球发展过程。并且在回收的第 1 轮专家咨询问卷中，有 63.64% 的专家认为一级指标划分“恰当”，有 27.27%

的专家认为“基本恰当”。因此，综合以上信息，本书认为将智力支持子系统作为一级指标，是比较合理的。

有专家提出，在日常校园足球开展过程中的安全问题是学校和家长比较担心的问题，因此在社会保障支持子系统中应该增加“安全保障”二级指标。本书认为专家提出的意见是合理的，故将“安全保障”设置为二级指标。

有专家提出，“小学—初中—高中—大学”四级联赛的开展和参加校园足球训练的学生今后的“出路”问题解决了，是保证校园足球顺利开展的关键因素之一。本书认为专家提出的意见是合理的，因此将“校外竞赛参加队伍数量”三级指标更改为“四级联赛参加队伍数量”，同时增加了“招收高水平足球运动员的高校数量”这一项三级指标。

有专家提出，“国家拨款数量”“地方政府按比例配套经费数量”是校园足球发展的基础之一，应归属于基础支持子系统中。本书认为专家意见合理，于是将这两项三级指标纳入“资源”中。另外，“发展成本”二级指标中所属的三级指标“以市场机制投入的经费数量”得分不符合筛选条件，故最终将“发展成本”二级指标予以删除。

有专家提出在社会保障支持子系统中，增加“管理体制”和“运行机制”两项二级指标。本书认为在智力支持子系统中的“决策管理”二级指标能够较好地体现校园足球的管理体制和运行机制，再就是本着用尽量少的“主要”指标来描述和反映被评价系统的特性这一原则，因此没有再增加这两项指标。

此外，多位专家对指标的增减问题提出了实质性的建议，经过认真分析，本书采纳了大部分专家的意见，这一点体现在下面对指标体系修改情况的说明中。

4. 指标体系的修改情况说明

本书根据第一轮专家咨询的统计结果（表 7-6），综合考虑了专家关于指标重要性的评分结果、目前我国校园足球发展的现状、所选指标与校园足球可持续发展的密切程度以及指标之间的相互替代性等方面，对校园足球可持续发展评价指标体系草案进行了一定的修改，形成了第 2 轮专家咨询问卷。以下是指标修改的情况：

（1）删除的指标

二级指标：发展成本。

三级指标：以市场机制投入的经费数量、生均足球经费数量、恩格尔系数、人均 GDP、消费者信心指数、公众对足球运动的关注度指数、人均受教育年限、体育科技人力指数、体育科学事业财政投入量、管理的信息化建设。

（2）修改的指标

三级指标：将“校园内足球文化及宣传水平”改为“校园内足球文化氛围”，将“校外竞赛参加队伍数量”改为“四级联赛参加队伍数量”，将“体育科技成果转化率”改为“校园足球科研成果转化率”。

（3）新增的指标

二级指标：安全保障。

三级指标：招收高水平足球运动员的高校数量；足球场地质量；校园足球运动责任保险投保率。

表 7–6　第 1 轮专家咨询指标得分统计表

指标	均数	标准差	变异系数
A 基础支持子系统	4.64	0.81	0.17
B 发展支持子系统	4.55	0.52	0.11
C 社会保障支持子系统	4.18	0.75	0.18
D 智力支持子系统	4.09	0.70	0.17
A_1 资源	4.55	0.93	0.21
A_2 校内足球活动	4.91	0.30	0.06
A_3 校外足球活动	4.64	0.50	0.11
B_1 发展成本	4.36	0.67	0.15
B_2 发展水平	4.36	0.67	0.15
B_3 发展质量	4.64	0.50	0.11
C_1 经济水平	4.18	0.60	0.14
C_2 文化氛围	4.45	0.82	0.18
D_1 教育水平	4.00	0.77	0.19
D_2 科技创新	3.55	0.69	0.19
D_3 决策管理	4.36	0.92	0.21
A_{11} 足球场地数量	4.55	0.69	0.15
A_{12} 教练员 / 指导员人数	4.45	0.69	0.15
A_{13} 校园足球人口数量	4.27	0.79	0.18
A_{21} 足球特色学校数量	4.09	0.94	0.23
A_{22} 校内竞赛场次	4.18	0.87	0.21
A_{23} 课外参加足球活动人数	4.55	0.69	0.15
A_{24} 足球校本课程开设学校数量	4.18	0.98	0.23
A_{31} 校外竞赛参加队伍数量	4.36	0.92	0.21
A_{32} 校外竞赛场次	40.9	0.94	0.23
B_{11} 国家拨款数量	3.91	0.94	0.24

续表

指标	均数	标准表	变异系数
B_{11} 地方政府按比例配套经费数量	4.00	0.89	0.22
B_{13} 以市场机制投入的经费数量	3.36	1.36	0.40
B_{14} 生均足球经费数量	3.64	1.03	0.28
B_{21} 青少年业余竞赛保障水平	4.55	0.69	0.15
B_{22} 持的教练员等级证书人数	4.09	0.94	0.23
B_{23} 青少年球员注册人数	4.27	0.65	0.15
B_{31} 学生体质健康标准测试合格率	4.18	0.87	0.21
B_{32} 公众对足球运动的满意程度指数	4.27	0.65	0.15
C_{11} 恩格尔系数	3.45	1.04	0.30
C_{12} 人均 GDP	3.45	1.04	0.30
C_{13} 消费者信心指数	3.45	1.04	0.30
C_{14} 居民体育消费支出	3.73	0.65	0.17
C_{21} 公众体育意识水平	4.09	0.83	0.20
C_{22} 公众对足球运动的关注度指数	3.73	1.01	0.27
C_{23} 校园足球文化及宣传水平	4.45	0.69	0.15
C_{24} 学校对校园足球的重视程度	5.00	0.00	0.00
D_{11} 教育发展水平	3.82	0.87	0.23
D_{12} 人均受教育年限	3.45	0.69	0.20
D_{21} 体育科技人力指数	3.00	0.89	0.30
D_{22} 体育科学事业财政投入量	3.00	0.89	0.30
D_{23} 体育科技成果转化率	3.55	0.69	0.19
D_{31} 教管理机构设置的完备程度	4.18	0.98	0.23
D_{32} 管理机构效能	4.27	1.01	0.24
D_{33} 部门间的协同程度	4.18	0.98	0.23
D_{34} 管理的信息化建设	3.55	1.04	0.29
D_{35} 法规的完善与执行力	4.55	0.69	0.15

（三）第 2 轮专家咨询结果统计分析

第 2 轮专家咨询共计发放问卷 11 份，收回问卷 11 份，收回有效问卷 11 份，有效回收率为 100%。

在第 2 轮专家咨询过程中，再次请专家评价指标的重要性程度，并请专家填写对每项指标选择的自信度。通过第 2 轮的专家咨询，除个别三级指标某些专家提出修改意见外，其余大部分指标均得到了专家的认可。第 2 轮指标得分的均数、标准差、变异系数和专家组的自信度等级统计结果，见表 7-7 所示。

表 7–7 第 2 轮专家咨询结果统计表

指标	均数	标准差	变异系数	专家组自信度等级
A 基础支持子系统	5.00	0.00	0.00	4.82
B 发展支持子系统	4.82	0.40	0.08	4.73
C 社会保障支持子系统	4.73	0.65	0.14	4.73
D 智力支持子系统	4.18	0.75	0.18	4.36
A_1 资源	4.64	0.67	0.15	4.55
A_2 校内足球活动	5.00	0.00	0.00	4.91
A_3 校外足球活动	4.62	0.49	0.11	4.55
B_1 发展成本	4.45	0.47	0.11	4.09
B_2 发展水平	4.64	0.45	0.10	4.18
C_1 经济水平	4.23	0.61	0.14	4.00
C_2 文化氛围	4.77	0.41	0.09	4.45
C_3 安全保障	4.27	0.47	0.11	4.00
D_1 教育水平	3.95	0.72	0.18	3.91
D_2 科技创新	3.55	0.52	0.15	3.73
D_3 决策管理	4.55	0.69	0.15	4.18
A_{11} 足球场地数量	4.64	0.50	0.11	4.45
A_{12} 教练员 / 指导员人数	4.64	0.67	0.15	4.36
A_{13} 校园足球人口数量	4.71	0.46	0.10	4.55
A_{13} 国家拨款数量	4.45	0.82	0.18	4.45
A_{15} 地方政府按比例配套经费数量	4.36	0.81	0.19	4.27
A_{21} 足球特色学校数量	4.05	0.79	0.20	3.73
A_{22} 校内竞赛场次	4.64	0.50	0.11	4.09
A_{23} 课外参加足球活动人数	4.91	0..30	0.06	4.64
A_{24} 足球校本课程开设学校数量	4.05	0.79	0.20	3.73
A_{31} 四级联赛参加队伍数量	4.53	0.51	0.11	4.27
A_{32} 校外竞赛场次	4.25	0.63	0.15	3.91
B_{11} 地方政府按比例配套经费数量	4.69	0.46	0.10	4.64
B_{12} 持有教练员等级证书人数	4.14	0.71	0.17	4.09
B_{13} 青少年球员注册人数	4.45	0.69	0.15	4.36
B_{14} 招收高水平足球运动员的高校数量	4.45	0.82	0.18	4.36
B_{21} 学生体质健康标准测试合格率	4.18	0.72	0.17	4.00
B_{22} 公众对足球运动的满意度指数	4.31	0.46	0.11	4.09
C_{11} 居民体育消费支出	3.82	0.60	0.16	3.73
C_{21} 公众体育意识水平	4.35	0.66	0.15	4.27
C_{22} 校园足球文化氛围	4.91	0.30	0.06	4.73

续表

指标	均数	标准差	变异系数	专家组自信度等级
C_{23} 学校对校园足球的重视程度	5.00	0.00	0.00	4.87
C_{31} 足球场地质量	4.05	0.79	0.20	4.09
C_{32} 校园足球运动责任险覆盖率	4.36	0.67	0.15	4.27
D_{11} 教育发展水平	3.82	0.60	0.16	3.82
D_{21} 校园足球科研成果转化率	3.55	0.69	0.19	3.36
D_{31} 教管理机构设置的完备程度	4.16	0.37	0.09	4.09
D_{32} 管理机构效能	4.41	0.66	0.15	4.55
D_{33} 部门间的协同程度	4.25	0.77	0.18	4.18
D_{34} 法规的完善与执行力	4.59	0.49	0.11	4.27

（四）最终确定评价指标体系及评价指标释义

根据上述评价指标的筛选依据，最终确定了由 4 个一级指标、11 个二级指标和 29 个三级指标构成的校园足球可持续发展评价指标体系，如表 7-8 所示。

表 7-8　校园足球可持续发展评价指标体系

总体层	一级指标	二级指标	三级指标
校园足球可持续发展	A 基础支持子系统	A_1 资源	A_{11} 足球场地数量
			A_{12} 教练员 / 指导员人数
			A_{13} 校园足球人口数量
			A_{14} 国家拨款数量
			A_{15} 地方政府按比例配套经费数量
		A_2 校内足球活动	A_{21} 足球特色学校数量
			A_{22} 校内竞赛场次
			A_{23} 课外参加足球活动人数
			A_{24} 足球校本课程开设学校数量
		A_3 校外足球活动	A_{31} 四级联赛参加队伍数量
			A_{32} 校外竞赛场次
	B 发展支持子系统	B_1 发展水平	B_{11} 青少年业余竞赛保障水平
			B_{12} 持的教练员等级证书人数
			B_{13} 青少年球员注册人数
			B_{14} 招收高水平足球运动员的高校数量
		B_2 发展质量	B_{21} 学生体质健康标准测试合格率
			B_{22} 公众对足球运动的满意程度指数
		C_1 经济水平	C_{11} 居民体育消费支出

续表

总体层	一级指标	二级指标	三级指标
校园足球可持续发展	C 社会保障支持子系统	C_1 经济水平	C_{11} 居民体育消费支出
		C_2 文化氛围	C_{21} 公众体育意识水平
			C_{22} 校园足球文化氛围
			C_{23} 学校对校园足球的重视程度
		C_3 安全保障	C_{31} 足球场地质量
			C_{32} 校园足球运动责任险投保率
	D 智力支持子系统	D_1 教育水平	D_{11} 教育发展水平
		D_2 科技创新	D_{21} 校园足球科研成果转化率
		D_3 决策管理	D_{31} 管理机构设置的完备程度
			D_{32} 管理机构效能
			D_{33} 部站间的协同程度
			D_{34} 法规的完善与执行力

各级指标的解释说明如下（标“*”的三级指标为定性指标）。

A 基础支持子系统：基础支持子系统是国家或地区按照青少年平均的资源数量和质量对于该区域内校园足球的基本维持和发展的支撑能力。该系统以维持并保证校园足球开展为核心，为其提供最基础的支持，如场地器材、师资、校内外竞赛活动、经费等。

A_1 资源：是指用于开展校园足球最基本的人员、资金、场地等资源。

A_{11} 足球场地数量（块）：是指学校用于开展校园足球的场地数量。

A_{12} 教练员 / 指导员人数（人）：是指校园足球教练员或指导员人数。

A_{13} 校园足球人口数量（人）：是指学校学生中每周能进行两次或两次以上足球活动的人数。

A_{14} 国家拨款数量（元）：是指国家用于发展校园足球所投入的经费。

A_{15} 地方政府按比例配套经费数量（元）：是指地方政府根据政策要求给予发展校园足球的配套经费。

A_2 校内足球活动：是指开展校园足球的学校以及在学校内部自己开展的各类课程、竞赛和课外活动。

A_{21} 足球特色学校数量（所）：是指开展校园足球的大学、中学、小学的数量。

A_{22} 校内竞赛场次（场）：是指学校内部比赛的场次数量。

A_{23} 课外参加足球活动人数（人）：是指课余时间参加足球训练和活动的学生人数。

A_{24} 足球校本课程开设学校数量（所）：是指进行足球课程开发的学校数量。

A_3 校外足球竞赛：是指由校际之间开展的足球竞赛。

A_{31} 四级联赛参加队伍数量（队）：是指参加包括大学、高中、初中、小学校际间竞赛的队伍数量。

A_{32} 校外竞赛场次（场）：是指校际间竞赛的场次数量。

B 发展支持子系统：发展支持子系统反映的是人力、物力、财力和技术等因素综合作用发展校园足球的总体能力。

B_1 发展水平：是指反映校园足球在某一时间上所达到的一种数量状态和水平。

B_{11} 青少年业余竞赛保障水平：是指各级青少年校园足球业余竞赛的完善程度和保障程度。

B_{12} 持有教练员等级证书人数（人）：是指校园足球教练员或指导员中持有足球教练员等级证书的人数。

B_{13} 青少年球员注册人数（人）：是指在中国足协或地方足协注册的 18 岁以下的青少年人数。

B_{14} 招收高水平足球运动员的高校数量（所）：是指招收高水平足球运动员的普通高等学校数量。

B_2 发展质量：是指在校园足球发展的一定时间点上，满足发展目标的优劣状态。

B_{21} 学生体质健康标准测试合格率（%）：是指学生参加体质健康测试所达到的合格比例。

B_{22} 公众对足球运动的满意程度指数（%）：是指公众对校园足球运动整体发展质量和发展水平的满意程度的比例。

C 社会保障支持子系统：社会保障支持子系统是校园足球发展的外部环境，包括经济、文化、安全等方面。

C_1 经济水平：是指发展校园足球所面对的社会经济总量规模、结构关系等。

C_{11} 居民体育消费支出（元）：是指按人口平均的体育实物消费资料及体育服务消费资料的消费数量。可用价值（货币）单位来表示，反映人民实际消费的体育消费品数量的多寡和质量的高低。

C_2 文化氛围：是指发展校园足球所面临的特定气氛或精神格调。

C_{21} 公众体育意识水平 *：是指公众对体育活动的重视程度和参与体育活动的自觉性的高低。

C_{22} 校园足球文化氛围 *：是指学校推广和宣传校园足球的情况程度。

C_{23} 学校对校园足球的重视程度*：是指学校层面对开展校园足球的重视程度。

C_3 安全保障：是指为保障参加校园足球的学生的安全所采取的一些措施和手段。

C_{31} 足球场地质量*：是指用于开展校园足球的场地质量的好坏程度。

C_{32} 校园足球运动责任险投保率（%）：是指取得合法资格的普通教育机构和高等院校及其他相关校园足球运动组织作为被保险人投保的比例。

D 智力支持子系统：该系统主要涉及教育水平、体育科技创新能力、相关部门管理水平和决策能力等。

D_1 教育水平：是指发展校园足球所面对的特定区域的教育程度和水平。

D_{11} 教育发展水平*：是指综合反映教育普及程度和教育质量的高低。

D_2 科技创新：是指校园足球领域改进和创造新的事物并能获得一定有益效果的行为。

D_{21} 校园足球科研成果转化率（%）：是指衡量校园足球科研创新成果转化为商业开发产品的比率。

D_3 决策管理：是指校园足球管理部门为实现发展目标而采取决策和管理的行为和过程。

D_{31} 管理机构设置的完备程度*：是指校园足球管理机构设置的完备程度。

D_{32}：管理机构效能*：是指校园足球管理部门提供公共服务的质量、公务人员的素质及政策制定和执行的质量、政府政策承诺的可信度。

D_{33} 部门间的协同程度*：是指校园足球管理部门内部和相关部门（如教育部门和体育部门）之间协同一致完成某一目标的过程或能力。

D_{34} 法规的完善与执行力*：是指为发展校园足球所制定的各项计划、规章、制度的完善程度和完成预定目标的操作能力。

四、校园足球可持续发展评价指标权重的确定

权重是指某一指标在整体评价中的相对重要程度。综合评价中确定权重的方法主要有 2 类：第一类是主观赋权法，主要是由专家根据经验来判断各指标相对于评价目的的重要程度，然后经过综合处理确定权重，常用的方法有专家调查法、层次分析法和模糊评价法等；第二类是客观赋权法，就是根据原始数据来研究各指标间的相关关系或指标与评估结果的关系，依此来进行赋权，常用的方法有最大熵技术法、主成分分析法和因子分析法等。

但不论是主观赋权法还是客观赋权法，都有其优缺点。主观赋权法的优点在于

专家可以根据实际问题较为合理地确定各指标间的重要程度，适用于不宜直接量化的一些模糊性指标；缺点在于主观随意性较大，所选专家不同，可能得出的权系数也会不同。而客观赋权法的原始数据来源于评价矩阵的实际统计数据，具有绝对的客观性；缺点在于计算方法比较复杂，不能体现评判者对不同属性指标的重视程度。

本书结合研究的实际情况，采用主观赋权法中的专家调查法来对校园足球可持续发展评价指标进行赋权重。具体计算方法如下。

根据第 2 轮专家对评价指标的重要性进行赋分，每项指标分值为 1~5 分，分值越高，说明该指标越重要。在数据处理时，用算术平均值代表专家的集中意见，其计算公式为：

$$a_j = \sum_{i=1}^{n} (a_{ji}/n), \ j = 1, 2, 3, \cdots, m$$

式中 a_j，为第 j 个评价指标的权重平均值；n 为专家人数；m 为评价指标总数；a_{ji} 为第 i 个专家对第 j 个评价指标权重的打分值。然后进行归一化处理，公式为：$a_j = \frac{a_i}{\sum_{j=1}^{m}(a_i)}$，最终得出校园足球可持续发展评价指标的权重。计算结果见表 7-9。

表 7-9　校园足球可持续发展评价指标权重表

一级指标	权重	二级指标	权重	三级指标	权重
A	0.2670	A_1	0.3254	A_{11}	0.2035
				A_{12}	0.2035
				A_{13}	0.2066
				A_{14}	0.1952
				A_{15}	0.1912
		A_2	0.3506	A_{21}	0.2295
				A_{22}	0.2629
				A_{23}	0.2782
				A_{24}	0.2295
		A_3	0.3240	A_{31}	0.5159
				A_{32}	0.4841
B	0.2573	B_1	0.4895	B_{11}	0.2645
				B_{12}	0.2335
				B_{13}	0.2510
				B_{14}	0.2510
		B_2	0.5105	B_{21}	0.4923
				B_{22}	0.5077

续表

一级指标	权重	二级指标	权重	三级指标	权重
C	0.2525	C_1	0.3188	C_{11}	1.0000
		C_2	0.3595	C_{21}	0.3050
				C_{22}	0.3443
				C_{23}	0.3506
		C_3	0.3218	C_{31}	0.4816
				C_{32}	0.5184
D	0.2232	D_1	0.3278	D_{11}	1.0000
		D_2	0.2946	D_{21}	1.0000
		D_3	0.3776	D_{31}	0.2389
				D_{32}	0.2533
				D_{33}	0.2441
				D_{34}	0.2636

第三节　校园足球可持续发展的模糊综合评价

评价是我们日常生活中常见的一项认识活动，而且对一项事物的评价往往涉及多个因素或指标，这时候的评价就是对这些多种因素在相互作用下的一个综合判断，这就是多指标综合评价方法。多指标综合评价的方法有很多种，在体育领域研究中常用的综合评价方法有平均值评价法、主成分分析法、聚类分析法、判别分析法、模糊综合评价法、层次分析法等。虽然这些评价方法各异，但总体的评价思路是一致的，那就是熟悉评价对象、构建评价指标体系、确定指标权重、建立数学评价模型和分析评价结果等几个环节。其中最主要的环节是构建评价指标体系、确定指标权重和建立数学评价模型。

基于影响校园足球可持续发展的多种因素在其产生的影响程度上具有一定的模糊性，结合模糊综合评价法的优点，故本研究选择该方法对校园足球可持续发展的能力和水平进行评价。本章前两节通过相关方法已经构建了一套比较完整科学的校园足球可持续发展评价指标体系，本节将从具体操作层面探讨应用这一指标体系进行模糊综合评价的具体方法和步骤，为下一节的实证研究做准备。

一、模糊综合评价法简介

现实生活中不确定现象随处可见，比如温水与热水、美与丑等，这种不确定现象表现在2个方面：第一就是某一现象发生的不确定性也即随机性；第二就是这一现象本身状态的不确定性，即模糊性。随机性可以看作是外在因果关系的不确定性，而模糊性是一种内在结构的不确定性，因此模糊性是比随机性更加深层次的不确定性。生活中，模糊性要比随机性存在的更为广泛。随着社会和科技的发展，越来越多的复杂问题需要来处理，而这类复杂问题都会涉及多种因素，在我们无法对所有因素进行考察时，为了要处理这些复杂问题，往往可以采取忽略部分因素但是不影响对问题本质的正确性认识的方法，这就需要模糊识别和判断。

模糊数学是由美国控制论专家查德教授在1965年首先提出的，它的诞生为我们用数学工具去处理和解决模糊问题提供了新的方法和思路。这一方法的出现，被看作是架起了形式化思维与复杂系统之间的桥梁。模糊综合评价作为模糊数学的具体应用，是用精确的数学语言来描述模糊性现象的一种评价方法。这一评价方法具有很多优点：第一就是模糊综合评价结果不是一个单点值，而是以向量的形式呈现，这一向量是能够较为准确地描述评价对象模糊状态的模糊子集，对向量若进一步加工处理，就可以得到评价对象的最终等级；第二就是对越是层次多、结构复杂的评价对象，其评价效果越好，这是因为模糊综合评价能够最大限度地描述评价对象的复杂程度，而且能够较准确地确定指标的权重；第三就是既能够用于主观因素的评价，又能够用于客观因素的评价，而且用于主观因素的评价效果要优于其他方法；第四就是根据评价者的需要可以改变评价指标的权重。

二、校园足球可持续发展的模糊综合评价基本模型和步骤

本部分将应用模糊综合评价法对校园足球可持续发展进行评价，其评估模型和步骤如下。

（一）确定综合评价的因素集

确定校园足球可持续发展综合评判的因素论域，即确定校园足球可持续发展的评价指标体系。前面我们已经通过相关研究确定了校园足球可持续发展的评价指标体系，从理论上来说，这一评价指标体系较为全面地反映了影响校园足球可持续发展的各种因素。在我们实际评价过程中，既可以直接运用该指标体系进行评价，又可以根据评价成本、工作量和具体区域的校园足球实际情况，对评价指标进一步合理筛选，形成综合评判的因素论域。因素论域用公式可以表示为：$U=\{u_1, u_2, u_3, \cdots, u_m\}$，其中$u_i$（$i=1, 2, 3, \cdots, m$）为评价对象的m个评价指标。

（二）确定综合评价的评判集

评语等级论域也即评价等级集合，可用 $V:\{v_1,v_2,v_3,\cdots,v_n\}$ 来表示，$v_j(j=1,2,3,\cdots,n)$ 是校园足球可持续发展能力的评价等级。一般来说，评价等级 n 的个数取 [3，7] 中的整数，这是因为如果 n 过大，很难用精确语言描述而且不容易判断等级归属，若 n 过小，则又不符合模糊评价的质量要求。根据这些要求，将校园足球可持续发展能力分为 5 个评价等级，即 $V=$ { 很好，好，一般，差，很差 }。

（三）构造综合评价的模糊关系矩阵

首先要对校园足球可持续发展的每一个因素 u_i（$i=1,2,3,\cdots,m$）进行量化，也即做单因素评判，从单因素 u_i 来看对评价等级 v_j（$j=1，2，3，\cdots，n$）的隶属度 r_{ij}，这样就先得出了单因素 u_i 的评判集 $r_i=$（r_{i1}，r_{i2}，r_{i3}，…，r_{in}）。其次要逐个对 m 个因素做评判，所得出来的评判集就可以构成一个总的评价矩阵尺。

$$R=(r_{ij})_{m*n}=\begin{bmatrix} r_{11} & r_{12} & \cdots & r_{1n} \\ r_{21} & r_{22} & \cdots & r_{2n} \\ \vdots & \vdots & \cdots & \cdots \\ r_{m1} & r_{m2} & \cdots & r_{mn} \end{bmatrix},\quad (i=1,\ 2,\ \cdots,\ m;\ j=1,\ 2,\ \cdots m)$$

该评价矩阵中 r_{ij} 表示第 i 个因素 u_i 在第 j 个评语 v_j 上的频率分布。

（四）确定综合评价的权向量

通常 m 个评价因素对评价对象的重要性程度不一，我们引入 U 上的一个模糊子集 A，称它为权向量，用 $A=(a_1,a_2,a_3,\cdots,a_m)$ 来表示，其中 a_i　0，且 $\sum a_i=1$，它反映的是对诸因素的一种权衡。对于具体确定指标权重的方法，前文已经有过分析，在此就不做赘述。

（五）合成模糊综合评价结果向量

模糊关系矩阵 R 中的不同行反映的是影响校园足球可持续发展的每个因素对各等级模糊子集的隶属度，用权向量 A 将不同的行进行综合，就可以得到校园足球可持续发展模糊综合评价结果向量 B，即 $B=A\cdot R$。

$$B=A\cdot R=(a_1,\ a_2,\ a_3,\ \cdots,\ a_m)\cdot\begin{bmatrix} r_{11} & r_{12} & \cdots & r_{1n} \\ r_{21} & r_{22} & \cdots & r_{2n} \\ \vdots & \vdots & \cdots & \cdots \\ r_{m1} & r_{m2} & \cdots & r_{mn} \end{bmatrix}=(b_1,\ b_2,\ b_3,\ \cdots,\ b_n)$$

其中 b_i 是由权向量 A 与模糊关系矩阵 R 的第 j 列运算得到的，它表示校园足球可持续发展从整体上来看对评语 v_i 的隶属度。° 为算子符号，A° R 采用不同的计算模式，可得到不同的模糊综合评价结果向量，考虑到加权平均型综合评价模型更适用于要求整体性指标的情形，因此选其作为广义模糊算子。如果 $\sum_{j=1}^{n} b_o \neq 1$，需要做归一化处理，具体如下。

令 $b = b_1 + b_2 + b_3 + \cdots b_n = \sum_{j=1}^{n} b_j$，归一化：$B' = (\frac{b_1}{b}, \frac{b_2}{b}, \frac{b_3}{b}, \cdots \frac{b_n}{b}) = (b_1', b_2', b_3', \cdots, b_n')$，$B'$ 即为因素集 u 对于评判集 V 的评价结果向量。

（六）对模糊综合评价结果向量进行分析

经过模糊综合评价所得到的评价结果向量（b_1'，b_2'，b_3'，…，b_n'）需进行进一步处理，以获得最终评判结果。实际中最常用的方法是最大隶属度原则，即若 $b_r \max_{1 \leq k \leq n} = \{b_k\}$，则评价对象总体上来讲隶属于第 r 等级。在对校园足球可持续发展进行评价时，按照最大隶属度原则来确定其等级 v_j，这一等级就是校园足球可持续发展评价的最终结果。

第八章　青少年足球运动员选材制度发展策略研究

足球运动员选材之所以重要，从宏观上分析，在资源有限的条件下如何合理配置和充分利用现有资源，高速、高效和持续地发展足球运动是体育工作者面临的重要课题，出路之一就是建立青少年儿童足球运动员科学的选材制度。从微观上分析，“好的选材等于成功了一半”。通过建立科学的选材制度，可以尽量减少教练员对运动员产生的“用之不妥，弃之可惜”的尴尬，使训练收到事半功倍的效果。然而，一个科学的运动选材制度应该能正确地选拔出具有运动天赋的孩子，并更好地维持他们参加运动的动机和兴趣，促进其全面健康地成长。但是，目前青少年儿童足球运动员的选材制度由于受到相对年龄噪音的干扰而偏离它正常的运行轨道，而这种干扰已对社会中每个有才能孩子的公平竞争、平等发展，以及促进他们健康人格的形成产生了重大的负面影响。所以，调控青少年儿童足球运动员选材制度中出现的偏差，减少或消除相对年龄的影响不仅是世界性的话题，更是当前促进我国足球运动可持续发展中亟待解决的重要课题。

第一节　选材理念上认识相对年龄的影响

一、国外足球发达国家基于相对年龄理论的选材理念

理念是人们在理性思考和亲身体验基础上形成的关于事物本身及其价值实现途径坚定不移的根本性判断和看法，它是人类进行实践活动的指南。没有正确、先进的选材理念，其选材活动便是一种低级、落后、重复的机械运动。选材理念从广义上说就是人们在理性思考和亲身体验基础上形成的关于运动选材的本质、规律、价值和价值实现途径的坚定不移的根本判断与看法。关于对运动选材本身的根本判断和看法，主要是说明运动选材的本质、性质、功能和发展规律是什么。相对年龄理

论在提出调控选材过程出现的偏差时指出，目前的首要任务是让运动员自己、教练员、管理人员、父母、同伴在思想上认清相对年龄的产生过程和引起的本质危害，这样他们才能在选材、训练、比赛的过程中正确感知和评价孩子的潜在“才能”，消除误把成熟当成能力使许多有才能的孩子产生因为在选择年出生晚、体能表达不突出而被简单忽略的事实，确保每个孩子都有一个平等发展的机会。该理念一提出，立即得到广大学者、教练员和管理人员的认同和支持。如 Roel 等人指出，一个更有效但是更难解决相对年龄效应的问题是将在运动联盟中鼓励运动员、教练、父母改变对相对年龄较小孩子的看法，清楚地认知相对年龄优势是孩子在成长发展过程中由于他们之间生物、心理、社会的差异造成的，并给他们的发展带来潜在的巨大影响，而这种影响的短暂性也必须被认清。所以，我们在制订青少年儿童足球运动的选材和发展计划时，应考虑他们的生物成熟性和运动社会化在不同性别之间与相对年龄影响的交互作用，并更多鼓励给在青春发展期相对年龄更小、更晚成熟但有潜在才能的孩子更多锻炼和发展机会。正如英国国民运动委员会在研究报告中提出的，我们应对未来的竞赛方式和选材制度有根本性的重新思考，政府部门应向学校和俱乐部提供有关相对年龄研究方面的信息，使更多的人意识到这个问题存在的危害性，至少能使教师和教练在进行选材和训练分层时能正确地质疑自己，他们是否正在选择相对年龄最大的孩子？如果他们知道这相对年龄较小的孩子在运动中有潜在的运动才能，但需要更多的时间时，那么请给他们机会显示他们所能做的一切。

目前，基于相对年龄理论的选材理念已根植在世界足球发达国家的意识中，他们依此重新研究了“才能”的定义，修订了选材指标和评价方法，并配套研制了各种发展计划。如澳大利亚足协执行主席 Damien 在 2007 年 2 月 2 日发表有关科学发展青少年足球计划的电视讲话时指出应密切关注相对年龄对青少年足球运动员选材和发展的影响，并依此发表了官方的研究报告《选材和优秀运动员发展的科学基础》，就相对年龄对运动员选材的影响进行了详细的解读。美国全美足球协会 2007 年 3 月也出版了两份最新的研究报告：《欧洲青少年儿童发展的关键特征——适应北美吗？》和《不管如何：尝试》。这 2 份研究报告都详细地解读了相对年龄理论，并依据该理论制定了新的全美 10~19 岁年龄组足球运动员的选材和育才目标，测试的指标、方法、手段以及评价标准等纲要。加拿大运动委员会也于 2007 年 2 月发表了他们基于相对年龄、生物年龄、发展年龄而不是日历年龄为出发点的研究报告《产生影响》。该研究以个体成熟水平为基准，建立包括选材、训练、竞赛、恢复 4 个过程及 7 个阶段的周期性计划的长期发展模型（LTAD），旨在保证从事运动的每个孩子能平等发展、健康生活。该计划还详细地介绍了为每个年龄组的孩子所开的运动处方，区别对待早熟、正常成熟、晚熟的孩子，并给出解决相对年龄效应的相应对策。事实上，英国足协从1990起就开始关注相对年龄效应，并在1992年就试行了一个新的青少年足球发展计划。该计划规定，在国家男子青少年队比赛时按体重分组，以确保被挑选的运动员在技术能力和战术应用上占优势。2003年出版的《足球与科学》一书，又将相对年龄作为选材的一项指标纳入“青少年科学选材”一章中。2005年英国足总又开始实行新的4年一轮的“草根计划”，以便在选材和训练中进一步消除相对年龄的影响，使更多的孩子能参加足球运动。英国为能实现在2012年伦敦奥运会上获得50枚奖牌的目标，于2006年成立了国民运动委员会。第一任主席由前世界纪录保持者、奥运会冠军、英国运动协会主席史蒂夫 · 克拉姆担任。该协会的主要目标是：使英国体育运动委员会认识相对年龄效应现象，帮助纠正相对年龄给体育运动带来的负面影响，并制定有效的措施以最大限度地控制相对年龄效应。其宗旨是：（1）号召每位教师和教练员做出真正积极的努力行动，充分挖掘本国运动人力资源，保证2012年伦敦奥运会比赛中有更多优秀的运动员参加比赛，以增强英国的竞争实力；（2）在大众体育方面给每个孩子以平等运动和长期发展的机会。该组织并于2006年11月26日发表了权威性的官方调查报告《运动机遇：官方概要》和《加强高水平运动成绩的机会：相对年龄效应》。它们分别从竞技体育和大众体育的视角详细地介绍了相对年龄对英国目前所有运动项目产生的影响，并制定了一系列具体的纠偏策略。

二、我国足球选材中对相对年龄的认识

认识决定行为，它是影响理论研究和实践活动的关键。但是，从相对年龄理论的建立到现在已有20多年的发展历史，目前在我国尚未见到有关这方面的研究报道。就实际选材环节而言，通过对部分青少年儿童教练的问卷调查发现，78.2%的教练在选材中对出生月份不予考虑，16.1%的教练填写不清楚，仅有5.8%的教练选择考虑。而这选择考虑项5.8%的教练在接下来的调查项目“你认为它对选材有什么影响时”却都没有填写。因此，目前我国大多数的青少年儿童教练员在具体的选材和育材过程中很少关注相对年龄较小、晚熟孩子的健康发展。探其原因，客观上主要是由于上级领导对比赛成绩的突出要求以及当前竞赛的奖励机制。如从调查问卷中发现，87名教练对本人执教能力的评价指标都是选择“上级领导对比赛成绩的要求”；94.3%的教练在本部门对培养青少年足球人才的竞赛奖励体制鼓励方面选择了“早出成绩，快出成绩，在同层次比赛中争名次”。他们知道，成绩不好就会被认为执教能力不强，面临不受重视、被“炒鱿鱼”等巨大的生存压力。因此，他

们在训练和比赛中为完成上级领导的认同目标，就非常重视对青少年儿童比赛起重要作用的体能（如力量、速度、高度等），并常以此为选拔和评价运动员才能的尺度。而主观上，主要是存在一部分教练对足球运动的规律理解不透。通过问卷调查发现，共有 81.6% 的教练员认为体能是影响青少年儿童足球运动员选材中最重要或和技术并列的最重要的因素。因此，在上述主客观原因的驱使下，在选材的实践中也必然反映出上述的指导理念。如 2005 年 3 月 4 日—3 月 18 日中国足协青少部在广东清远训练基地举办了为期半个月的足球训练营，目的是在 120 名 1990 年出生的各俱乐部队员中挑出中国少年队准备当年的国际比赛。足协青少部邀请了德国足球专家克里特前去选拔和训练。经过两天的比赛观察，教练组选出 60 人的大名单。在选材标准上克里特和国内的教练存在明显差别，克里特认为应以运动员是否具有足球意识、场上观察能力、协调性及发展潜力为目标，而我国的教练则主要以运动员的身材高大、对抗能力、奔跑能力等对比赛起主要作用的体能因素为目标。

对 120 名曾经从事过业余足球训练的大学生进行问卷调查时也发现，他们回答在早年的运动经历中，38.33% 的人感到他们被选择时有不公平的对待，而其中感到教师在球队中喜欢最高、年龄最大和最强壮学生的人数平均为 63%。但也许最焦虑的反映是围绕进一步运动热情下降的回答。当调查这 63% 的学生，认为什么年龄他们将不再有成功的热情时，其中回答最多的 41.3% 的人是在 13 岁时就放弃继续参加足球运动的希望。显然，在调查中出现这么小的年龄就对继续参与足球运动产生困惑，其主要原因之一是由于他们的教练对相对年龄较大的孩子过分偏爱。因此可以想象，在上述选材理念指导下的直接结果，必将导致我同青少年儿童足球运动普及化程度下降，竞技水平难以提高。

因此，本研究将相对年龄理论引入我国，其首要任务是在理论上使我国的足球选材理念和当今足球发达国家的选材理念相一致，明确相对年龄对青少年儿童尤其是对儿童少年足球运动员选材的影响，充分认识到它是存在于以分割日为主要特征的足球比赛中、不以人的意志为转移、影响足球运动员选材和发展的一条客观规律。改变我们已存在多年的感知足球运动员才能和预测成功的思维模式，用动态全面的观点对待青少年儿童足球运动员竞技能力的发展，并加大对其基本技术、战术以及协调能力指标在选材中的权重。尽可能消除由相对年龄带来的生物、心理、社会等方面的优势，旨在从源头杜绝唯成绩论、急功近利、超龄、造假、以大打小等错误的观点。在实践方面，我们在选拔青少年儿童运动员时，应能认真核对每个年龄组运动员的相对年龄，清楚我们是否正在选择相对年龄较大的孩子。而对相对年龄较小、晚熟、暂时表现不尽如人意的孩子，如果发现他们真正擅长足球运动，但需要更多的时间和耐心等待时，那么请给他们机会显示他们所做的一切。Hauck 等人的研究已证明，孩子在入学时由于相对年龄的影响存在认知能力和成绩方面的差异，但在随后的几年这些差异几乎不存在，这或许是学校对相对年龄较小孩子给予特殊关照的结果。所以，如果我们每个教练在训练中能真正做到这一点，那么可切实提高我国足球运动员选材的成材率，从根本上促进我国足球整体水平的发展。如世界著名足球明星杰拉德和阿兰·鲍尔曲折的成长经历，就给了我们很好的个案启迪。

三、相对年龄对运动员选材理念影响的个案分析

2006 年 11 月 25 日杰拉德在参加英国国民运动委员会举办的相对年龄对体育运动影响的研讨会上发言道："在我没有进入里尔的英国足球学校，以及后来没有能代表英国参加 16 岁以下组的国际比赛后，我感到巨大的失望。欧文出生在 1979 年 12 月，有比我早 6 个月的相对年龄优势，并且当时他的身体方面有更好的发展，这使他轻松地进入里尔的英国足球学校并代表英国参加 16 岁以下组的国际比赛。那时，我面临的是在高度和身体方面都强壮的对手，在我的潜意识里闪现一个谨慎的质疑，我处的位置是相当弱小，而我面临的竞争对手是相当强大……我认为目前国民运动委员会的研究已涉及一个真正重要的问题，在学术年（比赛年）相对年龄优势对运动的影响是不能公平地对待最年轻的孩子，而是把他们推置在选材的边界以外。然而，我是幸运的，即使在我没有能进入里尔的英国足球学校，但在利物浦我的父母、老师和教练对我是完全信任的，直到我身体得到更多的发展。但是，我知道许多像我当时一样年轻的孩子是不可能如此幸运，但我们现在能做的任何事情就是呼吁人们高度关注这一现象并纠正这种错误的发生，这对国民运动委员会来说是在做一件有意义的事情。"

阿兰·鲍尔自述道："虽然我的体育老师仅看我的体型条件，从一开始就反对我从事足球运动，使我从没有能入选过任何形式的学校足球运动队。但是，我和我的家人坚信，我在足球场上会比其他的运动员踢得更出色……在这种信念的支持下，我在 5 年后 21 岁时代表英国参加 1966 年世界杯足球赛，并有幸成为代表英国获得世界冠军的最年轻的运动员。"

第二节　构建以技术为核心的青少年儿童选材指标体系

足球运动选材是根据运动员的遗传特征在青少年儿童时期遴选符合专项特征运动员的过程。其遴选过程首先是鉴定出青少年儿童的特征是否符合特定项目的需要，其次对其潜力如成绩的提高再评估，最后预测其可能取得的最好成绩。然后，对鉴定出拥有最高运动潜能的个体进行一系列的培养。其评鉴理论是基于孤立（非真实比赛情景）的运动，测量他们体能、技术、心理的静态指标，或用比赛主观评定等级，然后根据其评价值在成人中预测成功。然而，不幸的是，目前大多数青少年足球运动员的选材过程中由于存在相对年龄效应的干扰，导致在具体的年龄组中已被证实存在许多问题。

一、以身体形态、素质和机能作为青少年儿童选材指标的缺陷

理念是指导理论和实践的中介，落后的选材理念必然指导落后的选材实践活动。足球运动是以技能为主导类的对抗项目，因此在青少年儿童选材和训练中理应突出技术的主体地位。但是，在以往我国出版的足球教科书或训练大纲中所给出各级青少年儿童选材的指标体系中，主要还是沿用东欧的选材模式，注重以身体形态、素质和机能（体能）作为青少年儿童的选材指标。但是，这种选材模式已被许多研究证明存在经验主义缺陷。如 Kunst 等人告诫道，苏联和民主德国在运动学校的早期选材中过分强调生物群体（体能）的重要性，导致有超过一半的人数没有达到预期的成绩水平。他们在竞技体育中取得的成功不是选材制度的科学性，而是政府财政的集中支持和滥用药物的结果。虽然，目前我国对过去的选材制度已进行一些有成效的改革，如在选材模式中列有详细的技术测试与评价的指标，但是，却没有能给出这些指标在相应选材指标体系中的权重系数，因而易误导人们将其和体能指标平行或下位对待。加之在实践操作中许多教练员有急功近利的思想，他们常常以身材高大、身体强壮、力量突出的指标作为重要的选择指示器，从而导致大量相对年龄较大的孩子容易人选高一级球队，以致比赛场上经常出现以“大打小”的情况，违反了青少年足球运动员的成长和发展规律，严重地影响我国足球运动的可持续发展。

虽然许多研究已证明身体形态、素质和机能（体能）肯定和足球运动成绩相关，但根据文献报道，在对孩子的早期发展中观察发现，青春期孩子的成绩可能和他们未来发展的潜能是不同的，它能混淆人们对早期成绩的选择。这主要是因为这些受遗传影响较大并决定其运动能力的形态、素质和机能指标是随年龄的增长而变化，直到一定的阶段才稳定下来。最近研究已指出，用体能模型预测未来青少年儿童的成功存在很大的局限性，主要表现在：（1）身体形态、素质和机能指标的不稳定性，其成熟值很难预测；（2）运动成绩已被证实随日历年龄的变化而变化；（3）形态学指标在不同级别运动队成功的队员中差异不显著。Hare 等人研究血缘人体测量变量也发现，对 10 岁的孩子来说它是决定其成绩的重要参数，但到 16 岁时，该变量的重要性却显著下降。因此，对一个处于青春期早熟孩子中一些肯定特征的确认，并不能保证这些特征遍及成人的形式或向成人转化，就是区分顶级足球运动员运动成绩的身体特征也直到青春期以后才变得明显。如实践已证明，在世界各国任何年龄组的青少年儿童足球队中，典型特征也是由身材高大、身体强壮的相对年龄较大的运动员组成，因为他们能将球踢得更远或射门更硬朗，拼抢更凶猛，因而可能成绩会好些。但这些队员当他们一度过青春期时，他们未必成为最优秀运动员。而随之发生的是教练和同伴对他们关心的减少，从而导致他们运动动机的减弱而退出运动队。所以，用人体测量学指标预测孩子的潜能或许是不现实的。另外，我国学者也指出，用运动素质作为选材指标也存在测试仪器不精确、方法选择不当、概念含义不确定、测试条件不一致、结果评价不客观、不能反映先天素质、不能预测未来发展等困难和问题。

同理，身体机能的有氧能力也受身体素质和成熟性的变化所影响。而在测量无氧能力方面，支撑相关能量反应的新陈代谢特征也服从生长的影响。Bompa 等人报道，对于氧反应全范围的能力直到青春晚期或成年早期才明显，这使得用该指标很难预测青少年儿童的运动能力。就是在多级身体素质测试的成绩中，也不可能在个体之间保持相对稳定性。如用基于足球专项体能设计的测试指标（如 UU 测试、12 分钟跑）在进行选材评价时也存在着问题，Welsman 等人强调，身体体重和成熟的变化影响有氧和无氧能力。因此，相对年龄较大、早熟的个体可预测在 UU 测试、12 分钟跑中能胜过他同组相对年龄较小的同伴。总之，传统注重青少年儿童身体形态、素质和机能（体能）的足球运动选材制度存在两个明显的缺陷：首先，它过度信任人体形态、机能和素质的选材指标，这有利于相对年龄较大的个体入选而过早剔除相对年龄较小的个体；其次，由于强调力量和身体体型的重要性，明显助长有才能的相对年龄较大、早熟的个体主观上到很晚才去发展技术，因而可能错过技术发展的黄金时期而最终难以成为优秀的运动员。

从上面的研究中可以看出，传统注重身体形态、素质、机能的选材模型，有利于早熟、相对年龄较大、体能好的个体被确认。本书研究我国青少年足球运动员选材系统中的数据也证实了这一观点。所以，传统的选材模型已不适应以日历年龄分组的孩子在成熟情况下相对较大的变化性，它的局限性必然导致预测孩子发展到高水平潜能的效果不够理想，甚至可能恶化。所以，诸多学者提出，人体形态、机能和素质指标不应作为青少年儿童的选材指标，而应作为在训练方面的监测指标，青少年儿童足球运动员的选材指标应重点放在技术的测试方面。

二、建立以技术为核心的选材指标体系

前联邦德国著名足球教练绍恩曾说过："足球运动最重要的决定性部分是技术。"世界科化足球训练的创始人荷兰教练威尔·柯瓦也认为，足球运动员的个人技术决定比赛的胜负。我们从他所建立的青少年科化足球训练计划的金字塔模态结构中也可充分看出足球技术在比赛中的核心地位（图 8-1）。Will 等人调查英国大量 9~18 岁的优秀足球运动员后也证实，在 14 岁以前花最多的时间进行大量的技术练习，是他们成为优秀运动员的秘诀。

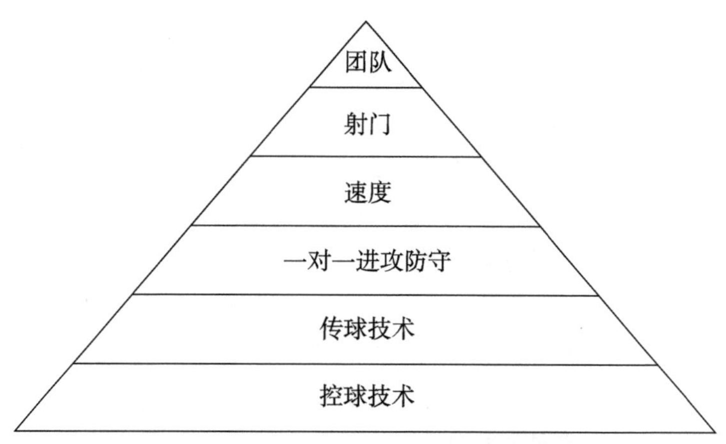

图 8-1　科化足球训练计划的金字塔模态结构

另外，从决定足球成绩的内部因素看，足球技术不是依赖个体生长变量的函数，它不是同有的，它不像形态、机能、素质指标在青春期表现出不稳定性并是引发相对年龄优势的源泉，它主要是受环境影响。Werner 等人通过回归分析对 2 162 名生物年龄是 13 岁和 1 574 名日历年龄是 13 岁的男孩计算他们的偏相关系数也发现，较大的相对年龄虽赋予孩子在身高、体重等方面的优势，但却不能从本质上反

映其有更好的技术发展。进一步对技术性强的乒乓球、舞蹈的研究没有发现相对年龄效应的事实也充分印证这一论点。因此，在选材中重视技术的核心地位，突出对核心技术的测试与评价，既符合现代足球运动选材与发展的规律，又可保证剔除孩子发育因素的影响，达到比用身体素质预测更高的效度，并最大限度地满足选材制度的公平性和合理性。Barnsley 等人曾指出，在选材制度中消除相对年龄效应的有效方法，应是更注重技术和战术指标的测试评价，反对过分依赖像身高这样的身体特征。

目前世界足球发达国家都非常重视青少年儿童选材过程中技术的核心地位。如荷兰阿贾克斯足球俱乐部青少年儿童的选材公式是："技智领快"，其中第一位的"技"表示技术，即在各种环境中能很好地控制球。美国足球协会也强调 9~14 岁的运动员主要用技术指标选材，15~19 岁的运动员主要用比赛指标选材。Robin 等人的研究指出，认知和运动技术对孩子足球成绩的发展是重要的，因此选材和最佳训练不应排斥集中在运动技术上，而应专心放在技术运动的专门程序的知识学习方面。我们应该挑选出具有出众的运球、控球、传球、射门等技术水平的孩子，没有精通熟练的技术，生理优势将被否定。美国足协的研究报告也指出，为消除相对年龄的影响，对决策者来说，足球选材的第一步应该是察看孩子的技术而不是身体力量因素，并加强对所有孩子平等的技术教学和训练。英国足球在早期选材中偏爱更高、更强、力量更大的孩子，导致英格兰队在欧洲杯和世界杯中表现出较低的技术含量，这被英国媒体广为诟病。英足总为彻底改变这种在青少年儿童选材和训练中轻技术重体能的状况，1988 年和南安普顿大学社会统计系合作，在对足球比赛分析的基础上，经过对 1 万多名孩子的测试研究，制定出适应 6~16 岁男女孩子的球星技术——青少年足球技术训练与测评标准，以达到从根本上提高英国足球运动水平的目的。

该测试规定 1~6 技术等级标准，其测试的有效性和可靠性在 90% 以上，区分最高等级 6 级的人数控制在 3%。并最大限度地消除早熟和相对年龄对运动能力的双重影响。其测试的 6 项技术内容见表 8-1。该测试的主要目的是通过对孩子自我不同等级技术挑战的确认，普及青少年儿童足球运动并激发孩子对足球运动的兴趣和动机，使他们发现自己的弱点、潜能，提高自信，促进其技术能力的发展，并选拔出最优秀的青少年儿童足球运动员，同时使每个孩子都能逐步获得成功的机会。到 2006 年 12 月底已有 20 多个国家，2 万多名教师和教练，超过 50 多万的不同性别的孩子使用过它，并已培养出 8 名孩子成功地进入英格兰 21 岁组国家队，而且这 8 名孩子都是在 11 岁以前就达到顶级 6 星级的水平。目前，英足总通过对已测试过的

50多万名孩子的技术数据进行统计分析，没有发现存在相对年龄效应。由于该测试内容可有效地消除相对年龄对青少年儿童选材和发展的影响，目前美国和加拿大足协已将该测试内容和标准作为本国青少年儿童训练大纲中选材与评价的测试标准。

表 8–1　英国星级挑战测试技术内容

项目	1	2	3	4	5	6
内容等级	带球跑	转身运球	速度（无球状态下改就变方向）	运球	头顶球	射门

国外足球发达国家的理论和实践已证明，在青少年儿童的选材和训练中只有突出技术的核心地位，才能符合足球运动选材与发展的规律，才能有效地控制相对年龄的影响，真正有效地提高青少年儿童足球运动的水平。事实上，上述发展理念我国足协的高层管理者在10年前就已认识到，并在中国的运动文化背景下被进一步放大。在理论方面，1995年中国足协赴欧考察时，英格兰足总就向中国足协推荐该星级技术（1991年出版的第2版纸本书），由人民体育出版社于1998年出版，并且中国足协当时又将它作为中国足球教练员岗位培训辅助教材和青少年足球训练大纲的评价参考标准。另外，中国足协目前也已将世界科化足球训练的教学片引入我国，作为指导我国青少年儿童足球训练的第一部官方电视教材。在实践方面，近几年中国足协已开始在全国15~19岁组青少年全国比赛中加试地滚球传球、折线运球、前场正面定位球、角球、有防守限定区的“一对一”6项技战术指标的测试，并赋予它们在比赛成绩中不同级别的权重。这些都深刻地反映了上述先进的选材与评价的思想理念。但为什么在我国青少年儿童选材与培养的具体操纵层面却始终存在注重身体高度、力量等因素而忽视技术呢？我们认为，一方面可能是由本书前面所述的存在部分青少年儿童教练员的业务素质不高，有急功近利的思想等；另一方面可能是部分青少年儿童足球教练员对贯彻政策的执行能力不强。如问卷调查发现，有50.6%的教练员对“您认为青少年儿童训练大纲中选材与评价指标的可操作性方面”选择“不清楚”一项。因此，我们在对青少年儿童教练加强业务培训的同时，还必须对选材评价指标体系进行深入有效的研究，深化对其改革的力度，提高其可操作的实效性。如可用英国星级挑战测试内容为蓝本，结合我国的实际情况，开发适宜我国6~16岁孩子测试与评价的效本标准，而在贯彻时可采用以政府规章制度的形式执行；也可采用民间或各地方协会以类似“剑桥英语等级”在我国认证的形式开展。这种双轨制度的培养体制，不但能从根本上改变我国青少年儿童足球运动中重体能轻技术的现状，还能促进青少年儿童足球运动的普及化程度，切实提高我国足球运动的发展水平。可喜的是目前我国足协正在为之努力，并取得了有效的成绩。

第三节　建立选材和育才相结合的动态培养模式

目前，许多体育发达国家已实现从重视才能发现（选材）到才能发展（育才）重点的转移。Malina 论述，早期选材后如果没有一个正确的发展途径和支持计划，而过早的专项化将不能适当地培育他们。所以，目前他们对青少年儿童运动员选材与发展相结合的培养模式都非常重视，他们认为选材过程是由才能发现、确认、发展和精选四个阶段有机组成的连续统一体。Robert 等人也指出，能力是动态的，它是生长、发育和成熟的函数，而我们的选材计划和制度却是僵硬的，不能适应正常生长发展中的个体差异。因此，基于用传统静态才能的概念来评价孩子不稳定的身体变量并依此来预测成功，这使得传统选材模型存在有利于相对年龄较大、早熟而排斥相对年龄较小、晚熟个体的缺陷。对此，Angela 等人提出一个承认在当前成绩和其潜在才能之间存在差异的新的选材发展模型（ITD），并在操作过程中明确提出才能是一个动态的概念。该模型的内涵如下。

（1）将个体能力放置于相对成就的发展之中（即承认相对年龄较小个体当前的劣势）。

（2）在个体发展过程中给予恰当的精神和物质上的支持，这是个体潜能发挥的关键（即在训练过程中给相对年龄较小个体心理、社会上的关怀和资源占有上的共享）。

（3）个体在青春期发展中，如果基本技术缺乏，那么他们的发展潜能受限（即强调技术在选材和发展中的核心地位）。

（4）由于明确才能是动态的概念，则应强调选材和育才过程有机结合（即等待和促进相对年龄小的个体发展成熟）。

目前上述选材发展理念已被西方体育发达国家作为发展个体成功的典范，并指导运动理论与实践。如里涅的滑动群体法、Gagné 的选材和发展相结合的长期培养模式，以及美国女足选材发展循环模型就为我们从理论和实践两方面展示了选材和育才相结合的成功范例。

一、里涅滑动群体模型

该模型的理论依据是诊断的可靠性与诊断目标的时间长度成反比关系。它并非是对一组运动员从儿童到成年的长期跟踪，而是将整个运动员的发展过程划分为一系列较短的年龄段并同时进行测试，即为每一年龄组设计一套选材方法，以预测该年龄组（源年龄组）运动员达到下一个年龄组（目标年龄组）优秀水平的可能性，旨在消除早熟和相对年龄的影响，真正选拔出具有潜在发展才能的孩子。例如，为10岁年龄组设计一套选材方案，以预测他们达到13岁年龄组优秀水平的可能性；为13岁年龄组的运动员设计另一套选材方案，以预测他们达到15岁年龄组优秀水平的可能性；依此类推，直到囊括运动员整个动态发展过程的各阶段（图8-2）。其具体的操作步骤包括以下几条。

（1）确定与特定年龄组相关的一个或一套成绩标准。

（2）分析并确定所有运动成绩的影响因素，目的是从中筛选一组最佳运动成绩预测指标。

（3）对源年龄组和目标年龄组样本中决定运动成绩的因素进行测量。

（4）对数据材料进行判别分析，确定出能够对两样本做出最佳区分的成套指标，并计算出判别方程，以便用这套指标确定源年龄组新样本和原始目标年龄组样本之间的相似性。

（5）对取自目标年龄组运动员的样本进行回归分析，以确定哪些变量能够最有效地预测该组运动员的成功。

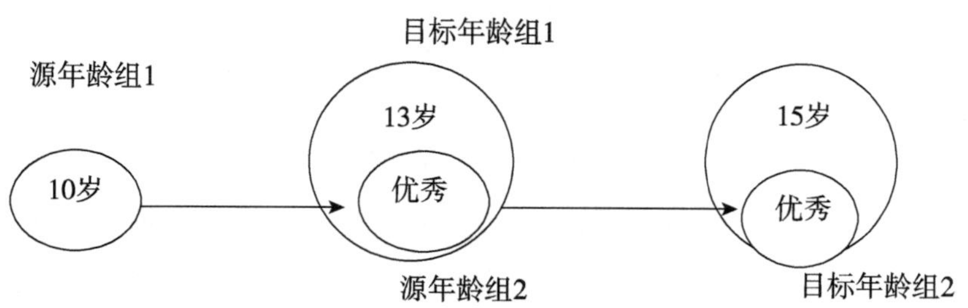

图8-2 滑动群体选材模型

二、Gagn é 的选材和发展相结合的长期培养模式

Gagné在明确构成要素（天赋）和最终产品开发（人才）之间区分的基础上，在承认遗传、环境和文化对才能的多重影响，考虑才能动态性、多维性和复杂性的概念框架下，提出一个选材和发展紧密结合培育青少年儿童的DMGT模式。该模式由智力、创造力、社会情感和运动感知四个领域的发展维度构成。就运动感知领域而言，目前DMGT模式在运动科学领域已得到普遍的认可（图8-3）。

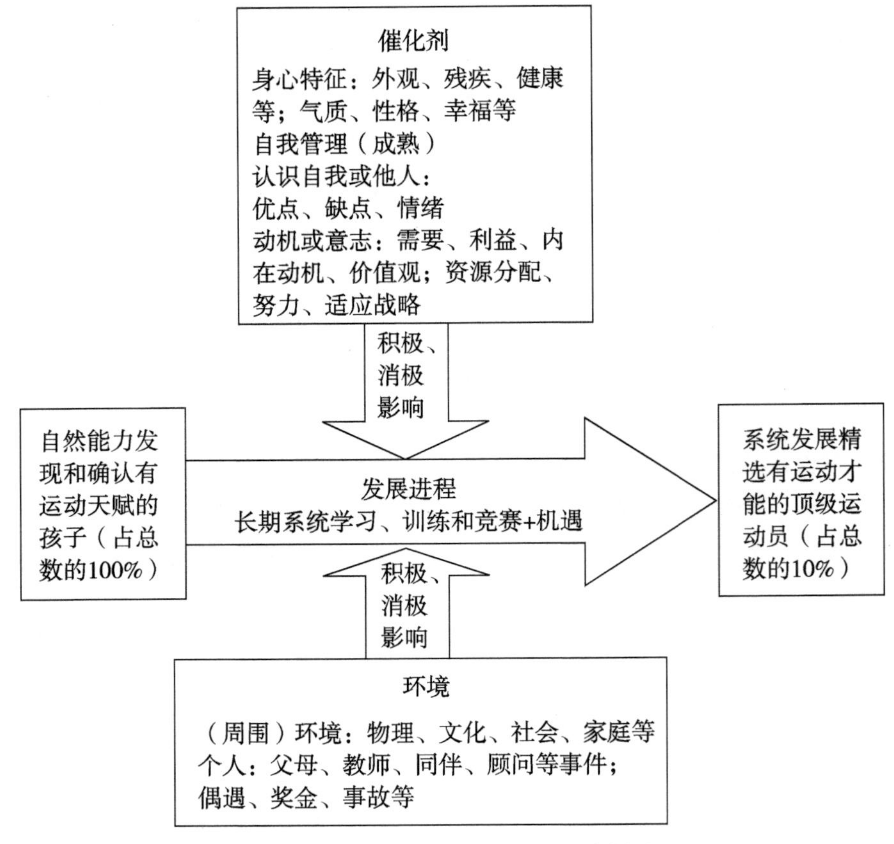

图 8–3　选材与发展相结合的概念模式

从图 8-3 的 DMGT 模式框架我们可以清楚地看出，它在潜能和完成任务之间提供一个明确的区别。它承认身体成熟和以往的经验能影响成绩，并鼓励科学家和实践者更多地集中在个体的学习能力上。该模式中所有公认才能的决定因素，根据行动理论，基于人、执行任务和执行任务环境及其动态相互关系的方式集合构成，互动地影响青少年儿童运动员的选材与发展。事实上，这些相互影响行为从一个运动员到另一个运动员是不同的（能力的多维性质），从运动生涯中一个阶段到另一个阶段是不同的（能力的动态性质）。最终导致开始时正确地选择一个拥有运动天赋的孩子，结束时发展成一个具有全面发展才能的青少年或成年运动员。同时。该模式识别的其他几个领域也显著地动态交互影响青少年儿童的发展。目前，根据上述选材理念，英国在选材实践中已推出成熟年龄选材制度和人才再循环制度。

三、美国女足选材与发展的循环模型

在美同各级女子足球运动的选材与发展过程中，他们认为最好的方法是包括在训练和比赛的动态环境中不断地进行循环甄别，以消除相对年龄的影响，确认每名运动员的潜能。其循环模型（图 8-4）和选拔过程如下。

（1）比赛：指每天在俱乐部或奥林匹克发展计划（ODP）的比赛环境中观察运动员的才能。

（2）确认：在上述水平中确认最有才能的运动员。

（3）挑选：邀请已被确认的初选队员参加下个水平的训练营、训练队或参加一些预选赛，以便继续观察她们的才能。

（4）评价：在后续训练和比赛的情景中评价她们的才能。评价的关键是技术和战术方面，其次是身体和心理维度。另外，也评价她们的道德规范、纪律、贡献以及与其他队员的和谐与矛盾等方面。

（5）再挑选：依据评价的结果，再邀请入选者参加下个水平的训练营、训练队或参加一些预选赛，以便继续观察她们的才能。

（6）再评价：进一步根据她们的竞技水平，以及场上场下的表现，最终测试她们的能力，确定去留。

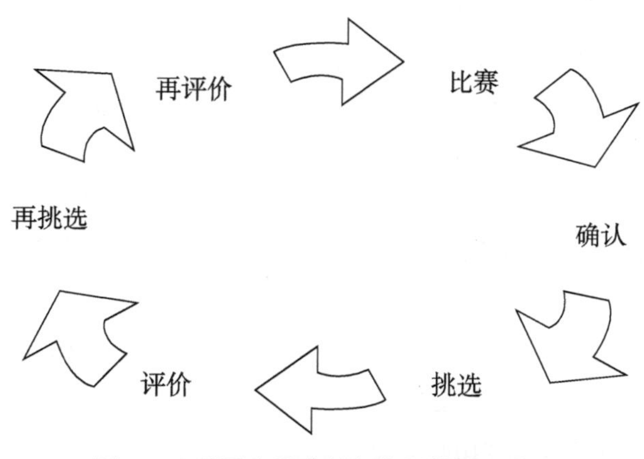

图 8-4　美国女足选材与发展的循环模型

四、建立我国足球运动员选材与发展的动态评价模型

（一）我国目前选材制度存在的问题

我国现行青少年儿童足球运动员的选材标准是十几年前研制的，已不符合时代

发展的诉求。其原理主要是基于他们的体能、生理、心理和技术等静态指标进行测量与评价，然后再根据其变量值在成人中进行预测。但是，大量实证显示，该方式在具体的年龄组中存在较低的预测值，其有效性和实用性已被广泛地怀疑。具体体现在以下方面。

（1）选材设计方面：基于横断面缺少发展相关性设计的选材，是根据成人成绩中重要的成功特征来推测有才能的个体。然而，具备这种特征的青少年儿童在整个成熟过程中不一定保留这些特征。因为，自然或青春期前的特征到成人不一定能自动转化为优秀的运动成绩，而且，像成熟性、新训练方法、不断变化运动特点、修改竞赛规则、创新技术等许多内外因素，也影响不同类型运动员的发展。例如，在一年后重复测试苏格兰孩子身体特征（如身高）和成绩（冲刺）已证明，在青春期不能反映要预测成人值的相对稳定性。这说明，许多区分顶级成人运动员的成功特征直到青春后期才出现，对青少年来说，杰出的表现似乎对以后的成功不是充分必要的条件。下一代成功的充要条件在青少年儿童中仍可能未知，这样就混淆了早期选材。

（2）选材测量指标方面：在选材测量指标上，选择身体指标及其成熟率影响成绩的表现特征，这些指标包括有氧耐力、肌肉力量、肌肉耐力、运动技能和一般智力。首先，日历年龄和生物年龄非同步发展，当以日历年龄为基准进行选拔时，由于他们的成熟差异，孩子测试成绩存在各种优劣不同的表现。其次，像身高和体重等人体测量学变量，尤其在男孩中性成熟对其影响更大。再者，与成熟相关的问题也突出体现在选材过程中。运动管理部门为保证每个孩子有平等参加比赛的机会，他们不管其生物年龄，常以日历年龄分组。然而，一个准确的身体潜能指数、成熟时间和节奏的差异是排斥按日历年龄分组的，错误的分类会出现相对年龄效应，这对运动选材和发展的负面影响是巨大的。所以，用不稳定的身体指标测试评价，已倾向扭曲运动选材模式的基本原理。

（3）选材评价预测方面：在选材评价预测上，缺少长期纵向追踪和监测。由于才能的动态性和其发展需要，因此，在对才能的长期预测中，以关键变量的静态概念为依据，用不成熟或不适当的标签进行长期预测是值得商榷的。一般来讲，这种动态相互作用存在两个方式。一是个体内部生长、发展和训练的差异引起成绩决定因素呈现不稳定和非线性的发展。例如，青少年足球运动员的爆发力、跑速和上肢肌肉耐力在快速增长达高峰后出现一个高原现象，因此，尤其在青春发育（前）阶段，只用一次长期预测是不可靠的。二是除了这些不同成熟水平的掩蔽效应外，在练习历史影像方面、抵抗测试压力方面，以及确认有潜质青少年儿童成绩标准的适应性方面，对评价预测都有差异。来自体操、冰球、橄榄球、足球和排球的研究证实，不同年龄组和性别的不同成绩指标赋予成功多样化的特征。如血缘动力性变量在10岁左右是区别成绩的最重要指标，但在青春期后期，当晚熟发育者赶上他们早熟的同伴时，这些变量显著下降。况且，在运动中转换任务的要求被证明由频繁引入新的发展趋势、竞赛规则的修改以及集体运动的比赛风格特征化了。

（4）选材内容方面：在选材内容上仅集中在有限范围的变量。虽然运动天赋是由多种成分构成，但是目前研究者还主要集中在人体测量学、生理学的内容测量中。虽然闭锁性项目的成绩可用较少特征数目的变量解释其成功，但是在开放性项目中已被证明存在问题。一个重要的问题是优秀运动员的表现对一套标准技能或身体属性不是特定的，它能通过不同技术、属性和能力的组合，按照个体独一无二的方式完成。并且，在一个表现领域内的差异可由其他领域的强势补偿。这样，表现在具体选材模式中一个潜在的错误是，具体变量得分低的个体从选材制度中落选。另外，在运动中证明，所有比赛具体位置也要求技术成分有不同的属性，而且，在最高水平中每个成分需要拥有一个最低的能力水平。同时，不断增加的研究已讨论在选材模式中潜在决定性的心理变量却经常被忽视。

综上所述，为什么目前选材模式预测青少年儿童到成人时取得成功的效能较低？这种不可预测性也许只能解释为目前的选材模式缺少对才能动态性、多维性和复杂性的认识，从而导致缺少对才能发展长期动态的跟踪监测。因为能力是动态的，它是生长、发育和成熟的函数，而我们目前的选材计划和制度是静止的，不能适应正常生长发展中的个体的差异。所以，为提高选材的成材率和促进有才能运动员的可持续发展，需要在运动选材系统中、在才能确认和其发展之间构建一个紧密结合的动态长期培养模式。

（二）建立我国青少年儿童足球运动员选材与发展的动态评价模型

运动选材是根据运动员的遗传特征在少年儿童时期遴选符合专项特征运动员的工作过程。它可以大量节省人力和物力，提高优秀运动员的培养效率。在我国几乎所有的专家都认为，选材是一个连续的动态过程，选材和育才是密不可分的。如邱宜均指出：没有纵向的长期跟踪研究，没有个案追踪研究的结果与事实，我们就难以深入下去，得出有意义的结论，也无法验证我们的研究结果。曾凡辉等人也指出：不能把科学选材看成仅仅是体校或运动队招收运动员的一次全面检查，因为少年运动员在生长发育过程中受遗传阶段性规律的影响，所以不可能通过一次测试就选准一个世界冠军。通过测试发现的苗子，还需要经过系统的科学训练方能成材。在训练过程中，还要不断地追踪，分析其发展趋势，才能选得更准确，因此，选材和育才必须紧密结合。

所以，基于上述观点，依据我国的实际情况，设计出适合我国青少年儿童足球运动员选材与发展的动态培养模型（图 8-5）。该模型的理论依据是根据国内外选材与发展的动态理念，以里涅滑动群体模型、Gagné 的选材和发展相结合的长期培养模式，以及美国女足选材与发展循环模型为参照。

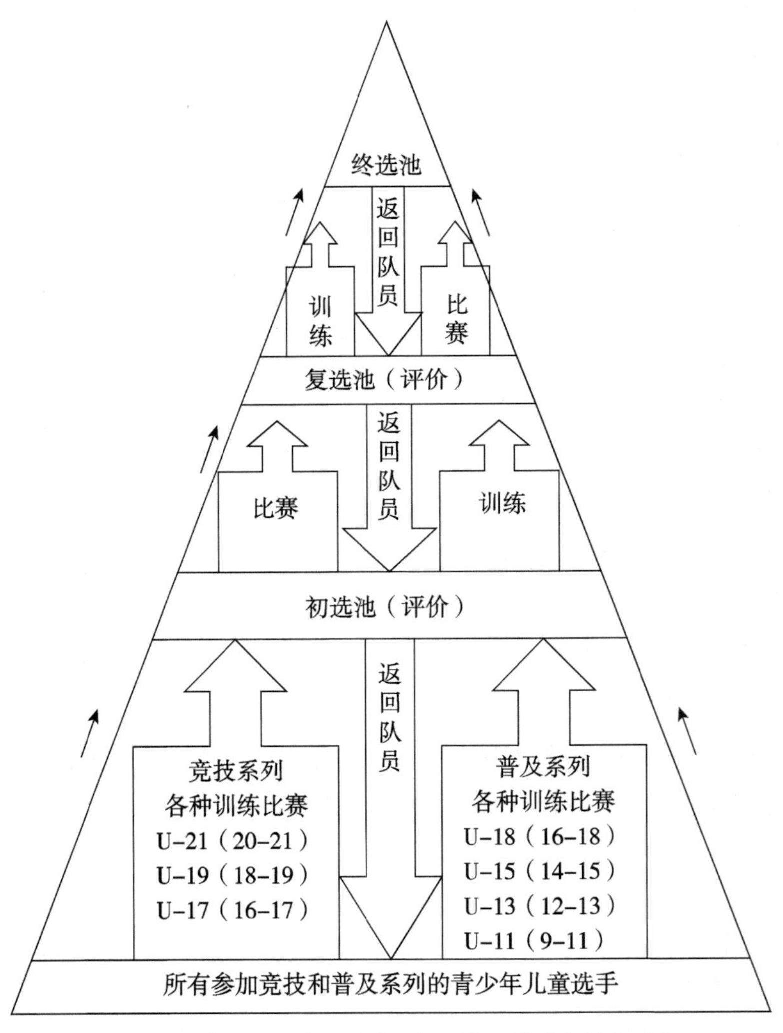

图 8-5　青少年儿童才能的选择和发展的动态优先过程

该模型的指导思想：在我国青少年儿童的各级分层训练中应平衡或共享各层资源的分配，消除相对年龄的影响，防止选材过程中出现Ⅰ型和Ⅱ型两类错误，最大限度地使每个孩子能在运动中挖掘自己的潜能，充分调动他们参加足球运动的积极性、获得平等发展的成功机会。

主要选拔程序如下。

（1）对所有参加足球运动竞技系列和普及系列的孩子进行初选，入初选池。初选 16 岁以上组采用比赛的形式进行，其评价标准采用中国足协最新颁布的青少年训练大纲中的战术评价标准；15 岁以下组采用英足总推荐的星级测试的六项技术标准进行。根据诊断性评价的结果，合格的孩子进入初选池。

（2）在初选池中经过一段试训后，再进行第一阶段的技术和战术测试，并结合教练专家组对他们在比赛中的表现，给以定性和定量的综合评分，根据其得分确定：①推荐上一层；②再观察；③不达标准。々家评价内容和标准见表 8-2。

表 8-2　对青少年儿童足球运动员的评价标准和内容

一、基本情况

姓名:________；出生日:________；年龄组:________；

俱乐部（或学校）:________；位置:________；比赛性质:________；

比赛年龄组:________；比赛日期:__________

二、评价的标准和内容

得分等级：1 分（非常差）；2 分（差）；3 分（平均）；4 分（好）；5 分（非常好）

1. 个生和态度

顽强精神:________；自信:________；镇定:________；

注意力:________；热情:________；责任心:________

2. 智力

理解教练意图:________；读解比赛程度:________；自主决策程度:________

3. 技术

需要位置对技术的处理:________；技术应用范围:________

4. 速度

绝对速度如何:________；速度的变化如何:________

5. 身体素质

身体对抗:________；身体准备:________；坚持比赛:________

6. 效率

影响比赛的进程:________

三、总得分

A=68 分或 68 分以上；推荐等级：推荐。

B=60~67 分：推荐等级：再观察。

C= 小于 60 分；推荐等级：没有达标。

四、总体印象评述摘要

优点：

弱点：

完成人:________；签名:________；日期:________

（3）对进入复选池的孩子，经过一段试训后，再进行技术和战术测试，并结合教练专家组对他们在比赛中的表现，给以定性和定量的综合评分，根据其得分确定：①推荐上一层；②再观察；③不达标准。

（4）达到终选池并不是孩子们最终的归宿，教练组还要依据他们集训的情况采用升降级制度，并不断用形成性评价进行动态甄别，决定他们各层的归属，最后再用总结性评价确定人选的运动员。

第四节　淡化青少年儿童比赛成绩，倡导快乐足球运动

“快乐足球运动”就是一种人员自由组合，场地、球门等设施简单，不完全受规则、时间等因素的影响，且参与者能获取较大快乐的健身娱乐性质的足球运动。它的特点如下：（1）有胜负悬念；（2）规则简单；（3）场地、器材随意性强；（4）进球数多；（5）运动量和强度适中；（6）有轻微的对抗；（7）无严重损伤；（8）能体现个人能力；（9）能体验团队配合并广交朋友等。米卢用快乐足球的理念将中国足球带入世界杯，中国人多年的梦想终于变成了现实。如今米卢虽然离开了国家队，但他所倡导的快乐足球的理念已给中国足球放飞了无限的希望和梦想。既然快乐足球这种寓教于乐的方式给中国足球事业带来了快乐和成功，那么我们何不将“快乐学习、快乐训练”的理念运用到青少年儿童训练比赛改革中，淡化比赛成绩，让每一个运动员均能释放出自己的潜能，放飞他们自己的梦想呢？

然而，从相对年龄理论我们知道，相对年龄效应产生的机制取决于竞争的环境，如果竞争的环境弱化或消失，那么相对年龄的优势就失去了存在的土壤。因此，在制定青少年儿童尤其是少年儿童的选拔、培养、发展目标时，应淡化比赛成绩，强化兴趣与动机的培养，倡导快乐足球。这不但是有效练习 10 年训练规律的体现，而且也是现代足球培育青少年儿童运动员先进的人性化理念和生态主义价值观。美国足协指出，在制订青少年儿童足球选材发展计划时，不应再强调比赛的成绩，应认可教练保持孩子参加足球运动的兴趣、动机和参与的任务，这似乎是避免相对年龄较小孩子落选必要的预处理。澳大利亚足协也提议，应该在孩子生长到 14~15 岁身体发展成熟后再开展竞争性比赛，这是舒缓相对年龄效应的最好途径之一。所以，我们应让青少年儿童自己及他们的父母、教练、管理者知道，在儿童少年中过度强调竞争，不惜任何代价发展赢的风气，以取代训练中发展和提高技术，

也许不能培育创造出今天最佳的运动员而进入明天高水平的竞争环境。我们更不能强调赢就是一切，以短期的比赛成绩为标准进行取舍，挫伤相对年龄较小孩子的自尊、自信，从而使他们失去参加运动的积极性和主动性，进而终生退出运动生涯。我们应正确处理比赛成绩的短期效益与培养高水平竞争力之间的关系，在“发展将来才能赢是一切”与“当前创造成功赢不是一切”的关系之间，保证青少年儿童可持续发展，让他们从一开始就学会将足球视为一种快乐游戏去体验和享受，只有这样，他们才能认识到足球的魅力使暂时退出足球运动的孩子重新返回，并为他们一生所钟爱的足球运动打下终生奋斗的基础。正如美国2004年奥运会女足金牌教练艾普莉尔·海因里希所指出的，在执教美国国家队5年期间，她很少简单强调赢的目标和态度，而是在逐渐增加压力的环境中测试、评价与选拔运动员，充分给她们提供发展机会，尤其是发展青少年队员和重新获得运动机会的年轻运动员，使她们能在快乐的训练和比赛中健康地成长。

可喜的是，目前上述理念已成为我国最新的青少年足球训练大纲的指导思想。该大纲指出，青少年足球运动员在训练中感受到运动带来的快乐，对他们的身心发展以及今后职业的成功至关重要。那么，如何能具体做到在青少年儿童足球的选材与发展中淡化成绩而贯彻快乐运动呢？基本原则是：首先，实现情感愉悦，不给他们过多的压力和不符合年龄特征的奋斗目标。其次，在发展中既要遵循各年龄段孩子的训练、生理、心理、社会学的特征和规律，又要使他们理解有效练习理论的10年训练规律，使他们明白足球技战术能力的掌握是遵循先快后慢的幂指数过程，当量积累到一定程度时才会发生质变、产生飞跃。而在这个发展过程中，教练员所能做的是引导孩子懂得如何学练，激发他们尤其是相对年龄较小孩子学习的主体性、主动性、积极性、创造性。再者，训练的方法、手段和负荷的制定应该合理有效。它应符合青少年儿童身心发展的特点，使身体素质、心理素质和专项技战术的训练之间能科学、有机地结合，既得到应有的训练效果，同时也要使他们得到身心的愉悦。最后，应建立良性的训练和比赛的生态环境。多鼓励和欣赏相对年龄较小的孩子，注重发展每个孩子的个性和心理能力，培育他们的良好心情，使他们在这种可持续发展的生态环境中运动能力和人格都能自由、和谐、健康地发展。正如弗兰多所说：如何使训练充满趣味？我们除了把训练做得适合各个阶段孩子的特征外，比如八九岁以前以培养兴趣为主，还应在训练中加入大量智力因素。具体体现的原则是：逻辑原则，欲望要求，趣味性，使训练形式多变，孩子感到不枯燥。

目前，苏格兰和加拿大已根据上述选材理念和发展原则，分别制订了青少年儿童运动才能发展理论模型和长期运动发展模型。在此，我们通过对它们跨文化的解读，对下一步制订我国青少年儿童足球运动的长期发展计划，缓解相对年龄效应，保证足球后备力量的数量和质量，实现足球运动良性的可持续发展，有很好的借鉴和指导作用。

一、苏格兰青少年儿童运动才能发展的理论模型

模型依据的原理：它的制定依据不是孩子发展的日历年龄，而是依据孩子对确定完成任务阶段的学习态度、动机、成就之间的相关性和整体性的特征解释转换形成。

模型的主要特征：它强调理解才能发展的动态性，在赋予每个行为、感知、社会因素特征的动态发展阶段内，强调每个阶段需要获得必要的技术进步。它强调孩子是处在一个实用和有序的系列才能发展的过程中，最后的任务由孩子自我圆满地完成。

模型的主要目的：消除在生长发育过程中相对年龄对孩子在训练、心理和社会等方面产生的负面影响，保证每个孩子从事运动都能有平等发展、公平竞争、条件均等的成功机会，并能从运动中终身受益、健康成长（表 8-3）。

表 8-3　苏格兰青少年儿童运动才能发展理论模型

阶段一 启蒙	阶段二 发展	阶段三 完善
运动员	运动员	运动员
1. 快乐的 2. 嬉戏的 3. 兴奋的 4. 特别的 5. 娱乐 / 社会定向	1. 着迷 / 承诺 2. 潜能确定 3. 更认真 4. 自觉的 5. 任务 / 成就定向	1. 萦绕 / 支配生活 2. 就本人而言责任重大 3. 自立的 4. 甘心情愿奉献时间和努力 5. 对最高标准的要求
教练员	教练员	教练员
1. 过程中心 2. 友好的 / 快乐的 / 关心的 3. 注意孩子的天赋	1. 优秀技术和知识 2. 强烈的个人兴趣 3. 强烈的导向和训练 4. 预期质量的结果	1. 精通教练 2. 民主的 / 尊敬的 / 和谐的 3. 爱 / 恨的关系 4. 成功的 / 苛求的
父母	父母	父母
1. 肯定的 2. 分享兴奋 3. 支持的 4. 注意孩子的天赋 5. 正确的良师	1. 更多精神和财政上支持 2. 保持良师的关系 3. 限制其他活动 4. 关心整体发展	1. 更少的角色

续表

概括	概括	概括
几乎没有或不强调发展	竞争被作为进步的准绳	好的调节
转化一		转化二
1. 运动员自身的发展 2. 使加快发展 3. 引入更多的技术指标教和练 4. 变成更多的成就定位 5. 才能确定 6. 增加动机		1. 在生活中运动的优先仅 2. 心理反抗 3. 依一个成功的成绩 / 关键项目 4. 或许依刺激转折点转就项目 5. 引入一个精通的教练

阶段一：启蒙。

在启蒙的开始阶段，父母、教练或教师应发现和关注有运动天赋的孩子，因为天赋影响对孩子的教学和练习的方式。在这个阶段教和练不是必要的成分．最重要的是对孩子的友好和关怀。对孩子努力过程的赞扬胜过对其成就的奖励，这样才能使他们在努力过程中获得进步的快乐，而且父母要肯定、支持和分享他们进步的喜悦。此阶段几乎没有或不强调竞争，孩子的心理定向应该是嬉戏、娱乐和兴奋。

阶段二：发展。

依据孩子认同自己运动身份特征的变化而转换到第二阶段。此时的孩子经历一个发展的加速期，他们自身的进步、学习的快乐，以及来自家庭成员、教师、教练的热情支持，可能使他们获得更多肯定的情感和认知，这使得他们程序上的运动能力作为结果而加速发展，进而使他们迷上所从事的运动并更加认真主动地投入练习。对该阶段的孩子来说，运动行为的发展是他们将成为优秀运动员的一个主要部分，它作为该阶段的先行者，其才能会被一些方式频繁认证，使他们有更多的任务定向和成就定向。此时，新教练的教学与训练的方法所显示出认知和训练效果的优越也被加强，而且会产生强烈的向导期待，获得优良的结果。与此同时，孩子对教练更尊重并对运动产生强烈的个人兴趣。此时，父母应该给予孩子更多的物质和精神上的支持以满足他们进步的需要，并关心他们身心的全面发展。该阶段的竞争已开始变成测量进步的准绳。

阶段三：完善。

转变到阶段三是以参加者支配运动时间超过生活的时间为特征。当参加者开始意识到自己的认知基础，发生一个心理反抗时，从教练到参加者都发生思想上的转变，此时应引入优秀的教练，并负责参加者未来的发展。这阶段的参加者应具有强烈的运动负责感，优先发展运动事业。这就意味着，他们需要更多的时间和更艰苦的努力才能达到更高的目标。随着标准要求和运动成绩的不断提高，父母的作用在减少，而参加者和教练之间从畏惧到尊敬再到民主过程，不断地创造强烈的爱与恨的情感关系。

二、加拿大长期运动发展模型

模型的原理：依据个体身体、智力、认知和情感成熟程度的发展年龄，而不是依据日历年龄设计的运动才能动态发展的阶段模型（图 8-6）。

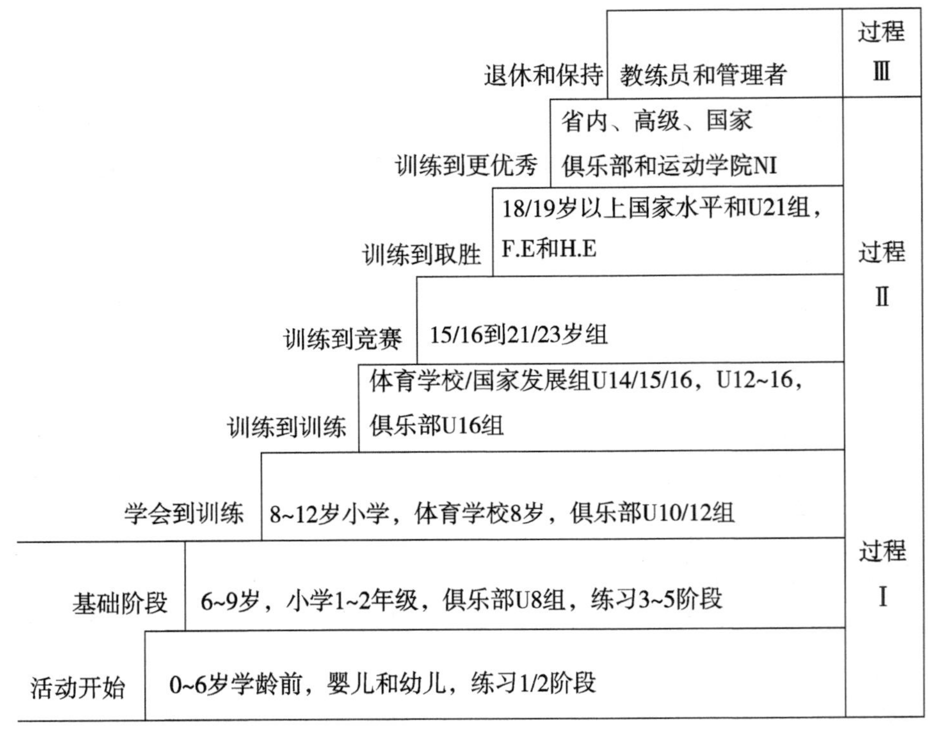

图 8-6　加拿大长期运动发展模型

模型的主要特征：依据孩子的生长发育曲线，用身高突增高峰（PHV）测试法，对生长发育中的孩子进行有规律的监测，以确认早熟、正常成熟、晚熟的孩子，并依此个体成熟的发展水平，在他们发展的关键期，设计出一套包含训练、竞赛、恢复的周期性训练和比赛的发展计划。

模型的主要目的：消除相对年龄效应对运动产生的影响，使从事运动的加拿大孩子在运动中更精彩，终身受益。

模型包括从开始学会到终身锻炼所经历的 8 个发展阶段和 3 个主要过程。

第一过程：0~12 岁。这一过程的主要目的是强调发展孩子的身体读写能力。

第二过程：从 12 岁以上到邀出高水平运动队。这一过程的主要目的是让运动更精彩。该过程也是发展孩子竞技能力的重要时期。从这一过程我们看到，18~19 岁以上的运动员在运动中才强调比赛胜负的结果，而在 16 岁以下运动员训练的目标就是从训练到训练，不强调比赛胜负的结果，旨在以培养和激发孩子的运动兴趣和动机为主。

第三过程：退出职业队以后的阶段。这一过程主要是强调应继续运动，为将来更美好的生活服务。

目前该模型已由 Sports Coacll Uk 出版社以《为运动长期发展的训练：在运动中提高参加的人数和成绩》的书名公开发行，并附有配套的各种项目具体实施训练的指导光盘。

第五节　基因选材和优生计划

一、基因选材

基因选材是根据遗传基因的连锁性和多效性的一种遗传学选材方法。它被运用到运动科学选材领域已有几十年的历程，并得到了很好的发展。因为运动选材是根据遗传特征的指标进行有目的的选择，所以，只要发现某些运动能力的遗传基因特征即基因位点特征，就不难发现符合某个运动项目的遗传特征。但是，运动员的遗传特征并不是一个或者几个，可能是多基因表达的方式，所以基因的选材过程也是十分复杂的。

基因选材基本上是身体形态、身体素质和生理机能的遴选，但是，将某种身体形态、素质和机能与某个或某几个具体的基因直接联系的尝试则刚刚起步。目前，在这方面研究最多的是对血管紧张素 1 转化酶（ACE）基因多态性的探讨。ACE 的主要功能是促进血管紧张素 I 转化为血管紧张素 Ⅱ。人的 ACE 基因为单拷贝基因，但在不同人群中依其第 16 号内分子中是否有一段 287bp 的 Alu 序列而存在插入 / 缺失多态性。近期一些研究发现，ACE 基因 I/D 多态性与优秀运动员心血管功能有很大关系。例如，Gayagay 等人对 64 名澳大利亚优秀划船运动员和普通人群进行比较研究后提出，ACE Ⅰ型等位基因在优秀划船运动员中出现的频率明显高于对照组。因此推论，ACE 基因多态性影响耐力运动能力的可能原因是：等位基因 I 下调 ACE

水平，降低 ACE 活性，减轻心脏负荷，增加心输出量和心肌毛细管的密度。就本研究而言，我们这里不是探讨基因选材的机理问题，而是想结合目前我国足球运动选材中存在的问题，关注如何应用基因选材控制相对年龄的影响。我们相信，随着人们对基因选材研究工作的进一步深入，在不久的将来一定能发现在足球运动选材中控制身体形态、素质和机能的某个或某几个基因位点，通过对它们多态性的深入研究，直接选拔出优秀的青少年儿童足球运动员，进而从分子水平的微观层面上彻底地根除产生相对年龄效应首要的生物性病源，极大地提高足球运动选材的科学性。

二、优生计划

“优生”一词由英国人类遗传学家高尔顿于 1883 年首次提出，其原意是“健康的遗传”。他主张通过选择性的婚配，来减少不良遗传素质的扩散和劣质个体的出生，从而达到逐步改善和提高人群遗传素质的目的。通俗地说，优生的“生”是指出生，“优”是优秀或优良，优生即是生优，就是运用遗传原理和一系列措施，使生育的后代既健康又聪明。优生学是研究如何改善人类遗传素质的一门科学，可分为 2 个方面：一方面是研究如何使人类健康地遗传，减少甚至消除遗传病和先天畸形患儿出生，被称为消极优生学或预防性优生学；另一方面是研究怎样增加体力和智力上优秀个体的繁衍，被称为积极优生学。前者是劣质的消除，后者是优质的扩展，其目的都是扩展优秀的遗传因素，提高人类的遗传素质。今天，我国的优生工作大都属于消极优生学的范畴，而且这是最基本的工作，不尽量减少那些先天遗传缺陷婴儿的出生，就谈不上人口质量的提高。当前面临的保证人口质量的问题，从优生角度来说，正是如何尽力降低甚至消除严重缺陷儿的孕育和诞生。在本研究中所提到的“优生”概念主要指让父母生出的孩子在同年龄组孩子中尽量保证其具有相对年龄优势。

Barnsley 等人指出，如果人们提出的所有控制相对年龄效应的策略都不能实现，那么他们建议想让自己孩子成为足球明星的父母实施“家庭计划”，开展足球优生活动，限制她们在冬天怀孕，以保证她们将来的孩子出生在“足球年”的第一季度。如果我们的父母现在开始实行“足球优生计划”，她们能在 5 月份的某天怀孕，那么她们的孩子将有可能出生在来年的 2 月，等到 2030 年足球世界杯比赛到来时这些孩子可能会有更大的成功机会。目前北美国家已将对父母实施培养运动明星的“家庭优生计划”列为运动心理学教科书中的内容。实际上在我国，许多父母为了能让孩子在“学术年”的第一季度出生，成为刚入学孩子中相对年龄的较大者，他们很早就开展了此项优生计划。然而，对已经出生在非“足球年”第一季度的孩子，则应该劝告他们的父母帮助孩子在童年选择一个适应自己年龄分组的运动项目。因此他们孩子的出生月份对所参加的运动项目有相对年龄优势而不是劣势，这样才能最小化他们被迫参加不恰当运动时发生的痛苦经历，而最大化他们成为优秀运动员的机遇。因此，开展科学的运动“优生计划”可以优化整合我国乃至世界竞技体育的人力资源，使我们身边的竞技比赛更加精彩，社会更加和谐。

第九章　青少年校园足球运动心理训练研究

现代足球运动比赛竞争和对抗较为激烈，对于运动员的心理能力具有较高的要求。一般认为，具有良好的心理能力则能够在比赛中更好地发挥出技战术水平，从而掌握比赛的主动权。因此，本章对青少年足球运动员的心理训练进行分析和研究。

第一节　青少年校园足球运动心理训练研究概述

一、青少年足球运动员心理训练的原则、要求和程序

（一）心理训练的原则

青少年足球运动员的心理训练必须遵循一定的运动训练规律，这样才能起到应有的训练效果，没有科学原则的指导，则心理训练最多也只能做到差强人意。因此，在进行相关的足球运动心理能力训练时，应该遵循以下几点原则。

1. 自觉积极性原则

积极良好的态度是产生良好训练效果的决定因素，因此，在这一过程中，教练员应该向运动员认真地贯彻和讲解进行训练的目的、作用和意义，并认真地说明其所应用的方法和具体的内容，从而能够使运动员进行自我分析、调节和控制，调动运动员的积极性。

2. 全面系统原则

心理训练的全面性原则要求心理训练必须与身体训练和技战术训练紧密结合，同时，在训练时还要与运动员的智能训练有机结合起来。需要注意的是在训练过程中，心理训练的内容应该包括心理训练的各个方面，即心理过程、心理状态、个性特征等都应给予积极的影响。

3. 区别对待原则

身体素质的训练要求对运动员进行区别对待，在进行心理素质训练时也应该坚持这一原则。运动员的心理特点具有较大的差别，心理素质的优缺点也有很大的不同，采用有针对性的区别对待，是取得良好训练效果的保证。

4. 循序渐进性和重复性原则

训练要讲求一定的科学性，既要循序渐进，同时还要做到有规律的重复性。在进行心理训练时，对于运动员的各项要求、标准应该从易到难，形成一个逐步提高的过程。如果练习的难度对于运动员来说难以完成，则可能使运动员产生畏惧和退缩的情绪，从而对于意志训练造成一定的负面影响。另外，由于某些心理品质中断练习便可能消失，因此心理训练要反复进行，使运动员的心理品质在反复实践中不断发展和提高。

5. 持之以恒原则

和身体训练一样，运动员的心理训练也是一项必须长期坚持的过程，在不断的学习、实践和体会中，得到逐步的巩固和提高。进行两三天的训练是不会产生明显效果的，需要经过一段时间的反复训练才能见效，教练员在训练中应该充分认识这条规律，切忌急于求成，急功近利；同时，运动员也必须具有一定的毅力，长期进行心理素质的学习和训练，才能起到应有的效果。

6. 长期训练和短期训练相结合原则

心理训练既要使运动员在比赛中克服各种心理障碍，同时，还要使运动员形成良好的人生态度和价值，这就需要在进行训练时，要坚持短期训练和长期训练的结合。长期训练能够使运动员的各项心理素质得到全面的提高；而短期的训练能够使运动员在比赛中具有更好的心理素质来应对挑战。两者之间是密不可分的关系，只有将两者更好地结合才能使心理训练发挥更好的效果。

（二）心理训练的要求

心理训练是现代足球训练必不可少的重要组成部分，它不仅能够使运动员的心理过程不断地完善，同时还能够使运动员的身体素质和技战术能力得到全面的提高。

1. 结合体能的心理训练

足球心理训练时结合体能训练的身体训练，因为，在比赛中，总是伴随着激烈的竞争和身体对抗，并且这一趋势在不断地加强，这就要求运动员在激烈对抗的环境下保持良好的心理素质。运动员的体能训练是培养运动员目标设置，培养坚韧、顽强的意志品质最有效的方法和手段。

2. 结合技术的心理训练

技术训练是足球训练的重要内容，在任何时期、任何阶段都要长期坚持不懈。足球技术是运动员能力的重要体现，而技术训练的过程也能够提高运动员的思维能力和创造能力。足球训练是对专项技术的重要补充，它是为技术训练服务的。在训练过程中，要充分地理解心理素质对技术的完善和发展作用。

3. 结合战术的心理训练

足球战术训练中包含的最重要的心理训练内容就是思维训练和团结凝聚力的培养。战术训练和心理训练相互结合不仅能够培养运动员的个人战术意识，同时，对于其集体思维意识和团队配合意识都有一定的促进作用。运动员在比赛过程中的观察、判断和团队配合等各项活动都需要借助于一定的心理参与过程。

（三）心理训练的程序

心理训练是一项相对较为复杂的工作，并没有统一的训练程序，其一般根据训练的性质、目的和内容的不同，可按如下的步骤进行。

1. 一般心理训练的程序

（1）进行心理学理论知识和操作技能、测评方法方面的准备，提高心理训练方面的科学性。

（2）对足球运动训练的各方面进行分析和探讨，熟悉其各个环节可能存在的各种心理问题。

（3）建立运动员的心理档案，以方便进行心理训练。

（4）在训练过程中，应对运动员进行相应的心理诊断。

（5）心理训练应和其他训练一样具有可行的心理训练计划。

（6）在进行各种技战术训练的同时开展相应的心理训练。

（7）对心理训练的效果进行评估，并积极对训练方法、内容等方面进行修正。

2. 赛前心理调节的程序

（1）提高运动员对于心理训练方面的认知，保持积极良好的态度。

（2）对比赛的资料进行收集、整理、分析，了解可能出现的赛场情况。

（3）了解可能出现的心理问题，并识别其征兆。

（4）积极进行赛前心理诊断。

（5）针对具体情况采用相应的心理训练策略。

（6）实施心理训练的策略、方法与手段。

（7）总结经验和教训。

二、足球心理训练的内容

青少年足球运动员的心理能力训练是在一般心理能力训练基础上，形成专项特点的心理素质的过程，这是运动员经过长期反复练习获得的技能，其训练的内容主要包括以下几个方面。

（一）专门化知觉训练

专门化知觉是指运动员所从事的专项运动的某些心理的特殊感受知觉，它们是一种复合知觉，也是运动员主要的心理因素之一。青少年足球运动员的专门化知觉，如球感和时空感等。

1. 球　感

球感是运动员对足球的一种专门化知觉，这种知觉是在长期坚持和训练的基础上形成的。球感是运动员对于球的大小、轻重、形状和弹性等方面的极为精细的分化，是一种综合性的知觉。运动员在进行球感训练时，可以增加运动员的自信心，使运动员获得更多的自由，运动员可以在比赛中对于技术和战术的运用更加纯熟，从而传接球更加流畅、准确。

良好球感的形成需要进行长期的触球训练，否则此种感知觉便会减退或消失。另外，需要注意的是，运动员在情绪激动或疲劳的情况下，球感也会出现相应的减退。

2. 时空感

时空感是运动员在比赛过程中，对时间和空间的视觉分析器、运动分析器和能力分析器的各种刺激物进行精细分化，并在大脑皮层中形成复杂而稳固的神经联系的结果。良好的时空感是经过大量的刻苦训练才能获得的，是运动员最重要的专项心理素质之一，它决定着运动员球感的精确度，是运动技能高低的重要标志。

运动员判断能力的强弱在很大程度上依赖于时空感的强弱，运动员时空感好，则其对于比赛中球的运动轨迹、球员的位置移动等具有更好的判断，在比赛中才能够变被动为主动。

现代足球比赛对抗激烈，场上形势瞬息万变，这就要求运动员在比赛过程中要在极短的时间内捕捉攻防的时机。为此，运动员必须拥有敏捷的反应和果断的行动。青少年足球运动员还要准确把握同伴、对手、足球以及高度、速度和距离等场上信息，以便进行准确的判断。这些都是进行空间判断的重要依据。

（二）情绪稳定训练

情绪是心理过程的具体表现形式，是人对事物的态度和行为上的反应。情绪稳定对于青少年足球运动员来说具有重要的意义，它是运动员技能正常发挥的重要保证，是运动员主要的心理因素之一。

在足球运动实践过程中，运动员的整个身心都处于极度的紧张状态，因此随着比赛的进行，运动员也会表现出多变的情绪体验，这是由足球比赛的多变性与运动员的个性特点共同决定的。运动员的情绪变化对于比赛会产生直接的影响，因此，运动员对自我情绪的控制和调节显得尤为重要，尤其是在己方落后或处于劣势时，情绪的消沉将会使比赛形势雪上加霜。

情绪的稳定是发挥运动员潜力的重要因素，也是取得比赛胜利的重要条件，其重要性显而易见。在比赛前后应该做到如下几点。

首先，在比赛开始前，要避免过于激动、淡漠或盲目自信等状态，如果出现相应的精神状态，则应该对运动员的心理状态进行深入分析，分析造成这些的原因，并告知运动员这种情绪状态的不良后果，引导其保持良好的精神状态。

其次，在比赛过程中，运动员应该保持适当的兴奋性，而情绪稳定正是要运动员保持这种状态，以便能够更好地发挥其训练的水平。我们知道赛场形势复杂多变，而运动员的情绪状态也可能表现为陶醉状态与狂热状态、悔恨状态与消极状态的交替。因此，运动员要注重自身情绪状态的变化，并进行积极调整，而教练员也要通过针对性的暗示，鼓舞运动员的信心和斗志，消除紧张情绪，并提出相应的解决和防范消极情绪的措施。

运动员要保证比赛中精神处于振奋状态，教练员要帮助其激发比赛中最深刻和最复杂的情感，即运动荣誉感、自豪感、义务感和责任感，从而使运动员的力量、能力和意志得到最大限度的发挥。

最后，比赛之后的情绪稳定要求运动员在比赛后对比赛进行分析和总结，保持提升和完善自我的昂扬斗志。在比赛之后，要对引起比赛成败的各项因素加以认真的讨论，以提高运动员的心理素质。

（三）意志品质训练

青少年足球运动员的意志品质表现为在比赛中全力以赴地实现既定目标所做出的克服困难的努力。在比赛过程中，运动员的坚毅、顽强、果断、勇敢、沉着等意志品质相辅相成，会对比赛产生重要的影响。

运动员的意志品质培养的目标就是要提高对自身的控制能力，使自身的意向、行动和行为具有高度的自觉性。这一能力的最高表现形式为自我教育，运动员能够自觉地完成相应的任务，严格地遵循相关的制度和要求，自我激励、自我完善和自我约束。

具有良好的意志品质的运动员能够积极克服懒惰、注意力不集中和疲劳等状况，保持不怕苦难、奋勇争先的精神，形成积极进取、永不退缩的良好品质。在心理训练时，应该针对不同运动员的不同意志特点，进行有针对性的教育和培养，锻炼其在困难的环境中比赛的能力。

（四）自信心培养

自信心是良好心理素质的重要组成部分，它决定着一个人整体个性的全面发展。在比赛过程中，保持良好的自信心态，能够使运动员保持清晰的头脑，勇敢地面对对手及相应的困难，能够顽强拼搏、超越自我。与自信状态相对的则是自卑状态，这种状态下，运动员将会不相信自己的能力，表现出畏首畏尾，错失很多攻防的绝佳机会。

运动员应该不断地提高自我认识，对自身形成积极的评价，发掘自身与众不同的价值。教练员对球员进行鼓励，对队员的能力和品质予以积极的肯定，促进其自信心的培养和发展。

（五）注意力训练

注意力即为运动员全神贯注于一个确定的目标的能力。在足球运动中，球员的目标就是积极地进行进攻和防守，最终赢得比赛。在比赛过程中，有很多影响球员注意力的因素，包括场上球员、观众、教练和裁判等对运动员均能够产生一定的干扰，从而使其注意力不能集中，对比赛产生消极的影响。

青少年足球运动员要做到在比赛中不能为外界因素所干扰，从而影响自身技术的发挥。在进行排除内外消极干扰的训练时要积极地运用自我暗示、想象训练、指导语等方法进行调控，克服外界的影响，将所有精力全部集中于比赛。

（六）领导者的心理

领导是指引、影响或控制个人或组织，以实现某种目标的行动过程。在领导的过程中，主要涉及 3 大因素：领导者、被领导者以及所处环境。一般来说，任何团体或组织，不论其大小，总会有领导者。领导者对内主持和领导整个团体，对外代表整个团体同外界进行协调活动。领导者的产生分为多种情况，有的是自然产生，有的则是由选举产生，还有的是由上级组织委派的。不管是什么情况产生的领导者，都要对整个团队负责。

球队的教练员是所有人的学习榜样，其应能够通过各种手段实现与队员之间的良好沟通，优秀的足球教练员应具备热情、勇气、奉献精神和感染力，能够使得球员服从其领导，并对球员形成良好的激励和鼓舞。

足球队长不一定是踢球最好的，但是其应该在球队中具有较高的威信，具有超强的心理素质，具有一定的领导才能，能够领导队员进行努力训练，并保持球队具有良好的团队凝聚力。当球队在逆境情况下，队长应冷静分析和判断，采取相应的措施，对队员进行鼓励，而不是对队员进行指责。

三、训练心理素质的方法

（一）模拟训练

模拟训练是针对比赛中可能出现的情况进行模拟实战反复练习的过程，其作用在于使运动员适应各种比赛条件，保证其各项技术以及制定的相关战术在多变的、激烈的比赛情境中也能够正常的发挥。

模拟训练能够使运动员的心理发展与外界环境发生一定的适应性改变，在这一过程中，运动员在头脑中建立起合理的动力定型结构，从而使运动员的心理在真实比赛中保持一定的平衡。

模拟训练可分为实景模拟和语言图像模拟两大类。实景模拟即为设置比赛的情景和条件对运动员进行相应的训练；语言图像模拟则是利用语言和图像描述比赛的情景，使运动员形成对比赛情景的先期适应。

进行模拟训练时，可对对手的特点进行模拟，通过模拟对手的比赛风格、技术和战术特点等，充分地了解对手的相关特征，找出相应的解决对策；也可进行不同起点的比赛，如 45∶30 的预设条件下开始比赛，锻炼其在落后的条件下沉着冷静的心理品质；还可以对外界的相关因素进行模拟，如裁判误判的情况和观众呐喊的情况等，训练运动员的自控能力。

在运动比赛训练过程中，模拟训练的模拟对象、模拟内容、训练目的可参考表 9-1。模拟训练应根据运动项目特点及其比赛规则、比赛实际和运动员特点进行有针对性的选择。

表 9–1 模拟训练分析

模拟对象	模拟内容	训练目的
对手	模拟对手的技术、战术特点	了解对手，增加运动员对对手技战术的适应性
比赛关键情境	模拟固定比赛情境（如足球点球等）和动态比赛情境（比分领先、落后、相持等）	帮助运动员克服在关键时刻的紧张情绪，提高心理状态的稳定性
裁判	裁判的错判、误判和漏判	培养运动员对裁判的尊重、适应裁判的各类判罚；培养运动员控制注意的能力
观众	观众的鲜明态度和立场（激烈呼喊声和表情）	培养运动员在不安静或不公正的气氛中进行比赛的能力
地理环境	气温、湿度、气压、风力风向等（如高原训练、高温训练）	提高运动员适应不同地理环境的能力
时	倒时差	提高运动员时差的适应

（二）表象训练

表象训练，又称“视觉化”训练、内心演练、意象演习或想象训练等，是常见的心理技能训练方法之一，主要是指运动员有意识地在头脑中再现或完善动作或运动情境，从而建立和巩固正确动作的动力定型、提高运动技能、增强心理调控能力的过程。

1. 表象训练的原理

（1）心理神经肌肉理论。心理神经肌肉理论认为，大脑运动中枢和骨骼肌之间存在着双向神经联系，机体在进行动作表象时会引起相应运动中枢的兴奋，兴奋也能引起相应肌肉的活动。因此，基于神经—肌肉运动，多次激发来加深记忆和强化心理图式，可以通过表象训练促进运动员运动技能的提高。

（2）符号学习理论。符号学习理论认为，表象训练是运动员在大脑中建立活动图式，并将活动进程进行符号编码以形成程序的过程。因此，运动员反复进行表象训练的过程就是反复熟悉活动程序的过程，将获得序列和环节再现的过程，并能优化序列组合发展为最佳活动程序，进而达到提高运动技能的目的。

2. 表象训练的程序

（1）表象知识介绍：使运动员了解运动表象的特点及作用。

（2）表象能力测定：了解运动员的表象能力并对运动员的表象控制能力进行评分，同时确定表象训练的主要任务。

（3）基础表象训练：主要围绕如何提高运动员的感觉觉察能力，表象清晰性和表象控制性进行。

（4）针对性表象训练：主要是结合运动专项进行。

3. 表象训练的实施

（1）感觉觉察能力训练

利用记忆中的经验，创造出可控形象并对这些形象进行操纵。在训练实践中，练习者感受（看、听、触）到的越多，意识越清新、体验越真切。例如，光着脚在操场上慢走，将注意力专注于各种动作体验上。

（2）表象清晰性训练

表象清晰性训练要求练习者尽量充分利用自己所有的感觉体验，生动、真实地进行表象演练。在训练实践中，可以通过手掌观察练习（观察手掌纹路的深浅、粗细、走向、交叉等特征后，闭上眼睛仔细回忆）、冰袋练习（想象受伤伤部的感觉、以冰袋冰敷伤部的感觉和冰袋拿开后伤部的感觉）、提桶练习（想象提空桶的感觉、桶中倒一点水的感觉、桶中再倒一些水的感觉和水桶放下后的感觉）等方法进行训练。

（3）表象控制力训练

表象控制力训练主要是训练练习者改变、操控和调节表象的能力。在训练实践中，可以通过比率练习（想象自己熟悉的朋友真实的形象、将其按比例缩小的形象、按比例放大的形象）、木块练习（想象将一块六面都涂有红漆的正方体木块平均切开一次的红面个数、再平均切开一次的红面个数）等方法进行训练。

（三）暗示训练

暗示训练也叫自我暗示训练法，是利用语言等刺激物对人的心理施加影响，并进而控制行为的过程。通过自我暗示，能够对人的认知、情感和意志过程进行相应的调节。

研究表明，人的语言和所想象的形象结合在一起，能够使语言暗示更鲜明，使人体相应的器官产生一定的变化。最著名的例子是“望梅止渴”的典故，通过相应的想象和语言刺激，能够使人的口腔唾液分泌不由自主地增加，从而达到“止渴”的目的。

采用暗示训练法时，应该使运动员对这一方法进行深刻的理解和认知，在此基础上找出一些经常出现的消极想法和话语，在充分认识这些消极想法和话语的基础上，找出一些积极的词语和想法取而代之。例如，“这些观众很吵闹，真让人讨厌”可以替换为“这些观众在为我加油，在期待我打得更好”，“别紧张，别着急”可以替换为“放松，稳住”等等。

（四）合理情绪训练

合理情绪训练是由美国心理学家阿尔伯特 · 艾利斯创立的，主要目的是帮助人们培养更实际的生活哲学，减少情绪困扰与自我挫败，学会正确面对和处理困难。

1. 合理情绪训练的原理

合理情绪训练的原理是 ABC 理论，在 ABC 理论模式中，A 指诱发性事件；B 指个体在遇到诱发事件后产生的信念（看法、解释和评价）；C 指个体的情绪及行为反应。该理论认为，人的情绪并非由某一事件引起，而是经历该事件的人的看法、解释和评价引起的。

在现实生活中，人的认知不同，对事件的信念也不同，因此，合理情绪训练就以理性治疗非理性，帮助练习者识别合理的和不合理的思维、识别合理的和不合理的信念，以合理的思维代替不合理思维、以合理的信念代替不合理的信念，减少不合理思维和信念的不良影响、减少不良情绪和行为反应。

2. 合理情绪训练的程序

（1）找出使当事人产生异常情绪（紧张）的诱发事件（A）。

（2）分析当事人对诱发事件的信念（B），研究这些信念与当事人异常情绪（C）之间的关系。帮助当事人认识异常情绪产生的原因。

（3）扩展当事人的思维，辩论、动摇并摒弃不合理信念。

（4）不合理信念的消除减少或消除了异常情绪，当事人的思维更加合理、积极，最终摆脱困扰，改善情绪和行为反应。

3. 合理情绪训练的实施

（1）与不合理信念辩论

与不合理信念辩论是指导者向当事人所持有的不合理信念进行挑战和质疑，动摇当事人的不合理信念的过程。可以通过质疑式和夸张式两种提问方法进行，使当事人主动思考，自己发现问题、改变错误认知，直至放弃不合理信念。

（2）认知家庭作业

认知家庭作业是配合与不合理信念辩论进行的。人的认知具有一定的规律性，因此，即便是当事人有不合理的信念也并非是偶然形成的，指导者从面对面的质疑辩论到使当事人改变错误信念需要一个过程，应当给当事人充分的思考时间，让当事人自己进行自我辩论。布置家庭作业就是为了促进当事人在面谈后继续思考，为下次谈话奠定基础。

（3）合理情绪想象

合理的情绪想象是指当事人通过理性思考想象和体验自己不适应的情境，用想象代替现实，然后再适应现实，停止想象后，当事人应认知分析自己在想象过程中的成功与失败，从而纠正不合理信念和消极情绪，强化合理信念与积极情绪。

（4）角色扮演

角色扮演也是与不合理信念进行辩论，只是指导者与当事人角色互换，通过换位思考使当事人认识到自己的不合理思维和信念的存在，并通过自我反驳和质疑改变这些错误的思维方式和信念，最终建立合理信念。

（五）目标设置法

目标设置是指对动机性活动将要达到的最后结果进行的规划。正确有效的目标能够深刻地影响动机的方向和强度，刺激人的行为和活动向着目标前进。目标设置训练就是要以有效推动行为的原则为基础而设置各种合理目标的过程。

目标可分为长远目标和短期目标，任务定向目标和自我定向目标，具体目标和迷糊目标等多种形式，应根据实际情况制定符合运动员实际状况的心理训练目标。

在制订合理的目标之后要进行及时的了解和反馈，积极地对目标进行适当的调整，使目标计划按照预期的时间和形式实现。

（六）放松训练法

放松训练是通过一定的方法调节呼吸和肌肉的紧张从而调节中枢神经系统的兴奋性。研究表明，大脑与骨骼肌具有双向的联系，肌肉越放松，则其向大脑传递的冲动就越少，大脑的兴奋性就降低，从而使心理上的紧张感减少。进行放松练习，能够使身心得到适当的休息，加速了人体疲劳的恢复，这为其进行心理训练打下了良好的基础。

放松训练的一般训练方法如下：采用舒适的姿势坐在椅子上，四肢和身体保持一个舒适的姿势，闭上双眼，进行如下的自我或他人指导语暗示。

（1）平静而缓慢地呼吸，我的呼吸很慢、很深。

（2）我感到很安静。

（3）我感到很放松。

（4）我的双脚感到沉重和放松。

（5）我的踝关节感到了沉重和放松，我的膝关节感到了沉重和放松，我的双脚、踝关节、膝关节、臀部全部感到了沉重和放松。

（6）我的腹部、我的身体的中间部分感到了沉重和放松。

（7）我的双手感到了沉重和放松，我的手臂感到了沉重和放松，我的双肩感到了沉重和放松，我的双手、手臂、双肩全部感到了沉重和放松。

（8）我的脖子感到沉重和放松，我的下巴感到沉重和放松，我的额部感到沉重和放松，我的脖子、下巴和额部全部感到沉重和放松。

（9）我整个身体都感到安静、沉重、舒适、放松。

（10）我的呼吸越来越深，越来越慢。

（11）我感到很放松。

（12）我的双臂和双手是沉重和温暖的。

（13）我感到十分安静。

（14）我的全身是放松的，我的双手是温暖的，放松的。

（15）轻松的暖流流进了我的双手，我的双手是温暖的、沉重的。

（16）轻松的暖流流进了我的双臂，我的双臂是温暖的、沉重的。

（17）轻松的暖流流进了我的双腿，我的双腿是温暖的、沉重的。

（18）轻松的暖流流进了我的双脚，我的双脚是温暖的、沉重的。

（19）我的呼吸越来越深，越来越慢。

（20）我的全身感到安宁、舒适和放松。

（21）我的头脑是安静的，我感觉不到周围的一切。

（22）我的思想已专注到身体的内部，我是安闲的。

（23）我的身体深处，我的头脑深处是放松、舒适和平静的。

（24）我是清醒的，但又处于舒适的、安静的、注意内部的状态。

（25）我的头脑安详、平静，我的呼吸更慢更深。

（26）我感到一种内部的平静。

（27）保持 1 分钟。

（28）放松和沉静现在结束，深吸一口气、慢慢地睁开眼睛，我感到生命和力量流通了双腿、臀部、腹部、胸部、双臂、双手、颈部、头部。这力量使我感到轻松和充满活力，我恢复了活动。

第二节　青少年校园足球运动员的心理调节研究

一、赛前心理调节训练的方法

青少年运动员赛前的心理状态可分为过度兴奋型和冷漠型两大类。过度兴奋型主要是容易失去自我控制能力，心理相对亢奋，在比赛中动作和战术比较紊乱；冷漠型的状态，这主要是表现在兴奋不强，产生无力、低沉、松弛等特征。具体而言，运动员在比赛之前的不良心理状态主要有以下几种。

赛前焦虑状态：赛前的焦虑是指在比赛开始前的一段时间内，运动员生理反应失调，具体表现为吃饭睡觉不稳定，呼吸不畅，心跳加速等一系列的问题；而心理上则表现为注意力不集中、急躁易怒、坐卧不安、动作僵硬、兴奋过度等。

赛前抑郁状态：赛前抑郁状态表现为对比赛消极，没有竞争的欲望，意志消沉、注意力不集中，没有精神等，是一种比赛淡漠心理状态。在这种状态之下，运动员表现为对自己的运动能力产生怀疑，同时，动作也表现出呆板缺乏灵性，睡眠质量下降，没有食欲。这种状况一般是由于过往的比赛中表现不佳或自身期望与现实落差较大，从而形成了缺乏自信心的状态。

虚假自信状态：虚假自信是心理上的恐惧和认知上的片面性的反应，主要表现为话语强硬，但是内心却缺乏自信。教练员要善于引导和教育，认真地分析运动员的心理特点，端正其比赛的态度，从而使其能够正确地认识自己，他自身放在正确的位置上，从而有针对性地进行相应的心理调节。

想赢怕输的不良心理状态：这种“怕”的情绪，可归因于自信心不足，害怕自己发挥不好从而影响到比赛的胜负，害怕失误的出现，得失心较重，但是对于克服困难的对策很少进行考虑，在比赛过程中表现为反应迟钝，决策不够果断等。

（一）消除心理障碍的训练

紧张和焦虑是一种正常的心理现象，进行适当的心理调节就能得到很好的调整。但当比赛进入胶着状态时，运动员会经常出现一些身体的不适应，导致动作的不规范。常出现的现象有以下几种。

（1）在面对对方球员时产生侥幸心理，从而出现一系列错误判断，导致攻防中失误的产生。

（2）面对对手产生恐惧心理，对于自身丧失信心，如面对对方强悍的内线防守而缺乏投篮的自信，丧失斗志。

（3）面对实力比自己弱的球员时或没有做好相应防守准备的球员时，为了增加自身的气势而戏弄对方。

（4）在比赛中，对于每一个动作都斤斤计较，认为自己没有犯规或对方有犯规动作，而耿耿于怀，对比赛造成影响。

（5）一路领先的情况下，当关键时刻落后于对方后，就以为没有机会赢球，产生不想打下去的心理。

（6）关键球失误或者是比赛的最终失败导致信心的丧失。

（7）在比赛中急于求成，不求稳胜。

心理障碍有很多种，信心不足、过于紧张、过于兴奋等都对比赛不利，因此，在进行心理训练时，应针对不同的心理障碍采用专门性心理训练。在训练过程中应针对不同的心理障碍，分别训练他们学会自我放松调节、集中注意力的调节和进行自我控制，提高运动员的心理素质，更好地发挥其心理优势，树立克服心理障碍的信心。

（二）心理准备训练

这是一种通过了解竞赛双方的情况和运用模拟训练等帮助运动员做好参赛心理准备的训练方法。

1. 一般准备

预先了解对方各种与竞赛有关的静态资料。了解本队队员的心理活动情况，说明竞赛规程，确定竞赛目标和阐述参赛意义，做好心理上的准备。

充分了解双方的打法风格和战术特点，在此基础上制定具体完善的赛前心理训练实施大纲。应明确对方球队可能采用的战术以及相应的心理状态，然后针对其这方面的特点进行战术部署，并制定相应的心理训练内容，形成一定的心理默契。如能正确掌握其战术意图、心理倾向，就能够建立积极的心理影响，从而在比赛中处于主动的地位。

2. 模拟训练

赛前的模拟比赛，尤其是心理方面的模拟比赛训练是很重要的。在模拟比赛中，不仅能够在近似于比赛的环境中提高运动员的动作技术和战术水平还能够提高运动员在比赛中的心理适应能力，提高运动员的心理能力。在模拟比赛中，应着重训练队员对比赛形势的心理适应性，提高彼此的心理配合度和心理调节能力。模拟比赛中很多运动员都会暴露出相应的心理问题，应有针对性地予以纠正，并加强训练。足球比赛是集体性比赛项目，但是关键球员发挥的好坏将在很大程度上决定比赛的胜负，因此，对于关键球员应予以充分的心理训练。

3. 心理调节训练

在比赛之前，应积极进行心理调节训练，保证积极良好的心理状态，其主要的手段有如下几方面。

（1）心理自我调节

运动员采用最舒适的放松姿势，按一定的放松和动员套语，促使肌肉放松，调节植物性神经系统机能，以缓解赛前过度兴奋、动机过强、神经高度紧张等不良心理。

（2）重现最佳技术动作表现

在比赛之前，运动员可通过在头脑中再现自己的最佳技术动作表现，来使得自己保持高涨的情绪，促进用力感的加强。

（3）活动训练调节

活动调节是一种良好的心理调节方式。如果过分紧张，可采用强度小、幅度大、速度和节奏慢的准备活动；如果赛前兴奋性不高，则采用幅度小、强度大、速度快和节奏快的活动进行调节。

（4）转移注意力调节

在比赛之前，通过各种文娱活动来转移自己的注意力，从而使得心理得到放松。

二、赛中心理控制的方法

在比赛的相持和决战阶段，由于处于比赛的关键时期，因此这一时期运动员的心理压力较大，思想上的包袱过于沉重，从而导致思路狭窄，在比赛中可能出现意想不到的失误和错误。另外，由于竞争的空前激烈，运动员的情绪也高度紧张，很多运动员出现逃避心理和怕负责任的行为，从而导致进攻中无人勇敢站出来，使比赛陷入被动局面。比赛中心理调节的方法有如下几方面。

（一）呼吸调整

当运动员过度紧张时，会有胸闷气短的感觉，呼吸会变得急促，这时可采用呼吸调节法来消除紧张的心理状态。具体方法为吸气时肌肉紧张和呼气时肌肉放松相结合。

（二）自我暗示和自我松弛

1. 自我暗示

如果在比赛中出现情绪起伏较大、情绪不稳定等情况，可采用自我暗示的方法，通过默念“我必须沉着、镇静”“我感觉很好”“这个动作我能完成好”等来稳定情绪。

2. 自我松弛法

在比赛前，青少年足球运动员可通过放松躯体肌肉来放松紧张心理。其方法主要有：排除杂念，意念集中，做深呼吸，自信地微笑，以及从头部开始放松全身肌肉。

（三）注意力集中

在比赛中应保持高度集中的注意力，但是当出现各种刺激时，运动员可能会出现注意力转移，并出现不良的情绪变化。这时运动员应排除外界刺激，把注意力完全集中于将要完成的比赛动作上去。

（四）思维阻断

当运动员情绪紧张由消极的思维引起，并被自已察觉时，应采取积极的思维来阻断消极的思想意识。通过这种方式，能够使得自己快速从不良情绪中摆脱出来。

（五）自我宣泄

在球场上，当运动员出现紧张过度时，可通过一些自我宣泄手段来进行缓解，达到情绪的稳定，如可通过跺脚、呐喊、握拳等方式来进行自我宣泄。

（六）教练员榜样

教练员具有一定的榜样作用，当运动员投来探寻和求助的目光时，其应通过相应的语言、动作、表情等来传递相应的信息，给予其一定的鼓励，增强运动员的信心。如果教练员表现出消极的言行，则会传达给球员，从而使得球员丧失斗志。

（七）临场语言指导

在中场休息和暂停时，教练员应通过语言指导来调节运动员的情绪。例如，当运动员较为紧张时，其语言应风趣、幽默；当运动员大意时，教练员应严肃；当运动员情绪低沉时，应积极进行鼓励。通过各种方式，能够有效改善运动员的状态。

三、赛后心理恢复的方法

运动员赛后的心理恢复是多方面的，其方法仍然是心理训练的基本方法。在恢复过程中，要充分结合身体、技战术等方面的恢复措施，进行有针对性的恢复，既要全面又要突出重点。

（一）赛后消极情绪的解除

比赛过程中的各种运动情绪会随着比赛的结束而逐渐消失，但是，很多运动员的比赛成绩在比赛结束之后还会继续保持，如在比赛失败之后，相互推卸责任并迁怒于他人；又如因比赛的胜利而沾沾自喜，得意忘形等。这些消极情绪对于运动员的发展和水平的提高都会产生不利的影响。因此，在比赛结束之后可采用转移注意力、放松和改变认知等方法，积极调整运动员的消极心态和情绪。

（二）赛后自我形象的修整

在比赛过程中，运动员的形象会随赛场的形势而发生相应的变化，在胜利时容易产生自负的情绪，从而美化自己，夸大自己；当失败时会造成自我的歪曲，缺乏客观、真实的自我评价。另外，在比赛中的关键时刻具有良好和突出的表现则能够使运动员形成良好的自信心和积极的心态，从而在以后的比赛中会表现出更多的积极性，完成自我形象的完美提升。

赛后的形象修正在于恢复和提升自己，消除不真实的成分，清楚的认识自身的优点和缺点，并进行积极的发扬和抑制。运动员的自身形象也是不断地发展和完善的，应形成积极、向上的良好心态。常用的训练方法有想象演习法、想象训练法等，前者为整个自我形象的内心表演过程，后者是对形象中的个别成分进行修复训练。

总而言之，现代足球不仅仅是体力、技战术方面的较量，同时也是心理方面的相互竞争，运动员应该充分地重视心理训练，在比赛中形成自我的调节和控制，这是青少年足球运动员必须具备的心理素质，否则在比赛中将会陷入被动的形势。

第三节　青少年校园足球运动员心理问题及其矫正研究

一、训练厌倦及矫正

对于训练厌倦的青少年足球运动员，往往会厌恶和恐惧足球训练，对督促他们训练的父母和教练员有严重抵触情绪，每到训练时就感到心烦意乱和焦躁不安，他们不仅训练时不能集中思想听课，而且常常用逃避训练的方式来摆脱这种厌恶感，因此往往训练效率很低。训练厌倦的矫正可采取以下方法。

（一）适度强化训练动机

教练员要用成功的案例和个人对社会的责任来教育足球运动员，将努力学习、训练和不断进取从客观需要转化为足球运动员的主观需要。要为足球运动员创造一个良好的学习训练环境，对他们的期望要适度，要让他们体验学习的快乐，处理好学习与训练的关系，有进步就表扬，而表扬应以精神鼓励和爱的关怀为主。

（二）树立理想和目标

教练员要指导和帮助青少年足球运动员建立有层次的目标系统，目标应由小到大，鼓励他们的学习训练热情，从而逐步向理想目标迈进。

二、挫折心理及矫正

青少年足球运动员在生活、训练中经常会遇到各种矛盾，从而使自己的心理状态很不平静，使自己的心理发展带有明显不稳定、多变化和动荡的特点，极易遭受挫折。在这种情况下，足球运动员如果得不到教练员的理解与抚慰，往往会产生严重后果。对此，无论是在家庭，还是在运动队，都应该及时进行挫折教育，帮助他们克服挫折心理。

（一）家庭教育

对于家庭教育来讲，总的原则应该是严格要求、因势利导与创造力相结合。既严格要求，又讲民主；既进行世界观、人生观、理想与目标的教育，又要注意在日常生活中培养其良好习惯，提高动手和动脑能力，磨炼意志。在家庭教育的过程中，父母一方面应该成为青少年足球运动员的朋友，成为他们心理矛盾的直接疏导者。对青少年足球运动员失衡和动荡的心态，父母应用亲情和爱心去抚慰，使他们在心理上获得安全感，以克服挫折感。另一方面，父母也应该及时而有度地给青少年足球运动员一些独立锻炼的机会，让他们一定程度上尝试错误、失败、小坎坷，从而增强他们对挫折的承受能力。

（二）球队教育

就球队教育来说，青少年俱乐部作为青少年长期训练的所在团体，应该是对青少年足球运动员进行挫折教育的重要基地。一般而言，挫折教育可以通过以下途径来开展。

1. 加强人生观教育和生活管理

加强人生观教育，有利于青少年足球运动员正确认识社会，以及妥善处理理想与现实的种种矛盾和冲突，从而正确对待成长过程中的坎坷和挫折。同时，加强对青少年足球运动员日常生活的管理，丰富俱乐部文化生活，这有利于他们身心健康发展。

2. 开展多种形式的挫折教育

可以开设有关挫折教育的课程和讲座，使青少年足球运动员能够系统地了解挫折情境、挫折认知、挫折反应、挫折防御、挫折疏导等有关挫折的基本知识，提高挫折意识，增强应付挫折的信心和能力。俱乐部还应有目的地组织青少年足球运动员参加各种社会实践活动，培养他们自己动手解决实际困难的能力。

3. 创设挫折情境，提高对挫折的承受力

为青少年足球运动员设置一定的挫折情境，培养和锻炼一些诸如强烈的好奇心、广泛的兴趣、刻苦勤奋的精神、坚定的信念等良好品质，这对于青少年在学习和生活中战胜困难，克服挫折具有重要的意义。采用的具体形式如下。

（1）以榜样的力量影响青少年。俱乐部应以丰富多样的形式，宣传爱国主义思想，学习国内外优秀的足球运动员，这对青少年克服挫折具有潜移默化的作用。

（2）通过影视艺术预演挫折情景。一部优秀的影视片能够教育一代甚至几代人，因此，影视艺术是预演挫折情境的有效途径。

（3）创设并演练真实的挫折情境。俱乐部创设真实的挫折情境，如军训、徒步远足训练、野地生存训练等，让青少年去亲身体验，这对于磨炼他们的意志，培养良好的心理素质，以及适应挫折环境具有一定的促进作用。当然，这种训练的内容和环节应从实际出发，贴近青少年的特点，不能主观设想，以避免青少年因身体不适或其他原因不能坚持而中途取消。

（4）放手让青少年足球运动员独立处理生活中的挫折事件。在日常生活、学习和社会交往中，青少年不可避免地会遇到令人烦恼和沮丧的事情，进而引起他们心理上的不安和压抑。在青少年可承受的情况下，教师可让青少年独立处理一些事情，让他们学会释放心理压力，并从独立处世的过程中，体验克服挫折的过程。

4. 提供心理咨询与服务

建立健全心理咨询和心理辅导机构，帮助青少年足球运动员进行心理疏导，引导他们分析自己的智力和性格特点，改进学习方法，正确评价自己和正确对待他人，掌握人际交往的知识，建立良好的人际关系，合理处理爱慕与学习、友谊的关系，以便遇到困难和挫折时，能够运用自我调节的方法减轻心理压力。

三、猜疑心理及矫正

猜疑心理通常表现为过分敏感，常将他人无意或友好的行为误解为敌意或轻蔑，表现为思想行为固执、古板。足球运动员猜疑心理的形成，与他们的生活环境密切相关，如家庭中遭到遗弃、虐待、专制、忽视、溺爱，以及训练中不当的批评方式等。猜疑心理会使足球运动员无端怀疑别人和无端自卑，对足球运动员造成了很大危害。猜疑心理可采取以下方法进行矫正。

（1）经常提醒自己不要陷入“敌对心理”的漩涡中。当教练员或队友讲话语气比较重时，足球运动员应理解为有可能教练员或队员碰到不顺心的事情，不要将自己与他们对立起来。

（2）懂得尊重别人。尊重是相互的，因为只有懂得尊重别人的人，才会受到别人的尊重。

（3）与他人交流要积极主动。尤其是当他人有困难时，足球运动员应该全力相助，这样足球运动员才能取得他人的信赖和友谊。

四、嫉妒心理及矫正

在同他人作比较时，发现自己的才能、名誉、地位、境遇和外貌等方面不如别人，因此产生由羞愧、愤怒、怨恨等组成的复杂情绪状态，这就是嫉妒心理。嫉妒具有明显的发泄性，如果得不到及时阻止就会演变成嫉恨，进而失去理智，攻击对方。嫉妒心理可采取以下方法进行矫正。

（1）对嫉妒的危害有所认识。嫉妒心理是不健康的，它对自己和他人均有危害。足球运动员矫治嫉妒心理，就要认识嫉妒的危害性。

（2）对自我要有客观的认识。足球运动员要认识到，在社会生活中，每个人由于主客观条件不同，相互之间会存在一定差异。足球运动员应该冷静正确地评价自己，找出与他人的差距，认识自我存在的不足，开拓自身潜能。

（3）克服自身的狭隘心理。足球运动员心胸狭隘与否，与他的思想修养、道德水平、文化素质、社会经历和性格品质有关。淡化自我、摒弃私念、开阔心胸、克服狭隘的自私心理，就不会产生无谓烦恼。

（4）注意人际交往。足球运动员长期缺乏情感沟通，就容易导致心胸狭隘，进而产生嫉妒心理。因此，足球运动员应该注意人际交往，开拓自己的生活空间，以避免嫉妒心理产生。

五、自卑心理及矫正

自卑也是足球运动员经常会出现的心理问题之一。一般来说，运动成绩不理想和教练员和队友对自己评价偏低是自卑心理产生的主要原因，其中前者是根本原因。自卑心理可以采用以下措施进行矫正。

（1）对自己进行客观评价。每个人都有自己的长处与短处，不能因自己某些竞技能力方面有缺陷而怀疑自己的全部能力。因此，足球运动员不仅应该如实看到自己的不足，而且还要善于发现自己的长处。

（2）与别人进行合理比较。足球运动员不应该总是用自己的不足与别人的长处相比，而应该与环境和心理条件相近的人进行比较，这样他们才能清醒地认识自己的实际水平和自己在群体中的位置。

（3）正确地分析原因。足球运动员如果因为主观目标脱离实际而导致失败，那么调整目标即可；如果因自己努力不够或方法不对，改进即可；如果确因能力不足而致失败，则另辟蹊径即可。总之，足球运动员应该接受现实，容忍自己的不足，并通过其他方面的努力，扬长避短。

（4）进行适当合理的表现。足球运动员应该多做一些力所能及、把握较大的事情。哪怕这些事情很小，也不要放弃争取成功的机会，因为任何成功都能增强你自己的自信，从而走出自卑。

附 录

附录一 关于加快发展青少年校园足球的实施意见

教育部等6部门关于加快发展青少年校园足球的实施意见

（教体艺[2015]6号）

各省、自治区、直辖市教育厅（教委）、发展改革委、财政厅（局）、新闻出版广电局、体育局、团委：

加快发展青少年校园足球是贯彻党的教育方针、促进青少年身心健康的重要举措，是夯实足球人才根基、提高足球发展水平和成就中国足球梦想的基础工程。近年来，校园足球事业取得了积极进展，体制机制不断完善，发展模式不断创新，校园足球定点学校达到5000多所，举办各种比赛10万多次，青少年足球人口不断扩大。但总体上看，校园足球发展还比较缓慢，发展不平衡，存在普及面不广、竞赛体系不健全、保障能力不足等问题。为进一步落实深化教育领域综合改革总体要求和《中国足球改革发展总体方案》，现就加快发展青少年校园足球提出以下意见：

一、总体要求

（一）指导思想

把发展青少年校园足球作为落实立德树人根本任务、培育和践行社会主义核心价值观的重要举措，作为推进素质教育、引领学校体育改革创新的重要突破口，充分发挥足球育人功能，遵循人才培养和足球发展规律，理顺管理体制，完善激励机制，优化发展环境，大力普及足球运动，培育健康足球文化，弘扬阳光向上的体育精神，促进青少年身心健康、体魄强健、全面发展，为提升人口素质、推动足球事业发展、振奋民族精神提供有力支撑。

（二）基本原则

坚持改革创新。深化体制机制改革，加强顶层设计，强化政策、标准和项目引导，在重点领域和关键环节取得突破，增强青少年校园足球发展活力。

坚持问题导向。树立科学发展理念，破解发展难题，转变发展方式，加强基础条件和基础工程建设，持久用力、久久为功，促进青少年校园足球健康发展。

坚持统筹协调。以政府为主导，学校为主体，鼓励社会参与，整合多种资源，完善支持政策，形成青少年校园足球发展合力。

坚持因地制宜。立足当前实际，着眼长远发展，充分利用现有基础，不断创造良好条件，鼓励探索多样化的青少年校园足球发展模式。

（三）工作目标

到 2020 年，基本建成符合人才成长规律、青少年广泛参与、运动水平持续提升、体制机制充满活力、基础条件保障有力、文化氛围蓬勃向上的中国特色青少年校园足球发展体系。

普及程度大幅提升。学校普遍开展足球运动，学生广泛参与足球活动，校园足球人口显著增加，学生身体素质、技术能力和意志品质明显提高，形成有利于大批品学兼优的青少年足球人才脱颖而出的培养体系。支持建设 2 万所左右青少年校园足球特色学校，2025年达到5万所。重点建设200个左右高等学校高水平足球运动队。

教学改革更加深入。形成内容丰富、形式多样、因材施教的青少年校园足球教学体系，课程设置、教学标准、教材教法和教学资源等教学要素更加衔接配套，校园足球教学质量明显提升。

竞赛体系更加完善。形成赛事丰富、赛制稳定和赛纪严明的青少年校园足球竞赛体系，球队建设、课余训练、赛事运行等更加规范高效，校园足球运动水平稳步提高。

条件保障更加有力。师资配备补充、培养培训、评价机制和激励措施等更加多样有效，完成 5 万名青少年校园足球专兼职教师的一轮培训；鼓励学生习练足球的综合评价体系更加健全；场地设施和运动安全管理更加完善，财政资金和社会资本多元投入，形成青少年校园足球持续发展保障体系。

二、重点任务

（一）提高校园足球普及水平

加强统筹推进普及。统筹城乡区域布局，统筹各级各类学校，统筹各类社会资源，鼓励有基础的地方和学校探索实践，加大对农村学校帮扶力度，着力扩大校园足球覆盖面。鼓励支持各年龄段学生广泛参与，积极开展青少年女子足球运动，让更多青少年体验足球生活、热爱足球运动、享受足球快乐。以普及校园足球示范带动校园田径、篮球、排球等其他体育运动项目发展。 扶持特色引领普及。遴选一批全国青少年校园足球特色学校，重点建设一批普通高等学校高水平足球运动队，支持其加强建设、深化改革、提高水平和办出特色，发挥其在发展青少年校园足球中的骨干、示范和带动作用。鼓励有条件的地方创建全国青少年校园足球试点县和足球综合改革试验区，先行先试，积累经验，整体推进青少年校园足球发展。

培育文化巩固普及。把开展竞赛、游戏等形式多样的足球活动作为校园文化建设的重要内容，让足球运动融入学生生活、扎根校园。大力发展学生足球社团。鼓励学校充分利用互联网和新媒体搭建信息平台，报道足球活动、交流工作经验、展示特色成果，营造有利于青少年校园足球发展的良好文化氛围。

（二）深化足球教学改革

各级各类学校要把足球列入体育课教学内容，积极推进足球教学模式的多样化。鼓励有条件的学校开展以足球为特色的“一校一品”体育教学改革。足球特色学校可适当加大学时比重，每周至少安排一节足球课，不断提高教学质量。要科学统筹足球教学与其他学科教学，在课时分配、教师配备、教学管理、绩效评价等方面为足球教学改革创造良好条件。发布青少年校园足球教学指南、学生足球运动技能等级标准，规范指导校园足球教学。建设全国青少年校园足球教学资源库，鼓励各地各校因地制宜采取多种方式开发共享高质量的足球教学资源，逐步实现优质足球教学资源全覆盖。依托有条件的单位建立校园足球运动研究基地，加强理论与实践研究，提升校园足球运动发展的科学化水平。

（三）加强足球课外锻炼训练

要把足球运动作为学校大课间和课外活动内容，鼓励引导广大学生“走下网络、走出宿舍、走向操场”，积极参加校外足球运动。有条件的学校要建立班级、年级和校级足球队。鼓励组建女子足球队。妥善处理好学生足球训训练和文化学习之间的关系。教育部门会同体育等部门指导学校制定科学的校园足球训练计划，合理组织校园足球课余训练，为喜欢足球和有足球潜能的学生提供学习和训练机会。

（四）完善校园足球竞赛体系

开展丰富多样的赛事。各地各校要广泛开展多样化的足球竞赛活动，形成“校校参与、层层选拔、全国联赛”的足球竞赛格局。要组织小学低年级学生参加趣味性足球活动。从小学 3 年级以上到初高中学校，要组织班级、年级联赛，开展校际邀请赛、对抗赛等竞赛交流活动。高等学校组织开展院系学生足球联赛和校际交流活动等。鼓励学校参加社会组织举办的足球赛事和公益活动，加强与国际组织和专业机构的交流合作，组织或参与国际青少年足球赛事活动。

形成稳定规范的赛制。规范竞赛管理，构建包括校内竞赛、校际联赛、区域选拔在内的青少年校园足球竞赛体系。建成纵向贯通、横向衔接和规范有序的高校、高中、初中、小学四级青少年校园足球联赛机制。实行赛事分级管理，建立县级、地市级、省级和国家级青少年校园足球竞赛制度。小学阶段联赛范围原则上不超出地市，初中阶段联赛范围原则上不超出省（区、市）。高校足球竞赛成绩要纳入高校体育工作考核评价体系。从2015年起，各地教育部门要按照全国青少年校园足球竞赛方案，依托行业组织、专业机构或社团等分级组织实施本地竞赛活动。注重校园足球赛事与职业联赛、区域等级赛事、青少年等级赛事的有机衔接。

维护公正严明的赛纪。完善竞赛监督制度，使足球成为青少年学生体验、适应社会规则和道德规范的有效途径。提倡公平竞赛，安全竞赛，文明竞赛，完善裁判员公正执法、教练员和运动员严守赛风赛纪的约束机制。规范青少年观赛行为，引导他们遵纪守法、文明观赛，形成良好的青少年校园足球竞赛风气。

（五）畅通优秀足球苗子的成长通道

各地要注重发现、选拔和重点培养学生足球运动苗子，认真组建本地学生足球代表队，开展多种形式的集训、比赛和交流活动。有条件地方的体育、教育部门联合创建青少年足球训练中心，为提高学生足球运动水平提供综合服务。组织全国性校园足球夏（冬）令营，聘请国内外高水平教练集中培训各地选送的优秀学生足球运动员。建立教育、体育和社会相互衔接的人才输送渠道，拓宽校园足球学生运动员进入国家足球后备人才梯队、有关足球职业俱乐部和选派到国外著名足球职业俱乐部的通道。依托全国学生学籍管理系统，建立全国青少年校园足球工作管理信息系统，动态监测学生学习、升学和流动情况，并提供相应支持服务。研究制定学生足球运动员注册管理办法。

三、保障措施

（一）加强师资队伍建设

多渠道配备师资。各地要采取多种方式，配足补齐校园足球教9币。制订校园足球兼职教师管理办法，鼓励专业能力强、思想作风好的足球教练员、裁判员，有足球特长的其他学科教师和志愿人员担任兼职足球教师。完善政策措施，创新用人机制，为退役运动员转岗为足球教师或兼职足球教学创造条件。建立教师长期从事足球教学的激励机制。

多方式培养培训师资。加强体育教育专业建设，鼓励学生主修、辅修足球专项，培养更多的合格足球教师。制订校园足球教师培训计划，开发相关培训资源，组织开展足球教师教学竞赛、经验交流和教研活动，着力提升足球教师教学实践能力和综合职业素养。2015年起，组织开展国家级青少年校园足球骨干师资专项培训。各地要结合实际开展多种方式的教师培训。联合行业组织，聘请国内外高水平足球专家培训校园足球教师、教练员、裁判员。选派部分优秀青少年校园足球工作管理人员、教师、教练员、裁判员到国外参加专业培训和交流活动。

（二）改善场地设施条件

加快场地设施改造建设。各地要把校园足球活动的场地建设纳入本行政区域足球场地建设规划，纳入城镇化和新农村建设总体规划，按照因地制宜、逐步改善的原则，加大场地设施建设力度，创造条件满足校园足球活动要求。鼓励建设小型多样化足球场地设施。在现有青少年培养、实践基地建设中，规划和建设好足球场地设施。

推动场地设施共建共享。各地要统筹体育场地设施资源的投入、建设、管理和使用，鼓励各地依托学区建立青少年足球活动中心，同步推进学校足球场地向社会开放和社会体育场地设施向学校开放，形成教育与体育、学校与社会、学区与社区共建共享场地设施的有效机制。

（三）健全学生参与足球激励机制

把足球学习情况纳入学生档案，作为学生综合素质评价的参考。加强足球特长生文化课教学管理，完善考试招生政策，激励学生长期积极参加足球学习和训练。允许足球特长生在升学录取时合理流动，获得良好的特长发展环境。研究完善高校高水平足球队管理办法和招生政策，增加高校高水平足球运动队数量，适度扩大招生规模。拓展青少年出国交流机会，经过选拔推荐可以参加国际校园足球赛事和交流活动。

（四）加大经费支持力度

各地应当加大对青少年校园足球的投入，统筹相关经费渠道对校园足球改革发展给予倾斜。探索建立政府支持、市场参与、多方筹措支持校园足球发展的经费投入机制。各地要优化教育投入结构，积极创造条件，因地制宜逐步提高校园足球特色学校经费保障水平，支持学校开展足球教学、训练和比赛。

（五）完善安全保险制度

各地要加强校园足球运动伤害风险管理，制定安全防范规章制度，加强运动安全教育、检查和管理，增强学生的运动安全和自我保护意识。完善保险机制，推进政府购买服务，提升校园足球安全保障水平，解除学生、家长和学校的后顾之忧。

（六）鼓励社会力量参与

各地要加大规划、政策、标准引导力度，多渠道调动社会力量支持校园足球发展的积极性。充分发挥职业足球俱乐部、足球学校、体育运动学校在人才培养方面的积极作用，鼓励有条件的体育俱乐部、企业及其他社会组织联合开展有利于校园足球发展的公益活动。完善相关政策，引导社会资本进入校园足球领域。在中国教育发展基金会设立青少年校园足球发展基金，多渠道吸收社会资金。创新校园足球利用外资方式，有效利用境外直接投资、国际组织、外国政府以及其他组织的支持。

四、组织领导

（一）充分发挥全国青少年校园足球工作领导小组作用

教育部门应履行好青少年校园足球主管责任，负责校园足球的统筹规划、宏观指导和综合管理。体育部门发挥人才和资源优势，加强技术指导、行业支持和相关服务。发展改革部门负责统筹场地设施规划与实施。财政部门负责制定推动校园足球工作的相关支持政策。宣传部门加大宣传支持力度，统筹营造社会舆论氛围。其青团系统负责组织或者参与开展校园足球文化活动。教育督导部门要将校园足球纳入教育督导指标体系，制定校园足球专项督导办法，定期开展专项督导。领导小组办公室要配齐配强工作人员，做好日常管理工作，执行领导小组决策、协调成员单位积极推动各项任务落实。成立全国青少年校园足球专家委员会，加强对校园足球的指导。

（二）把发展青少年校园足球纳入重要工作日程

各地要高度重视青少年校园足球工作，加强领导，精心组织，参照全国青少年校园足球工作领导小组组织模式，建立相应工作机制，制定本地区青少年校园足球发展规划，实施青少年校园足球发展项目，明确支持政策，增强管理能力，提升服务水平。鼓励各地成立青少年校园足球协会，承担本地校园足球的具体工作。加强青少年校园足球工作质量监测，定期发布全国和各地区青少年校园足球发展水平报告。

（三）优化发展青少年校园足球舆论环境

大力宣传发展青少年校园足球发展理念、育人功能，校园足球文化和先进经验做法，及时报道和播出学生足球赛事，鼓励影视行业和企业拍摄有关校园足球题材影视作品，在广大青少年中掀起爱足球、看足球、踢足球的热潮，在全社会营造关心、支持校园足球发展的良好氛围。

教育部　国家发展改革委　财政部
新闻出版广电总局　体育总局　共青团中央
2015 年 7 月 22 日

附录二　全国校园足球特色学校基本标准（试行）

（教体艺 [2014]46 号）

根据加快发展和普及校园足球的精神，为确保校园足球特色学校遴选工作规范有序开展，特制定本标准，请遵照执行。

一、组织领导

1. 落实国家政策。学校高度重视学校体育和学生体质健康，按照体育与健康课程标准及有关规定开展体育教学和校园足球工作。

2. 纳入发展规划。将校园足球纳入学校发展规划和年度工作计划，并严格执行。

3. 健全工作机制。建立在校长领导下，学校有关部门共同参加的校园足球工作领导小组，具体指导本校校园足球工作的开展。

4. 完善规章制度。学校制定有校园足球工作组织实施、招生、教学管理、课余训练和竞赛、运动安全防范、师资培训、检查督导等方面的规章制度和工作制度，并且不断完善。

二、条件保障

1. 配齐配强体育师资。在核定编制总量内配齐体育教师，能满足教学工作需求，并至少有一名足球专项体育教师。每年能提供一次体育师资参加培训机会，学校定期开展体育教学研究，不断提高体育教师教学技能。

2. 落实体育教师待遇。体育教师开展体育教学和足球训练和活动要计入工作量。保证体育教师在评优评比、工资待遇、职务评聘等方面享受同等待遇。

3. 场地设施建设完备。场地设施、器械配备基本达到国家标准，能满足体育工作的需求，不断得到补充，并建设有适合学校条件的足球场地，足球及基本训练竞赛器材数量充足。

4. 体育经费保障充足。设立有体育工作专项经费，纳入学校年度经费预算，原则上年生均体育教育经费不低于 10%，保证体育和校园足球工作的正常开展。在为学生实施校方责任险的基础上，为学生新增购买运动意外伤害险。

1. 教学理念先进。深化学校体育改革，坚持健康第一，把足球作为立德树人的载体，积极推进素质教育，促进学生全面发展，健康成长。

2. 保证体育时间。按照国家要求，开足开齐体育课，保证学生每天一小时校园体育活动；义务教育阶段学校把足球作为体育课的必修内容，每周用一节体育课进行足球教学；高中阶段学校开设足球选修课；足球运动纳入大课间或课外活动。

3. 开发足球课程资源。根据国家校园足球教学指南，因地制宜，开发和编制足球校本教材，实施适合学生年龄特点的足球教学和课外活动。

4. 营造校园足球文化。经常开展以足球为主题的校园文化活动（如摄影、绘画、征文、演讲等）。建立基于互联网的校园足球信息平台，动态报道足球活动、交流工作经验、展示特色成果。

1. 成立足球组织。学校有足球俱乐部或兴趣小组，吸纳有兴趣的学生参与足球活动。小学三年级以上建有班级、年级代表队，学校建有校级男、女足球代表队；学生基本达到全员参与足球。

2. 开展科学训练。学校制定有系统、科学的训练计划，常年开展课余足球训练，注重提高训练效益，并配备有安全、医疗等应急方案。定期邀请校外专业教练员提供技术指导。

3. 建立竞赛制度。不断完善校内足球竞赛制度、并趋于稳定；每年组织校内足球班级联赛、年级挑战赛，每个班级参与比赛场次每年不少于 10 场；积极参加校园足球联赛；主动承办本地足球比赛。

4. 支持学生发展。鼓励有天赋、有潜力学生参与校外足球训练、培训和比赛，并积极向上级特色学校及各级各类足球优秀运动队输送人才，为学生提高足球竞技水平和运动能力创造条件。

附录三　中国足球改革发展总体方案

党的十八大以来，以习近平同志为总书记的党中央把振兴足球作为发展体育运动、建设体育强国的重要任务摆上日程。习近平总书记多次指示要下决心把我国足球事业搞上去，李克强总理高度重视足球等体育事业和体育产业工作，国务院多次专题研究部署，我国足球改革发展迎来了前所未有的大好机遇。

足球运动具有广泛的社会影响，深受广大群众喜爱。发展和振兴足球，对提高国民身体素质、丰富文化生活、弘扬爱国主义集体主义精神、培育体育文化、发展体育产业、实现体育强国梦具有重要意义，对经济、社会、文化建设也具有积极促进作用。我国足球曾在亚洲取得良好成绩，从 20 世纪 90 年代初期开始探索发展职业足球，改革一度带来活力，但由于对足球的价值和规律认识不足，急功近利的思想行为严重，组织管理体制落后，人才匮乏，监管缺失，导致足球发展的社会基础薄弱，行业风气和竞赛秩序混乱，运动成绩持续下滑。

2009 年以来，通过以打击假赌黑为重点的治理整顿、发展校园足球等举措，足球事业趋势向好，迎来一个新的高潮。但相对于迅速发展的世界和亚洲足球，我国足球仍全方位落后。振兴足球是建设体育强国的必然要求，也是人民群众的热切期盼。坚定不移地推进改革、振兴足球，并以此为突破口深化体育管理体制改革，是体育战线贯彻落实党的十八大和十八届二中、三中、四中全会精神，顺应人民群众新期待，提升中国体育大国形象，实现体育强国梦的实际行动。为贯彻落实党中央、国务院决策部署，特制定本方案。

一、总体要求

（一）指导思想

以邓小平理论、“三个代表”重要思想、科学发展观为指导，全面贯彻落实党的十八大和十八届二中、三中、四中全会精神，深入学习贯彻习近平总书记系列重要讲话精神，把足球改革发展作为建设体育强国的重要举措，坚持问题导向，改革创新体制，遵循足球发展规律，弘扬中华体育精神，加强思想作风和队伍建设，努力建立专业高效、系统完备、民主开放、运转灵活、法制健全、保障有力的体制机制，推动我国足球事业不断迈上新台阶。

（二）基本原则

——立足国情与借鉴国际经验相结合。从我国足球实际出发，学习借鉴足球发达国家经验，走出一条中国特色足球改革发展新路，全面实现足球的社会价值和功能。

——着眼长远与夯实基础相结合。加强顶层设计，注重战略实施；夯实足球发展的人口基础、设施基础、管理基础、文化基础，持续用力，久久为功。

——创新重建与问题治理相结合。解放思想，转变观念，优化要素组合，创新发展平台；尊重规律，处理好当前与长远、重点与一般、规模与效益等关系，加强科学治理，破解发展难题。

——举国体制与市场机制相结合。发挥社会主义制度优势，整合资源，形成合力；充分发挥市场机制作用，激发活力，创造公平诚信环境，鼓励保护平等竞争。

——发展足球运动与推动全民健身相结合。实现普及与提高、群众足球与竞技足球互相促进，推动足球运动协调发展、全面进步，推动全民健身，增强人民体质。

（三）主要目标

把发展足球运动纳入经济社会发展规划，实行“三步走”战略。

——近期目标：改善足球发展的环境和氛围，理顺足球管理体制，制定足球中长期发展规划，创新中国特色足球管理模式，形成足球事业与足球产业协调发展的格局。

——中期目标：青少年足球人口大幅增加，职业联赛组织和竞赛水平达到亚洲一流，国家男足跻身亚洲前列，女足重返世界一流强队行列。

——远期目标：中国足球实现全面发展，足球成为群众普遍参与的体育运动，全社会形成健康的足球文化；职业联赛组织和竞赛水平进入世界先进行列；积极申办国际足联男足世界杯；国家男足国际竞争力显著提升，进入世界强队行列。

二、调整改革中国足球协会

（四）明确定位和职能

中国足球协会作为具有公益性和广泛代表性、专业性、权威性的全国足球运动领域的社团法人，是代表我国参加国际足球组织的唯一合法机构，主要负责团结联系全国足球力量，推广足球运动，培养足球人才，制定行业标准，发展完善职业联赛体系，建设管理国家足球队。

（五）调整组建中国足球协会

按照政社分开、权责明确、依法自治的原则调整组建中国足球协会，改变中国足球协会与体育总局足球运动管理中心两块牌子、一套人马的组织构架。中国足球协会与体育总局脱钩，在内部机构设置、工作计划制定、财务和薪酬管理、人事管理、国际专业交流等方面拥有自主权。

（六）优化领导机构

中国足球协会不设行政级别，其领导机构的组成应当体现广泛代表性和专业性，由国务院体育行政部门代表、地方及行业足球协会代表、职业联赛组织代表、知名足球专业人士、社会人士和专家代表等组成。

（七）健全内部管理机制

完善中国足球协会内部治理结构、权力运行程序和工作规则，建立决策权、执行权、监督权既相互制约又相互协调的机制。加强自身建设，广纳贤才，吸收足球、体育管理、经济、法律、国际专业交流等领域优秀人才充实工作队伍，提高人员素质；加强行业自律，着力解决足球领域存在的问题；增强服务意识，克服行政化倾向。中国足球协会按照社团法人机制运行，实行财务公开，接受审计和监督。

（八）健全协会管理体系

中国足球协会会员应当体现地域覆盖性和行业广泛性。地方、行业足球协会参照中国足球协会管理体制调整组建，按照中国足球协会章程以会员名义加入中国足球协会，接受中国足球协会行业指导和管理。地方、行业足球协会担负本地区、本行业的会员组织建设、竞赛、培训、各类足球活动开展、宣传等职责。经过努力，逐步形成覆盖全国、组织完备、管理高效、协作有力、适应现代足球管理运营需要的协会管理体系。

（九）加强党的领导

健全各级足球协会党的组织机构，按照党管干部原则和人才政策，加强协会思想政治工作和干部日常管理。中国足球协会设立党委，由体育总局党组领导。

三、改革完善职业足球俱乐部建设和运营模式

（十）促进俱乐部健康稳定发展

严格准入，规范管理职业足球俱乐部，充分发挥其在职业联赛中的主体地位和重要作用。俱乐部应当注重自身建设，健全规章制度，加强自律管理，遵守行业规则，积极承担社会责任，接受社会监督。鼓励地方政府创造条件，引导一批优秀俱乐部相对稳定在足球基础好、足球发展代表性和示范性强的城市，避免俱乐部随投资者变更而在城市间频繁迁转、缺乏稳定依托的现象，积极培育稳定的球迷群体和城市足球文化。

（十一）优化俱乐部股权结构

实行政府、企业、个人多元投资，鼓励俱乐部所在地政府以足球场馆等资源投资入股，形成合理的投资来源结构，推动实现俱乐部的地域化，鼓励具备条件的俱乐部逐步实现名称的非企业化。完善俱乐部法人治理结构，加快现代企业制度建设，立足长远，系统规划，努力打造百年俱乐部。

（十二）推动俱乐部形成合理的人才结构

制定俱乐部人才引进和薪酬管理规范，探索实行球队和球员薪金总额管理，有效防止球员身价虚高、无序竞争等问题。研究引进高水平外援名额限制等相关政策及决策机制，处理好外援引进与本土球员培养的关系。加强俱乐部劳动合同管理，严厉查处“阴阳合同”等违法行为，及时纠正欠薪行为。调整俱乐部运动员转会手续费政策，减轻俱乐部负担。

四、改进完善足球竞赛体系和职业联赛体制

（十三）加强竞赛体系设计

完善竞赛结构，扩大竞赛规模，增加竞赛种类，逐步形成赛制稳定、等级分明、衔接有序、遍及城乡的竞赛格局。尤其要注重职业联赛、区域等级赛事、青少年等级赛事、校园足球赛事的有机衔接，实现竞赛结构科学化。逐步建立健全青少年联赛体系。积极倡导和组织行业、社区、企业、部队、中老年、5 人制、沙滩足球等赛事。

（十四）调整组建职业联赛理事会

建立具有独立社团法人资格的职业联赛理事会，负责组织和管理职业联赛，合理构建中超、中甲、中乙联赛体系。中国足球协会从基本政策制度、俱乐部准入审查、纪律和仲裁、重大事项决定等方面对理事会进行监管，派代表到理事会任职。理事会派代表到中国足球协会任职，参与有关问题的讨论和决策。

（十五）完善竞赛奖励制度

制定符合足球项目特点、有别于其他体育项目的奖励标准。

（十六）维护竞赛秩序

坚持公平竞赛，树立良好赛风。赛事组织机构和体育行政部门会同公安机关加强管理，各司其职，完善安全保障措施。公安机关负责加强对足球赛事安全秩序的监管，组织开展对比赛现场及周边地区的治安秩序管理维护工作，依法打击违法犯罪活动。引导球迷文明观赛，遵纪守法。

（十七）加强行业管理

完善裁判员公正执法、教练员和运动员遵纪守法的约束机制。严格防范、严厉查处足球行业违规违纪行为，完善纪律处罚、行业救济制度和机制。足球管理部门与公检法等方面加强协作，建立健全违法举报机制和紧密衔接的合作机制，有效防范、及时侦破、坚决打击假赌黑等违法犯罪行为。

（十八）促进国际赛事交流

推动中国足球积极参加国际足球赛事，增进交流，提高水平。研究并推动申办国际足联男足世界杯相关工作。

五、改革推进校园足球发展

（十九）发挥足球育人功能

深化学校体育改革、培养全面发展人才，把校园足球作为扩大足球人口规模、夯实足球人才根基、提高学生综合素质、促进青少年健康成长的基础性工程，增强家长、社会的认同和支持，让更多青少年学生热爱足球、享受足球，使参与足球运动成为体验、适应社会规则和道德规范的有效途径。

（二十）推进校园足球普及

各地中小学把足球列入体育课教学内容，加大学时比重。以扶持特色带动普及，对基础较好、积极性较高的中小学重点扶持，全国中小学校园足球特色学校在现有 5000 多所基础上，2020 年达到 2 万所，2025 年达到 5 万所，其中开展女子足球的学校占一定比例。完善保险机制，推进政府购买服务，提升校园足球安全保障水平，解除学生、家长和学校的后顾之忧。

（二十一）促进文化学习与足球技能共同发展

加强足球特长生文化课教学管理，完善考试招生政策，激励学生长期积极参加足球学习和训练。允许足球特长生在升学录取时在一定范围内合理流动，获得良好的特长发展环境。

（二十二）促进青少年足球人才规模化成长

推动成立大中小学校园足球队，抓紧完善常态化、纵横贯通的大学、高中、初中、小学四级足球竞赛体系，探索将高校足球竞赛成绩纳入高校体育工作考核评价体系。

（二十三）扩充师资队伍

通过培训现有专、兼职足球教师和招录等多种方式，提高教学教练水平，鼓励引进海外高水平足球教练。到 2020 年，完成对 5 万名校园足球专、兼职足球教师的一轮培训。完善政策措施，加强专业教育，为退役运动员转岗为体育教师创造条件。

六、普及发展社会足球

（二十四）推动足球运动普及

坚持以人为本，推动社会足球加快发展，不断扩大足球人口规模。鼓励机关、事业单位、人民团体、部队和企业组建或联合组建足球队，开展丰富多彩的社会足球活动。注重从经费、场地、时间、竞赛、教练指导等方面支持社会足球发展。工会、共青团、妇联等人民团体发挥各自优势，推进社会足球发展。

（二十五）推动社会足球与职业足球互促共进

通过社会足球人口不断增加、水平不断提高，为职业足球发展奠定扎实的群众基础和人才基础。通过加快发展职业足球，促进社会足球的普及和提高。

七、改进足球专业人才培养发展方式

（二十六）拓展足球运动员成长渠道和空间 加大培养力度，完善选用机制，多渠道造就优秀足球运动员。增强校园足球、社会足球的人才培养意识，拓宽职业足球选人视野，畅通优秀苗子从校园足球、社会足球到职业足球的成长通道。搞好体教结合，加强文化教育、意志锤炼和人格熏陶，促进足球运动员全面发展。鼓励足球俱乐部、企业和其他社会力量选派职业球员、青少年球员到足球发达国家接受培训，并力争跻身国外高水平职业联赛。

（二十七）加强足球专业人才培训

按照分级、分类管理的原则，构建国家、区域、行业、专业机构、社会力量等多级、多元的培训组织结构，加强对足球教练员、裁判员、讲师等专业人才的培训。充分发挥体育院校、体育科研院所在足球理论研究和足球专业人才培训中的作用。加强国际交流，引入一批高水平外籍讲师对我国教练员、裁判员、讲师实施规模化培训。

（二十八）加强足球管理人才培训

壮大各级足球协会、俱乐部等组织的专业力量，提升人员素质和工作水平。造就一支适应现代足球管理需要的专业化、国际化的管理队伍。

（二十九）设立足球专业学院和学校

适应足球人才培养需要，依托具备条件的本科院校设立足球学院，积极探索建立文化教育与足球运动紧密融合的新型足球学校。

（三十）做好足球运动员转岗就业工作

统筹市场机制和政策引导，为足球运动员再就业再发展搭建平台，支持其经过必要培训和考核，担任足球教练员、裁判员、讲师，或到企事业单位和部队成为群众足球活动的骨干，或进入足球协会、足球俱乐部从事足球管理和服务工作。

八、推进国家足球队改革发展

（三十一）精心打造国家队

发挥制度优势，强化组织领导，增强国家荣誉感和社会责任感，弘扬中华体育精神，打造技艺精湛、作风顽强、能打硬仗、为国争光的国家足球队，以优异表现振奋人民群众信心、激发青少年热情、促进全国足球发展。加大改革力度，形成符合球员身心特征和当代足球发展趋势的技术路线，稳步提升国家队水平。

（三十二）完善队员选拔机制

坚持立足当前、着眼接续，坚持技术和作风并重，坚持公开、平等、竞争，优先选拔为国效力愿望强烈、意志品质一流的优秀球员进入国家队。国家队球员从各职业俱乐部征调，通过动态选拔机制，使任何时候组建的国家队都能成为当时参赛状态、技战术能力、协作配合最好的团队。加强国家队后备人才储备，完善青少年足球人才发现与选拔机制，对拔尖青少年球员建立数据库并长期跟踪，动态调整备选队员名单。

（三十三）提高服务保障能力

加强对国家队经费投入、奖励政策、基地建设、后勤服务、情报信息等方面的保障，提高服务水平。新建 2 个国家足球训练基地，满足国家队不同季节的比赛和训练需要。聘请境内外高水平专业人才，深入开展足球理论、技战术、医疗康复、团队管理等研究，发挥科研对国家队的指导支撑作用。

（三十四）加强教练团队建设

建立严格规范的国家队教练及管理团队遴选、考核评价机制，加强合同管理。实行主教练负责制，对教练员团队和管理服务团队实行任期目标考核，做到责任与权益明确、激励与约束到位。

（三十五）统筹国家队与俱乐部需求

科学制定符合我国国情和职业足球规律的国家队工作规划及管理体系。完善国家队同职业联赛及其他各层级联赛协调制度，综合把握国家队赛事周期和国内赛事安排。俱乐部应当以大局为重，全力支持配合国家队建设。

九、加强足球场地建设管理

（三十六）扩大足球场地数量

研究制定全国足球场地建设规划。把兴建足球场纳入城镇化和新农村建设总体规划，明确刚性要求，由各级政府组织实施。因地制宜建设足球场，充分利用城市和乡村的荒地、闲置地、公园、林带、屋顶、人防工程等，建设一大批简易实用的非标准足球场。创造条件满足校园足球活动的场地要求。

（三十七）对足球场地建设予以政策扶持

对社会资本投入足球场地建设，应当落实土地、税收、金融等方面的优惠政策。

（三十八）提高场地设施运营能力和综合效益

按照管办分离和非营利性原则，通过委托授权、购买服务等方式，招标选择专业的社会组织或企业负责管理运营公共足球场，促进公共足球场低价或免费向社会开放。推动学校足球场在课外时间低价或免费向社会开放，建立学校和社会对场地的共享机制。

十、完善投入机制

（三十九）加大财政投入

各级政府应当加大对足球的投入，根据事权划分主要用于场地建设、校园足球、青少年足球、女子足球、国家队建设、教学科研等方面。体育、教育等部门在安排相关经费时，应当对足球改革发展给予倾斜。

（四十）成立中国足球发展基金会

基金会作为非营利性法人，依法开展募捐、接受捐赠并资助足球公益活动。鼓励各类企事业单位、社会力量和个人捐赠，捐赠资金可依法在计算企业所得税、个人所得税应纳税所得额时扣除。基金会按章程管理运行，依照有关法规加强信息公开，接受社会监督。

（四十一）加大彩票公益金支持足球发展的力度

每年从中央集中彩票公益金中安排一定资金，资助中国足球发展基金会，专项用于支持青少年足球人才培养和足球公益活动。积极研究推进发行以中国足球职业联赛为竞猜对象的足球彩票。

（四十二）加强足球产业开发

加大足球无形资产开发和保护力度，通过打造赛事品牌、开发足球附属产品、培育足球服务市场、探索足球产业与相关产业的融合发展，构建全方位、全过程足球产业链，不断增加足球产业收益，形成多种经济成分共同兴办足球产业的格局。

（四十三）加大中国足球协会市场开发力度

不断增加联赛、杯赛、国家队等的市场开发收益。加快理顺与下属商务公司的关系，按照现代企业制度改造下属公司，使其逐步成为真正的市场主体，同时引入新的竞争主体，建立面向市场、平等竞争的格局。

（四十四）建立足球赛事电视转播权市场竞争机制

创新机制，实现足球赛事电视转播权有序竞争。改革足球赛事转播权收益分配机制，确保赛事主办方和参赛主体成为主要受益者。创新足球赛事转播和推广运营方式，探索传统媒体和新媒体在足球领域融合发展的实现形式，增加新媒体市场收入。

（四十五）鼓励社会力量发展足球

引导有实力的知名企业和个人投资职业足球俱乐部、赞助足球赛事和公益项目，发挥支持足球事业的示范和带动作用，拓宽俱乐部和足球发展资金来源渠道。

十一、加强对足球工作的领导

（四十六）建立足球改革发展部际联席会议制度

为持续推动足球改革发展，确保本方案落实，建立足球改革发展部际联席会议制度。体育总局应当加强对足球改革发展的政策研究和宏观指导。教育部应当履行好校园足球主管责任。各方面应当各司其职、各负其责、各尽其力、协同配合，共同推动足球改革发展。

（四十七）把足球工作纳入重要工作日程

各地把足球改革发展纳入重要议事日程，解放思想，明确目标，狠抓落实，整合资源，统筹力量，大胆探索，形成特色。地方各级体育行政部门负责支持当地足球协会工作，推动本地区足球发展。

（四十八）加强足球行业作风和法治建设

加强足球领域的思想品德教育和职业道德教育，强化运动队伍精神作风和意志品质的锤炼，培养爱国奉献、坚忍不拔、团结拼搏的作风，努力形成激励中国足球发展振兴、有益于社会和谐进步的精神力量。适应足球发展需要和行业特点，完善国家相关法律法规和足球行业规范规则，打牢足球治理的制度基础。形成预防与惩处并重的足球法治教育体系、执法和监督体系，建立公正透明的法治环境。

（四十九）营造良好舆论环境

宣传引导群众客观认识足球现状，建立合理预期，理性看待输赢。创新足球宣传方式，强化涉足球新闻管理和舆论引导工作，最大限度凝聚足球改革发展共识。

（五十）发挥典型带动作用

选择一批足球基础好、发展足球条件好、工作积极性高的地方和城市，加强扶持和指导，总结推广足球改革发展的典型经验，以点带面，推动提高。

附录四　中国足球中长期发展规划（2016—2050年）

改革开放以来，我国经济社会快速发展，人民生活水平显著提高，群众对体育健身需求日益增长。当前，我国正处于全面建成小康社会的关键时期，振兴和发展足球是全国人民的热切期盼，关系到群众身心健康和优秀文化培育，对于建设体育强国、促进经济社会发展、实现中华民族伟大复兴的中国梦具有重要意义。为贯彻落实《国务院关于加快发展体育产业促进体育消费的若干意见》和《中国足球改革发展总体方案》等文件精神，促进中国足球持续健康发展，经国务院同意，制定本规划。规划近期至2020年，中期至2030年，远期展望至2050年。

一、发展基础

——足球运动逐步发展。目前，我国经常参加足球运动的人数达到一定规模，球迷人数过亿。校园足球初步普及，联赛体系逐渐形成，每年比赛超过10万场。社会足球初具氛围，各级足协、企事业单位和社会各界积极开展足球活动，每年举办2万余场业余足球比赛。职业足球稳步发展，职业俱乐部达到52个，已初步建立起中超、中甲、中乙为主体的职业联赛框架。

——足球产业初具规模。经过多年发展，我国足球产业规模逐步扩大，产业链不断拓展，带动作用日趋增强。足球运动的群众关注度不断提高。近十年，中超足球联赛场均观赛规模达到1.5万人次。

——国际交流日益增强。足球国际活动明显增加，成为体育外交的重要组成部分，国际化程度日益提高。国内运动员、教练员和裁判员赴外学习、训练、参赛明显增多，引进外籍教练员和运动员的水平明显提升。国内俱乐部与国际高水平俱乐部形成合作机制。

尽管我国足球发展取得了一些进展，具备了一定的基础，但总体看仍然存在许多问题：发展理念滞后，对足球价值和发展规律认识不足，急功近利的思想较为严重；体制机制落后，政社不分、管办不分、事企不分的问题依然存在；法治水平偏低，行风不正、竞赛秩序较乱，缺乏有效监管；足球基础薄弱，人才短缺、设施不足，难以满足社会日益增长的足球运动需求。

二、总体思路

（一）指导思想

全面贯彻党的十八大和十八届三中、四中、五中全会精神，深入学习贯彻习近平总书记系列重要讲话精神，推动落实“四个全面”战略布局，树立现代足球运动理念，遵循足球运动发展规律，以服务于人的全面发展为宗旨，以改革创新为动力，以足球普及为导向，持续用力，久久为功，扎扎实实筑牢足球发展的制度基础、人才基础、设施基础、社会基础，不断提升足球运动的规模和质量，不断增强全民族的身体素质和健康水平，走出一条适合中国实际的足球发展路子，努力实现“足球崛起梦、体育强国梦、民族复兴梦”。

（二）战略定位

——全民健身的重要事业。足球是一项深受广大人民群众喜爱的体育运动。振兴和发展足球，可以提高全民健身参与程度，增强群众身体素质，是提高全民族身心健康水平的重要支撑。

——国民经济的重要产业。足球产业是朝阳产业、绿色产业，在转方式、调结构、促发展中扮演着重要角色。振兴和发展足球，可以扩大消费，拉动体育产业及相关产业发展，形成新的经济增长点。

——体育强国的重要基石。足球是具有广泛影响力的世界性运动。振兴和发展足球，可以促进体育运动全面发展，托起中国体育强国梦，绘就民族伟大复兴的蓝图。

——民族精神的重要载体。足球运动具有重要的育人功能，有利于弘扬社会主义核心价值观。振兴和发展足球，可以构建有中国特色的足球文化，激励人们顽强奋斗精神，促进人的全面发展，提升中华民族的凝聚力和自豪感。

（三）发展原则

——坚持遵循规律，持续发展。遵循足球发展规律，科学谋划，以人为本，从娃娃抓起，从基层抓起，从基础抓起，有序推进，持之以恒。

——坚持改革引领，创新发展。充分发挥足球对我国体育发展和改革的引领作用，以改革体制机制为突破口，转变足球发展方式，积极探索足球发展的新路径，提升足球运动的活力和水平。

——坚持依法治理，规范发展。把足球发展纳入法治化轨道，全面提升法治观念和法治水平，创造平等参与、公平竞争的发展环境，构建依法、依规、依章的治理体系。

——坚持包容共享，开放发展。充分调动全社会的积极性和创造力，营造重视足球、支持足球、参与足球的良好氛围。提高对内对外开放水平，在合作共赢中谋发展。

三、发展目标

（一）近期目标（2016—2020 年）

努力实现中国足球保基本、强基层、打基础的发展目标。

保基本：人民群众对足球运动的需求得到基本满足，开展足球活动的场地、时间、经费得到基本保障，全社会关心和支持足球发展的良好氛围基本形成。

强基层：校园足球加快发展，全国特色足球学校达到 2 万所，中小学生经常参加足球运动人数超过 3000 万人。社会足球发展基础不断夯实，基层足球组织蓬勃发展，基层足球活动广泛开展。全社会经常参加足球运动的人数超过 5000 万人。

打基础：中国特色的足球管理体制机制初步建立，政策法规初具框架，行业标准和规范趋于完善，竞赛和培训体系科学合理，足球事业和产业协调发展的格局基本形成。全国足球场地数量超过 7 万块，使每万人拥有 0.5~0.7 块足球场地。

（二）中期目标（2021—2030 年）

奋力实现中国足球动力更足、活力更强、影响力更大，跻身世界强队的发展目标。

动力更足：管理体制科学顺畅，法律法规完善健全，多元投入持续稳定，足球人口基础坚实。每万人拥有 1 块足球场地。

活力更强：校园足球、社会足球、职业足球体系有效运行，各类市场主体踊跃参与，足球产业规模有较大提高，成为体育产业的重要引擎。

影响力更大：职业联赛组织和竞赛水平达到亚洲一流，国家男足跻身亚洲前列，女足重返世界一流强队行列，体育大国形象得到进一步提升。

（三）远期目标（2031—2050 年）

全力实现足球一流强国的目标，中国足球实现全面发展，共圆中华儿女的足球梦想，为世界足球运动作出应有贡献。

四、主要任务

（一）构建制度体系

科学构建中国特色足球管理体制。搭建政府统筹推进、部门分工负责、社会广泛参与的管理框架。政府的主要职责是提供公共服务，营造市场环境，加强监督管理。体育行政部门加强对足球改革发展的政策研究和宏观指导，促进各职能部门协同配合。

教育行政部门履行好校园足球主管责任，积极推动校园足球发展。中国足球协会主要负责统一组织、管理和指导全国足球运动发展，推动足球运动普及和提高。

健全完善足球可持续发展机制。激发市场活力，充分调动社会力量参与足球发展的积极性，实现足球运动经济效益和社会效益良性循环。打破利益藩篱，创造公平竞争环境，促进资源优化配置。

专栏1 “十三五”足球体制改革攻坚工程

深化足球协会管理体制改革，调整改革中国足球协会，完善中国足球协会内部管理机制，健全协会管理体系，逐步建立体制完善、结构合理、职责明确、规章健全、监管完善的协会管理体制，形成协会依法自主管理、科学民主决策的新机制。地方、行业足球协会参照中国足球协会调整组建。建立具有独立社团法人资格的职业联赛管理机构，负责组织和管理职业联赛。完善俱乐部法人治理结构，加快现代企业制度建设，推动俱乐部的地域化和名称的非企业化。

建立规范有效的足球法治体系。完善国家相关法律法规和足球行业规范规则。推进标准化和规范化建设。健全监督、执法和仲裁机制，加强足球组织、俱乐部、从业人员诚信守则自律，严肃赛风赛纪，依法严厉查处打击足球领域的违法犯罪行为。完善足球赛事和活动安保服务标准，积极推进安保服务规范化、社会化。

（二）培养人才队伍

大幅增加青少年足球参与规模。加强校园足球建设，把足球列入体育课教学内容，发展足球社团，培养足球兴趣，开展足球竞赛活动，不断培育足球爱好者和足球人才。增强学生、家长对足球的认同感，支持学生课余、校外参加足球活动。以市场化、社会化为导向，构建多渠道、多形式人才发现和培养机制，不断增加足球人才后备力量。

专栏2 “十三五”校园足球普及行动

深化足球教学改革，形成内容丰富、形式多样、因材施教的青少年校园足球教学体系。制定校园足球教学训练指南，开发校园足球网络课程并免费开放。将校园足球骨干教师纳入中小学幼儿园教师国家级培训计划等培训项目，对5万名专兼职足球师资进行培训。建立健全校园足球竞赛体系，实施全国校园足球四级联赛制度。完善考试招生政策，激励学生长期积极参加足球学习和训练。支持建设一批校园足球特色学校和试点县。

显著扩大教练员、裁判员队伍。提高体育教师的足球教学水平，发展足球专业教师队伍，培养学校足球教练员、裁判员。加强职业教练员、裁判员队伍建设，不断完善教练员、裁判员培训体系。构建社区足球指导服务体系，提高社会体育指导员的技能水平，有条件的地区探索设立社区足球指导员专门岗位，鼓励专业教练员、裁判员服务城乡社区和校园。

建立职业运动员良性发展机制。逐步增加注册球员，优化发现和选拔机制，让技术过硬、素养较高的优秀足球运动员脱颖而出。坚持运动技能和文化教育相结合，加大多技能培养培训力度，拓宽退役运动员发展空间，打通向教练员、裁判员、社会体育指导员、企事业单位和足球协会管理人员的转岗就业渠道。

培养复合型产业人才。面向市场需求，通过高等院校、科研院所、中职教育、职业培训和继续教育等多种形式，培养足球行业人才。重点发展经营管理、资本运作、营销推广、研发设计、中介服务、文化创意等专业人才队伍。加强足球产业人才的国际合作与交流。

专栏 3 “十三五”专业化人才培养计划

提高高等院校体育类专业招收足球专项学生的比重，鼓励吸引其他专业学生选修足球方向，依托具备条件的本科院校设立足球学院，积极在中等职业学校开设足球专业。鼓励社会力量举办足球培训机构。加快培养足球职业教练员和社区足球指导员，轮训人数逐年增加，2020 年达到 1 万人次。健全足球裁判员培养体系，注册裁判员总量在现有基础上翻一番。

（三）建设场地设施

科学规划足球场地设施发展。扩大足球场地供给，优化类型结构，提高设施质量，不断满足全社会足球运动发展需求。根据人口规模、自然条件、经济发展水平，逐步配置完善足球场地设施。制定各类足球场地建设指南。创新足球场地设施管理方式，促进场地设施集约高效利用。

加大校园足球运动场地建设力度。每个中小学足球特色学校均建有 1 块以上足球场地，有条件的高等院校均建有 1 块以上标准足球场地，其他学校创造条件建设适宜的足球场地。提高学校足球场地利用率，加快形成校园场地与社会场地开放共享机制。

推进社区配建足球运动场地。在城市建设和新农村建设规划中统筹考虑社区足球场地建设。鼓励建设小型化、多样化的足球场地，方便城乡居民就近参与足球运动。

专栏 4 “十三五”足球场地设施重点建设工程

全国修缮、改造和新建 6 万块足球场地，使每万人拥有 0.5—0.7 块足球场地，其中校园足球场地 4 万块，社会足球场地 2 万块。除少数山区外，每个县级行政区域至少建有 2 个社会标准足球场地，有条件的城市新建居住区应建有 1 块 5 人制以上的足球场地，老旧居住区也要创造条件改造建设小型多样的场地设施。

（四）丰富赛事活动

广泛开展校园足球活动。开展以强身健体和快乐参与为导向的校园足球比赛。

以增强学生体质和意志品质、普及足球知识和技能、培养足球兴趣爱好为目的，举办多种形式的校园足球活动。逐步健全高校、高中、初中、小学校园足球四级赛事，科学、合理、适度组织竞赛活动。

优化职业联赛结构。改进职业联赛框架布局，形成中超、中甲、中乙参赛球队数量递增的联赛结构，稳定扩大中甲、中乙联赛队伍规模，提升职业联赛竞赛质量。推进职业联赛管理现代化，不断提升联赛运行管理水平，推动职业俱乐部建立现代治理结构。

支持社会足球赛事活动。鼓励因地制宜、多种形式组建社区足球队、社区足球协会和区域性非职业足球联盟，注重家庭参与，丰富社会足球比赛形式。注重区域等级赛事、青少年赛事、校园足球赛事的有机衔接，逐步实现竞赛结构的科学化。支持党政机关、企事业单位、人民团体、基层部队开展常态化的内部竞赛活动。加强对社会足球的宣传推广。

专栏 5 “十三五”职业联赛提升计划

基本建立体系完整、布局合理的职业足球联赛架构，科学设定参赛队伍数量，形成中超、中甲、中乙联赛合理的规模结构。严格准入、规范管理职业足球俱乐部，加强行业自律。加强职业俱乐部梯队建设，扩大职业联赛影响力。提升中超联赛品牌价值，使场均观赛人次达到世界前列。

专栏 6 “十三五”社会足球培育行动

在全国基础较好的 50 个城市，建立分级制度的城市业余足球体系。在全国 100 个城市建立草根球队广泛参与的城市业余足球杯赛体系，并形成年度城市赛—大区赛—全国总决赛的业余足球竞赛框架。积极支持、鼓励行业、企业、人民团体、社区等社会各界举办业余足球活动，并将他们的比赛与城市足球联赛、杯赛体系相衔接。逐步构建社会足球发展体系，做好社会足球活动的宣传推广，营造广泛参与的社会氛围。

（五）壮大足球产业

大力发展足球服务业。积极发展高水平的足球赛事，推动电视转播、媒体广告、网络服务、大众娱乐等相关产业发展。大力开拓足球场馆运营、足球培训、足球中介代理机构等服务市场。加快发展足球金融保险服务业。积极研究推进发行以中国足球职业联赛为竞猜对象的足球彩票。

做大做强足球用品制造业。大力发展足球制品、运动服装、器材设施、纪念品的研发设计、生产制造和销售推广，打造若干龙头企业和国际品牌。

专栏 7 “十三五”优秀足球企业培育行动

培养 2—3 家亚洲一流、世界知名的足球俱乐部，打造中国足球品牌，扩大世界影响力，推动和培育具备条件的足球俱乐部上市。支持企业加大研发设计投入力度，培育形成一批自主创新能力强、产品科技含量高、具备国际知名度的足球用品制造企业。扶持发展一批成长型足球小微企业，支持其进入各类创业平台和孵化基地，提供足球运营、足球培训、足球网络媒体和社区平台等服务。鼓励组建由制造企业、服务供应商、职业俱乐部等组成的足球产业联盟。

促进足球产业与相关产业融合发展。加快足球产业与旅游业、建筑业、文化创意、餐饮酒店、健康养生等行业的互动发展，催生足球运动新业态。

专栏 8 “十三五”“足球＋互联网”创新行动

推动互联网技术与足球产业深度融合，重点引入移动互联网、电子商务、大数据等新技术和新业态，促进足球产业多点创新。积极利用互联网平台，形成多元参与、有效竞争的赛事转播格局（奥运会、亚运会、世界杯足球赛除外），为广大球迷提供丰富的转播形式和多样选择。支持开发足球类手机应用程序、互联网和手机足球游戏、足球题材动漫和影视作品。

（六）培育足球文化

传承中华民族的传统文化，树立健康、快乐、进取的足球理念，充分发挥足球在强身健体、立德树人方面的积极作用，让参与足球成为健康生活的重要方式。大力弘扬拼搏进取、团结协作、快乐分享的体育精神。加强诚信体系建设。积极倡导尊重规则、尊重对手、尊重观众的行为规范，不断增强足球运动的集体荣誉感和民族自豪感。注重发挥新媒体作用和足球志愿者奉献、友爱、互助、进步的精神，努力培育文明参赛、文明观赛的良好氛围，使足球运动成为传播正能量的重要载体。

（七）促进足球开放

实施海外人才引进计划，吸引高水平的足球人才来华工作，完善出入境、居留、医疗、子女教育等相关政策。积极引入境外资本，优化本土俱乐部等足球企业的股权结构，提高运营管理水平和多元化盈利能力。拓展足球对外交流渠道，鼓励各类主体举办形式多样的国际足球交流活动。鼓励足球各类专业人才赴国外学习、培训，支持更多的优秀专业人才赴国际组织工作。

五、配套政策和保障措施

（一）财政和金融政策

完善公共财政对足球事业发展的投入机制，通过政府购买服务等多种方式加大支持足球运动发展的力度。要加大投入，安排投资支持基础性、公益性足球场地设施建设。鼓励金融机构在风险可控、商业可持续的基础上拓展足球领域金融服务新业务。拓宽足球产业投融资渠道，支持符合条件的足球用品、赛事服务等企业进入资本市场或发行债券。鼓励企业、社会资本单独或合作设立足球发展基金。采取直接投资、贷款贴息、补贴补助、后期奖励等方式，支持足球事业发展。引导保险公司根据足球运动特点开发职业球员伤残保险、校园足球和社会足球人身意外伤害保险、足球场地设施财产保险等多样化的保险产品，鼓励企事业单位、学校、个人购买运动伤害类保险。

（二）规划和土地政策

将足球场地设施建设纳入城乡规划、土地利用总体规划和年度用地计划，在配建体育设施中予以保障。鼓励新建居住区和社区配套建设足球场地，支持老城区与已建成居住区改造现有设施、增加足球活动空间。可利用有条件的公园绿地、城乡空置场所等设置足球场地。对单独成宗、依法应当有偿使用的新建足球场地设施项目用地，供地计划公布后只有一个意向用地者的，可采取协议方式供应。在其他项目中配套建设足球场地设施的，可将建设要求纳入供地条件。利用以划拨方式取得的存量房产和原有土地兴办足球场地设施，土地用途和使用权人可暂不变更，连续运营 1 年以上、符合《划拨用地目录》的，可以划拨方式办理用地手续；不符合的，可采取协议出让方式办理用地手续。严禁改变足球场地设施用地的土地用途，对于不符合城市规划擅自改变土地用途的，应由政府收回，重新安排使用。

（三）税费和价格政策

足球场馆自用的房产和土地，可按有关规定享受有关房产税和城镇土地使用税优惠。足球领域的社会组织，经认定取得非营利组织企业所得税免税优惠资格的，依法享受相关优惠政策。足球俱乐部及相关企业发生的符合条件的广告费支出，符合税法规定的可在税前扣除。鼓励企业和社会力量捐赠足球运动服装和器材装备，支持校园足球和社会足球发展，对符合税收法律法规规定条件的捐赠，按照相关规定在计算应纳税所得额时扣除。足球场地设施的水、电、气、热价格按不高于一般工业标准执行。

（四）人才和就业政策

建立和规范运动员、教练员、裁判员等人才注册制度，理顺球员培养补偿和转会机制，推动与国际通行规则相接轨。加大足球从业人员培训力度，将校园足球教师、社会足球指导员、足球教练员的专业技能培训，按规定纳入教师培训、全民健身、技能人才培养、就业培训等专项范围。鼓励社区、企业等设立相应岗位，吸引退役运动员、教练员从事社会足球指导工作。通过购买服务、特聘教师等方式，聘请退役运动员、教练员参与校园足球发展。通过职业培训和创业培训，支持退役运动员从事足球相关产业工作。

（五）组织实施和监测评估

各地要积极贯彻落实本规划，建立由政府牵头，相关行政部门、足协等社会团体共同参与的足球发展工作机制，切实加强组织领导和沟通协调。要加快制定本地足球发展规划或实施方案，建立动态跟踪监测和考核评估机制，确保责任落实到位、建设任务顺利推进、规划目标如期实现。发展改革委、国务院足球改革发展部际联席会议办公室（中国足球协会）、体育总局、教育部等负责本规划的监督检查。

参考文献

[1] 刘卫民 . 青少年足球运动员选材制度研究——基于相对年龄理论 [M]. 武汉：华中师范大学出版社，2014.

[2] 规划编制小组 . 中国足球中长期发展规划 100 问 [M]. 北京：北京体育大学出版社，2016.

[3] 王鲁平 . 现代足球发展理念与系统训练 [M]. 北京：中国书籍出版社，2016.

[4] 梁伟 . 校园足球可持续发展评价研究 [M]. 济南：山东人民出版社，2016.

[5] 张庆春 . 青少年足球训练理念与实践 [M]. 北京：北京体育大学出版社，2005.

[6] 黄竹杭，王方 . 足球训练设计 [M]. 北京：高等教育出版社，2010.